日本占領地区に生きた中国青年たち

——日中戦争期華北「新民会」の青年動員

菊地俊介

えにし書房

目次

プロローグ

一．日本に協力した中国青年たちの歴史

侵略と抵抗のはざま

日中戦争期の中国は、大きくは中国国民党統治区、中国共産党統治区、そして日本占領地区に分かれていた。一九三七年七月の盧溝橋《ろこうきょう》事件から日中全面戦争に突入すると、日本軍は北京を占領し、更に河北省、山東省、山西省、河南省にも侵攻して、これら中国北方の地域、即ち華北の各地を占領下に置いた。本書が取り上げるのは、この華北の日本占領地区に生きた中国人青年たち及び彼らを取り巻く日本占領地区の社会である。

日本占領地区は、日本軍の主導によって成立したいわゆる「傀儡《かいらい》政権」を通して、日本が間接統治した地域である。この政権の領袖や幹部は中国人であり、「中国人による中国の統治」の体裁をとっているのであるが、政権に対して日本人顧問が「内面指導」という形で介入し、政策決定を左右した。日本に操られていた傀儡政権と呼ばれる所以《ゆえん》である。

傀儡政権は日本占領地区で、日本と提携して中国を再建することが正しい道だと盛んに宣伝し、現地民衆の親日化を図り、彼らを日本の戦争に協力するための戦時動員へと巻き込んだ。傀儡政権とその占領統治は、「日本の侵略者に協力した中国人」を生み出したのである。そして彼らの存在及び彼らを生み出した日本占領地区は、その規模から見ても、決して一部の例外として歴史から捨象して良いものではない。

日本の侵略、中国の抵抗。これが日中戦争の大枠である。しかし、中国国民党（以下、国民党）と中国共産党（以下、共産党。日本共産党に言及する場合は、日本共産党と表記する）による抗日戦争だけではなく、日本に協力した（さ

せられた、せざるを得なかった）中国人の存在、言わば侵略と抵抗のはざまにあった彼らのような中国人の体験や、彼らが生きた日本占領地区の社会の実態にも目を向けてこそ、複雑で多様な日中戦争史の全体像を捉えることができるのである。

歴史のタブー

戦後中国では、かつて敵であった日本に協力した経験を持つ中国人は「漢奸《かんかん》」と呼ばれ、迫害されることになる。この「漢奸」とは、日本語に敢えて翻訳する場合は「民族の裏切り者」と表現される。中国にとって抗日戦争の歴史は中華人民共和国建国の歴史でもあり、その過程で対日協力に関わった中国人の存在について語ることは、タブーに属する。更に「漢奸」という汚名は本人のその後の人生のみならず、家族や子孫にまで影響が及ぶ。即ち対日協力者を生み出した日本の占領統治は、現在に至るまで禍根を残していると言える。(1)

そのため中国では、いわゆる傀儡政権や日本占領地区について、加えてそこで対日協力に身を投じた、或いは巻き込まれた中国人に関しては、そもそもこの歴史を「敏感」な問題として忌避するか、傀儡政権の統治の残虐性を描きつつ、それに耐えて抗日運動に身を投じた人々に焦点を当てるか、或いは日本を正当化する思想宣伝と教育により中国人を「奴化」（日本語に敢えて翻訳する場合は「奴隷化」）した傀儡政権の政策や日本に追従した漢奸たちの民族意識の欠如を糾弾するといった、一面的な評価を下すことが殆《ほとん》どである。

単に対日協力者に同情するでもなく、また単に彼らを糾弾するでもなく、紛れもなくその時代を生きた、決して例外ではない中国人の体験と彼らが生きた社会の実態を復元し、それらを含めた日中戦争史の全体像を探求しようにも、タブーが立ちはだかる。

しかし、だからと言ってこの問題について語ることを避けて良いのだろうか。「漢奸」をめぐる問題が、日中戦争が中国社会に残した禍根であることを踏まえるならば、だからこそ、それは知らなければならない、考えなければならない歴史のはずである。

日本の対華北占領統治と新民会

本書の舞台となる日本占領下華北を統治したのは、中華民国臨時政府（以下、臨時政府。後、華北政務委員会）という、いわゆる傀儡政権のひとつである。臨時政府は、一九三七年十二月に北京を首都として成立した政権で、途中一九四〇年三月に華北政務委員会という統治機構に再編されるが、一九四五年八月の終戦までこの政権を通して日本が間接統治を続けた。日中戦争当時、中国の全人口は四億人余りと言われ、日本占領下華北は人口約一億人と言われる広大な地域である。対日協力に身を投ずるにせよ抵抗するにせよ、耐え忍ぶにせよ逃避するにせよ、これだけの人々が何らかの形で日本の占領統治に巻き込まれたのである。

この臨時政府（後、華北政務委員会）の統治下で、日本人と中国人が共同で参画し、同政府と「表裏一体」の関係を標榜して政権擁護のための民衆運動を担う団体があった。それが本書の副題にある新民会（正式名称は中華民国新民会）である。

新民会は自称「民衆団体」、実質は半官半民団体と言って良かろう。中国の伝統である儒教道徳に根差し、欧米文化の影響から脱却し、国民党でもなく共産党でもなく、日本と提携することで中国を再建しようと主張し、その主張を民衆に対して思想宣伝したり、戦争に協力させるために民衆を組織化、動員したりする役割を中心的に担った団体である。政権に付随する民衆動員組織を設置するのは日本統治下の地域では共通して見られた現象であり、満洲国には満洲国協和会、朝鮮には国民総力朝鮮連盟、台湾には皇民奉公会などが存在した。また日本占領下の東南アジア諸国でも同様であった。[2]

なお、華北は日中戦争勃発後、政府関係者や国策会社の社員とその家族、または商業目的などで多くの日本人が移住した地域であり、ピーク時には四十万人を超える日本人が暮らしていた空間でもある。その中には、新民会に関わった日本人も少なくない。

為政者は青年に期待する

新民会は民衆動員を進める中でも、特に青年運動を重視し、日本占領下華北の各地に青年訓練所や青年団を設け、その教育と動員を進めた。

為政者が青年たちの教化動員を重視するのは、世界中で見られた現象だと言えよう。ドイツのヒトラー・ユーゲントやイタリアのファシズム運動をはじめ、共産党には共産主義青年団、国民党には三民主義青年団と、青年組織を設け、青年動員を積極的に進めている。それは日本の植民地、占領統治下でも同様であり、朝鮮や台湾、更に日本の統治下で東南アジアでも青年団が組織されていた。[3]日本占領下華北における新民会もその例外ではなかったのである。

青年は国家の柱石、青年は民族の主人公――青年は〇

○の○○、そこに当てはめられる語句は様々あるとはいえ、この類のキャッチフレーズは近代中国によく見られる。新民会の関係資料にも頻出する。

青年は純粋だ。青年にはエネルギーがある。為政者の目には、自身の支持基盤として、また動員対象として、青年とは魅力ある存在に映ったことであろう。一方で、青年は未熟だ。青年は単純だ。悪く言えば騙されやすい人々でもある。動員工作を進める上で、着手しやすい相手だったと言えるかも知れない。また、単純でエネルギーに満ちているがゆえに、敵に唆《そそのか》されて暴動を起こしてもらっては困る。そのためにも、味方につけておきたい存在だったと言えよう。

このように重要な位置を占める青年動員である。したがって、これに着目することで、民衆動員工作、占領統治政策の実態がより分かりやすい形で見えてくるのではないだろうか。

二　近年の歴史研究

対華北占領統治はどう研究されてきたか

では、新民会及びその青年動員、加えてその周辺領域に関して、学界ではどのような研究がなされてきたのか、一瞥《べつ》しておきたい。

日本の対華北占領統治の全体像を捉えた研究としてまず挙げるべきは安井三吉（一九七八）、次いで石島紀之（一九九二）もそうした研究のひとつと言えよう。これらの研究は臨時政府とその占領統治の保守性、傀儡《かいらい》性を論じたもので、新民会についても同様の視点で言及される[4]。

新民会については、防衛庁防衛研修所戦史室（現在の防衛省防衛研究所戦史研究センター）の戦史叢書『北支の治安戦』（第一巻一九六八、第二巻一九七一）が、新民会に関する基本的な情報を盛り込んでいる。新民会を主対象とした研究は、八巻佳子（一九七五）が新民会初期、即ち一九三〇年代末に限定し、新民会成立までの経緯や人事と、主な活動内容を中心に、事実関係の整理にとどめる形で論文を発表したことに始まる。但し、八巻は歴史的評価を避けて論じると断りつつも、新民会は「日本帝国主義ファシズムと中国反動親日勢力の共同の事業体、組織体[5]」であると述べていることからも窺《うかが》えるように、これを傀儡組織や漢奸《かんかん》とする見方を前提としている。

その後、元新民会職員の岡田春生が、他の元新民会職員らにも呼びかけて収集した回想録や、当時の関連資料を収録した岡田春生編『新民会外史』（前編一九八六、後編一九八七）が出版された。なお、回想録としては、新民会のメンバー以外による青江舜二郎（一九七〇）や梨本祐平（一九六九）なども、新民会や臨時政府、華北政務委員会の組織の内情、新民会と日本軍の関係など、人間模様も含めて叙述しており、参考になる。一方、中国でも中国人民政治協商会議北京市委員会文史資料研究委員会編『日偽統治下的北平』[6]（一九八七）など、日本占領下華北に生きた人々の回想録が出版され、この中で新民会についても語られている。同書は日本の占領統治の残虐性を告発することをベースとしたもので、北京市政協文史資料研究委員会編、大沼正博訳『北京の日の丸』（一九九一）と伊東昭雄、林敏編著『人鬼雑居』（二〇〇一）の一部は同書の抄訳である。ここで「日偽」という表現が使われているが、「偽」とはいわゆる傀儡政権及びその管轄組織を指す中国語表現であり、その正統性を認めないという意味を込めて付するものである。中国では一般的に、他の代表的な傀儡政権である満洲国のことを「偽満洲国」、日本占領下の南京に成立した汪《おう》兆銘政権のことを「汪偽政権」というように、敢えて「偽」を付けて呼ぶ。

その後、堀井弘一郎（一九九三）が新民会の成立から解体に至るまでの、組織体制の変容や活動内容、更には民衆の反応、日本軍との関係などを含め、全体像をまとめた。中国でも、一九九〇年代から曽業英（一九九二）、張洪祥、楊琪（一九九九）など、新民会の成立から解散までの活動内容や指導思想などの全体像、新民会の組織構造や新民会が実施した工作の概要をまとめた研究が発表されている。また、北京市檔《とう》案《あん》館編『日偽北京新民会』（一九八九）、南開大学歴史系、唐山市檔案館合編『冀東日偽政権』（一九九二）、中国近代史資料叢刊として刊行された章伯鋒、庄建平主編『抗日戦争』第六巻日偽政権（一九九六）をはじめとする、新民会に関する檔案資料（公文書）を多く収録した資料集の出版も進んだ。

研究が急速に進んだのは、二〇〇〇年代後半以降である。王強[7]（二〇〇六）、郭貴儒ほか（二〇〇七）、郭貴儒（二〇一三）、関捷（二〇〇六）、江沛（二〇〇六）、謝忠厚主編（二〇〇五）、張同楽（二〇一二）、余子侠、宋恩栄（二〇〇五）、劉敬忠（二〇〇七）など、日本の対華北占領統治に関する体系的な研究書の出版が相次いだ。かつては傀儡政権研究の中でも、満洲国や南京の汪兆銘政権の研究に比べて、対華北占領統治に関する研究が遅れていると指摘されたものだが、[8]これら一連の研究書により、その欠落は相当補われている。

ここまでの新民会に関する研究及び回想録、資料集にも、新民会の青年動員については言及がある。新民会が設けた青年訓練所と青年団の組織構造や訓練内容は、既に概説的に紹介されている。中国側の研究はこれに加え、青年たちに「奴化」教育を強いたという観点で論じ、勤労奉仕や軍事動員について強調するのが特徴である。

こうした中、新民会の青年動員に関する専論も発表された。日本では寺尾周祐（二〇〇八）、中村重穂（二〇一四）、中国では周競風（二〇〇八）を挙げることができる。寺尾は一九三九年までの新民会の青年訓練所について、中村はより限定的なテーマで、新民会の青年訓練所で用いられた日本語教本と日本語の教授法について、周競風は新民会の青年団が進めた「奴化」教育と軍事動員を取り上げたものである。しかし、いずれも新民会の青年動員の変遷を辿って全体像を捉えるまでには至っていない。

なお、中国では近代青年運動史研究の体系的な成果もあるが、高飛（二〇〇二）、陳映芳（二〇〇七）、馬庚存（二〇〇四）のように、日中戦争勃発前までを対象としているか、或いは于建（二〇〇七）、共青団北京市委青年運動史研究室（一九八九）などのように、日中戦争期を対象に含めても抗日運動に身を投じた青年たちの姿を描くのみで、新民会に動員された青年たちには焦点が当てられていない。

近年の日中戦争史研究から

近年の日中戦争史研究全体の動向に目を向けると、言わば抗日運動に身を投じた英雄とは別に、従来の「革命史観」、即ち共産党を主人公として理想への歩みを描くような歴史観では見えてこなかった、ごく普通の人々の等身大の姿を描くことで社会の実態に迫ろうとする研究が注目される。後世から顕彰されるような英雄の存在も無視できないが、彼らが決して当時の人々の典型的な姿だというわけではなく、そうした英雄ばかり描こうとすると、バランスのとれた歴史像にはならないからである。笹川裕史、奥村哲（二〇〇七）は国民党統治区に焦点を当て、石島紀之（二〇一四）は国民党統治区と日本占領下の上海も取り上[9]げつつ共産党統治区を中心に、このような問題意識をもって戦時下の社会を必死に生き延びようとする民衆の姿を描き出した代表的な研究である。また、高橋伸夫（二〇〇六）が日中戦争以前の共産党組織の散漫で統制困難な姿と、革命によって容易に変わり得るものではない農村社会のあり方や農民の行動様式を描き出しているが、丸田孝志（二〇一三）は日中戦争期の共産党にも類似した現象が見えることを指摘している。これらの研究は、日中戦争史の複雑で多様な全体像の復元に寄与するものと言えよう。

日中全面戦争の勃発後、日本の占領統治下で暮らすことに反発した華北の多くの青年たちが、国民党統治区や共産党統治区に逃れている。だが、誰もがそうしたわけではない。日本占領下から逃れたくとも生活環境の制約によりそうできなかった青年もいれば、それ以外の理由もあろうし、或いは特に逃れなければならない理由を考えなかった青年もいたであろう。日本占領地区にも、ごく普通の人々の等身大の姿がある。

傀儡政権史像の再検討

もうひとつ、近年はいわゆる傀儡政権史像の見直しが進んでおり、「傀儡政権」という用語自体にも疑問が投げかけられている。本書では南京の汪兆銘政権について詳述しないが、[10] こうした議論は主に汪兆銘政権をめぐって展開されているので、その研究動向を簡単にまとめておく。

アメリカのジョン・ハンター・ボイル（Boyle John Hunter、一九七二）は、戦時下の政権が対日協力という選択をしてそれを利用することは必ずしもナショナリズムと矛盾しないという視点で、日本に協力したから「傀儡」で「漢奸」だという一方的な見方からは距離を置いて客観的に汪兆銘政権について論じようとしたもので、日本でも注目された。[11] 日本ではボイルの問題提起に触発されて「傀儡政権」を「対日協力政権」と言い換え、「傀儡」という一方の側に立って他方を貶《おとし》めるような評価の仕方から距離を置こうとする研究が増えている。[12] 土屋光芳（二〇一一）はボイルの問題提起を踏まえ、汪兆銘政権が初めから傀儡政権になろうとしていたわけではないと主張した上で、対日協力という選択が中国にとってどのような結果につながったかを分析している。広中一成（二〇一三）は汪兆銘政権だけではなく、日中戦争期の複数の「傀儡政権」をそれぞれ概説したものである。それぞれの政権の成立過程や目的も異なり、時には日本と対立したり自主独立を追求したりした面もあったことにも目を向け、客観的に事実解明を積み重ねることの重要性を主張し、そのような姿勢で叙述したものである。[13]

台湾の王克文（二〇〇一）も、汪兆銘とその政権を全面的に「漢奸」、「傀儡政権」であったとする評価とは距離をとった研究としてよく知られている。但し、王克文の研究が発表された当時、汪兆銘が和平に向けて努力した面を評価するような見方は認められないと、中国では相当な批判があったという。[14] だが、近年の中国で、汪兆銘政権を「傀儡政権」だとする大きな枠組みを覆すことはなくとも、単に汪兆銘政権を唾棄するのではなく、同政権に関わる諸事実を実証的に解明していく研究が進んでいることは、日本の学界でも知られているところである。[15]

日本の研究史を振り返る際には、しばしば古厩忠夫（一九八九、一九九三）が汪兆銘政権に対して「傀儡政権」という評価を下していた代表的な研究者として挙げられる。だが古厩も、汪兆銘が望んで傀儡になったと主張しているわけでは勿論《もちろん》ない。劉傑（二〇〇六）も汪兆銘政権の罪は免れないと厳しい評価をしつつも、汪兆銘が中国の権益を守るために日本とぎりぎりの交渉をしようとした過程を描き出している。なお古厩は、欧米による植民地統治下にあった東南アジアと、国内の重慶に蔣介石を主席とする中央政府が存在した中国における汪兆銘政権を同列に位置づけて、その対日協力とナショナリズムのあり方について論じるボイル（一九七二）には無理があるという見解を示している。

「傀儡政権」という見方から距離を置きつつ、汪兆銘政権の民衆動員について取り上げた代表的な研究としては、柴田哲雄（二〇〇九）、堀井弘一郎（二〇一一）、小笠原強（二〇一四）が挙げられる。これらの研究に共通するのは、汪兆銘政権は傀儡政権になるまいとして日本に抵抗した側面があるものとして捉え、民衆の支持獲得と政権基盤の確立を目指して進めた民衆動員工作に着目し、その上で政権の思惑通りにはいかない民衆の反応など、民衆動員工作の実態を描き出していることである。

このような新しい傾向が見られるものの、ここに挙げたのは、ボイル（一九七二）や広中一成（二〇一三）が華北も取り上げ、新民会を含めて概説している以外は、いずれも南京の汪兆銘政権を対象にした研究である。なお、従来の見方に対して転換を促す問題提起をしているこの両者の研究も、対華北占領統治に関して言えば、ボイルはその傀儡性をベースに叙述しており、広中も同じく傀儡政権の性格を持つことを指摘している。[16] だが、日中戦争史を概説する日本国際政治学会太平洋戦争原因研究部編著（一九六三）は、臨時政府を完全な傀儡政権と位置づけているものの、[17] 一方で同書は臨時政府行政委員長で後に新民会会長となる王克敏などに焦点を当て、傀儡政権の中国人も進んで日本に従属しようとしたわけではないことも叙述している。[18] 堀井弘一郎（一九九三）や范力（二〇〇二）も、王克敏ら臨時政府の要人と日本軍の軋轢《あつれき》に重点を置いて叙述している。このように、華北の政権が単なる傀儡政権であったか否かを検討する材料は既にあるのだが、一連の汪兆銘政権研究のような問題意識に基づいて体系的になされた研究は、華北に関してはまだ見られない。

本書が取り上げる新民会の青年動員

本書では、新民会による青年動員の全体像を描き出す。その中で重視したいのは次の点である。

「青年」と一口に言っても、多様な立場の青年がいる。農村青年から都市青年まで、貧困層から富裕層まで、教育の有無、学生か労働者か、農民の子か商人の子かなど、様々である。戦時体制への巻き込まれ方は、置かれた立場によって異なるであろう。この点に留意し、動員された青年たちはどのような青年だったのか、彼らの「姿」と、彼らを取り巻く社会状況を描いていきたい。加えて、彼らが日本の占領統治をどのように見たのか、日本の占領統治にどのような反応を示したのか、彼らの「声」にもアプローチしたい。

本書に登場する青年たちも、言わば「革命史観」によって描き出されるヒーローではない。だが「漢奸」としてでもなく、当時の普通の青年たちとして捉えたい。近年の日中戦争史研究の動向は前述の通りだが、本書はそのスポットを日本占領地区にも広げていこうとするものである。これにより、戦時体制下の中国社会の全体像を捉えることにつながり、加えて日本占領地区であるだけに、日本が中国社会に何をもたらしたのかを考えることにもつながってくる。

更に、傀儡政権史像の再検討にもアプローチする。いわゆる傀儡政権も、日本に従属する国家としてではなくひとつの近代国家を建設しようとした側面はないのか。或いは日本に抵抗しようとした側面はないのか。本書でも、新たな資料を通して新民会の青年動員の実態に迫ることで、こうした問題の再検討につながるような、従来の傀儡政権史像では見えなかった日本占領下の社会の姿を描き出してみたい。

なお、「傀儡政権」という用語については、前述の通り、近年、当該領域の学界では客観性を重視して「対日協力政権」と言い換える動きが進んでいる。しかし、例えば政権の自主独立を守るために抵抗した側面を見た場合、またその政権が日本と必ずしも目的を同じくして協力したのではなく様々な動機があったことを考慮すれば、どちらの用語にも疑問があるとして、「占領地政権」や「従属政権」などの表現が提唱されているほか、[19]汪兆銘政権に関して、時期による程度の違いもあって一概に言えないことにも留意しつつ、自己主張もしたが結局は「傀儡政権」だったとする見解もある。[20]また他には、汪兆銘政権の自立性を認める一方で華北の政権については「傀儡政権」と呼び、政権の性質によって表現を使い分けるなど、[21]研究者によっても実のところまだ見解は様々であり、現在はまだ議論の最中と言って良い。本書ができることは、傀儡政権史像の再検討のための部分的な材料を提供するところまでだと考えており、また「傀儡」か否か問題の結論を求めることよりも、多様で複雑な側面を描き出すことが重要だと考えているので、本書では煩雑にならない限り「いわゆる傀儡政権」と表記している。

最後に、本書で用いる資料について簡単に述べておきたい。本書で主に取り上げる資料は、新民会の各種機関紙、機関誌を初めとする新民会の刊行物や内部資料、檔案資料（公文書）などである。これらは日本では全く見られないものや、定期刊行物であれば全国の研究機関や図書館を渡り歩いても欠号が多く、一部しか入手できないものが多い。一方、中国では北京にある中国国家図書館、或いは北京大学図書館などに、ほぼ揃って現存している。本書が用いる資料のうち、特に新民会が発行した雑誌や会報は、ほとんど中国のこれらの図書館で調査したものである。しかし、中国で発表されてきた今までの研究でも、これらの資料は用いられないか、或いは用いた研究はあっても部分的にしか用いておらず、その叙述は反動的で保守的な新民会という従来の認識の枠組みから概ね外れることはない。その意味で本書が用いている資料は、日本にとっても、また中国にとっても、まだ新たな資料としてそこから発見できる事実は多いと考える。このほか、本書には共産党の資料や、欧米キリスト教会に関する日本の調査資料など、異なる立場の資料も盛り込んでいる。これらの資料を読み解きながら、多角的な視点で日本占領地区の青年動員について考えていきたい。

なお、本書に挙げる引用資料中には、今日では不適切と見なされる表現もあるが、当時の社会状況を忠実に伝えるためにそのままにしていることを予めお断りしておきたい。引用文の仮名表記については、読みやすくするために現代の表記に適宜改めた。

（1）石井弓「日中戦争における対日協力者の記憶」『思想』第一〇九六号、二〇一五年八月、八二―八六頁、鄒双双『「文化漢奸」と呼ばれた男』東方書店、二〇一四年、一七七頁など。
（2）小林英夫『日本軍政下のアジア』岩波書店、一九九三年、一六九―一七〇頁。
（3）多仁照廣『青年の世紀』同成社、二〇〇三年、一二七―一二八頁。

(4)石島紀之「中国占領地の軍事支配」、大江志乃夫ほか編『岩波講座　近代日本と植民地』第二巻、岩波書店、一九九二年、二二〇頁。
(5)八巻佳子「中華民国新民会の成立と初期工作状況」、藤井昇三編『一九三〇年代中国の研究』アジア経済研究所、一九七五年、三五〇頁。
(6)同書のタイトルにある「北平」というのは、当時の北京を指す。日中戦争勃発時、中華民国の首都は南京であり、北京は「北平」という地名になっていたが、日本軍が占領してから再び「北京」と改称し、日本占領下では「北京」であった。だが、これは日本の占領統治による改称であって、中華民国国民政府が正式に承認したものではない。今日でも日中戦争期の北京のことを敢えて「北平」と呼ぶのは、日本占領下の「偽」政権による統治を正当なものとして認めまいとする意味も込めることになる。なお、本書では一般に分かりやすい記述にするために、全て「北京」と表記している。
(7)王強の研究には、他に既存の研究を基に新民会の全体像を概観した王強(二〇〇一年)、各論として王強(二〇〇二)もある。
(8)浅田喬二(一九七五)、黄美真著、土田哲夫訳(一九八九)など。
(9)同書は日本占領下上海の食糧不足問題について描いている。
(10)汪兆銘政権の概要については小林英夫(二〇〇三)など参照。
(11)アメリカにおける日本の対中国占領統治研究については、王克文(二〇〇〇)にまとめられている。
(12)愛知大学国際問題研究所編『対日協力政権とその周辺』あるむ、二〇一七年、一一四、三三一頁、広中一成『ニセチャイナ』社会評論社、二〇一三年、一〇頁、堀井弘一郎『汪兆銘政権と新国民運動』創土社、二〇一一年、一八―二一頁など。
(13)前掲広中、二〇一三年、五〇四頁。
(14)張小蘭「王克文著『汪精衛・国民党・南京政権』」『東洋学報』第八五巻第三号、二〇〇三年十二月、一〇五―一〇六頁、土屋光芳『「汪兆銘政権」論』人間の科学社、二〇一一年、二五―二六、四二―四三、一六五、一九五頁など。その代表的な批判の例は、曽業英(一九九九)など。これは王克文(二〇〇一)が出版される前に台湾で発表された、同書の基となる内容の研究に対する批判である。
(15)代表的な例は、張生ほか(二〇〇三)、潘敏(二〇〇六)、潘健(二〇〇九)、余子道ほか(上巻下巻二〇〇六)など。
(16)Boyle John Hunter, *China and Japan at war,1937-1945*, Stanford University press, 1972, pp.83-107　前掲広中、二〇一三年、二九六頁など。だが広中は、後述する臨時政府行政委員長の王克敏が日本の傀儡となることに甘んずることなく抵抗したことも叙述している。同二七一頁。
(17)臼井勝美「日中戦争の政治的展開」、日本国際政治学会太平洋戦争原因研究部編著『太平洋戦争への道』第四巻、朝日新聞社、一九六三年、一三三頁。
(18)同右、一三五頁
(19)石島紀之「対日「協力」の諸相」『現代中国研究』第三五、三六合併号、二〇一五年十一月、一二一一三頁。
(20)菊池一隆『戦争と華僑　続編』汲古書院、二〇一八年、五〇七頁。前著では汪兆銘政権は単純に「傀儡政権」でも「対日協力政権」でもないという見解を示す。菊池一隆『戦争と華僑』汲古書院、二〇一一年、四八八頁
(21)「『東亜同文書院、アジア主義、対日協力政権』」『現代中国研究』第四一号、二〇一八年七月、四〇頁。

第1章　新民会概説

新民会とは、どのような団体だったのであろうか。青年動員の本題に入る前に、本章ではまず新民会の全体像をまとめておこう。そのためには、満洲国の成立まで遡《さかのぼ》る必要がある。なお、本章の内容はほぼ八巻佳子（一九七五）以来、新民会について概説した既存の研究成果をごく簡単にまとめ直したものである。そのため、基本的な事実確認に関する注釈はある程度省略している。なお、新民会が発行した漫画と新民生活実践運動に関する記事については、本書が独自に取り上げるものである。

一．新民会の成立から解体まで

満洲国から華北へ

新民会の成立には、満洲国における民衆団体であった満洲国協和会(1)（以下、協和会）の元幹部らが深く関わっている。代表的な人物として小澤開作、山口重次《じゅうじ》らが挙げられるが、彼らが身を投じた協和会の活動の更に前史に遡ると、南満洲鉄道株式会社（満鉄）の社員らを中心として一九二八年に結成された満洲青年聯盟がある。

満洲青年聯盟は、満洲における日本の権益擁護と中国ナショナリズムへの対抗を目的に結成された組織で、関東軍の満洲国樹立運動に協力した。満洲国成立後には同聯盟を母体として、一九三二年七月に協和会が成立した。協和会は共産主義や国民党の三民主義に対抗する思想団体として、満洲国の「建国理念」とされる「王道楽土」、「民族協和」の思想宣伝を行った。当初、協和会は満洲国政府から独立した組織として活動していたが、満洲国政府や関東軍はこれに対する統制を強め、一九三四年九月に協和会は改組された。この時、協和会設立当初から活動に関わった小澤、山口らが協和会を辞することとなり、これ以降、協和会は満洲国政府と「表裏一体」の関係に組み込まれ、国民動員組織の性格を強めていった。小澤はこの後、日中全面戦争が始まる前に既に華北に移り、現地の中国人青年たちを対象に親日思想工作を行っていたという。既に満洲国を去った旧協和会関係者にとっては、満洲国における「民族協和」運動は失敗であり、彼らは華北へ移り、満洲国で挫折した彼らなりの理想を実現しようとしていた。

新民会の成立

一九三七年七月七日に盧溝橋《ろこうきょう》事件が勃発、同月二十八日に日本軍は北京を占領し、日本は満洲国に続いて華北でも分割統治を開始した。対華北占領統治にあたり、日本軍にとっての課題は、排日運動が盛んであったかつての国民党の統治の影響から現地社会を脱却させ、共産主義も排除して新しい中国を建設することであった。そのため、華北を占領統治する新政権を北京に設立する計画が立てられ、北《きた》支那《しな》方面軍がその担当となった。こうして一九三七年十二月十四日に成立したのが、いわゆる傀儡《かいらい》政権のひとつである中華民国臨時政府である。

臨時政府の幹部は、旧北洋軍閥の幹部で、国民党政権に不満を抱く者が多く、臨時政府は言わば国民党政権に同行しなかった官吏たちの再就職先でもあった。日本軍は、旧軍閥の構成員が臨時政府の中心を占めているようでは、現地民衆の支持を得ることは困難だと懸念していた。そのため北支那方面軍特務部長の喜多誠一や同総務課長の根本博は、協和会を模範とし、民衆による新政府擁護のための運動を担う団体が必要だと考え、その設立に着手した。この動きに、既に華北に移っていた旧協和会関係者が呼応していく。

こうして組織されたのが、中華民国新民会（以下、新民会）である。

華北の占領統治は第二の満洲国化を図ったものとも言われるが、新民会成立の経緯を見れば、満洲国の「民族協和」運動の担い手が、関東軍との摩擦により挫折して華北に移り、満洲国での失敗の教訓を踏まえて関与した側面がある。この観点に立てば、満洲国での「民族協和」運動はどうだったのか、更に華北での試みはどうだったのか、何を克服できたか、共通する失敗はなかったか、と華北を加えて考えることで、日本の対中国占領統治全体を通した問題点を見出すことに一歩近づくことができよう。

さて、いわゆる傀儡政権たる臨時政府には、日本人顧問による「内面指導」があり、その政策には日本人が干渉していた。だが、「中国人による中国の統治」の形をとるため、臨時政府の官吏は皆中国人であった。これに対して、新民会は日本人と中国人が共同参画する組織であった。この点で新民会は臨時政府と構造が異なるが、実際には日本人の方が指導的立場にある構造であった。新民会の日本人会員には、小澤開作や山口重次など旧協和会のメンバーほか、左翼の転向者も多かった。[2] また、中国関係の仕事に携わる日本人を育成する学校として上海に設立された東亜同文書院出身者の姿も見られた。[3]

新民会の会長には、臨時政府行政委員長（事実上、臨時政府の最高指導者に相当する地位）の王克敏が就任を要請されていたものの、これを拒んでいた。日本の占領統治に対して不信感を抱いていたことが背景にあると言われる。[4] 元満洲国外交部長、協和会理事長で新民会に設立段階から協力していた張燕《えん》卿が新民会副会長に就任したものの、会長が空席のまま会を発足させることとなった。一九三九年十二月に、対中国政策を担当する日本の政府機関である興亜院、及び日本軍の斡旋《あっせん》により、漸《ようや》く王克敏が初代会長に就任することとなる。

新民会は成立に伴い、次のような綱領を定めた。

一、新政権を護持し民意暢達《ちょうたつ》を図る
二、地産（産業）を開発し民生を安んす
三、東方の文化道徳を宣揚光被す
四、剿共滅党《そうきょうめっとう》[5]の大旗の許に反共戦線に参加す
五、友隣締盟の実現に邁《まい》進し人類平和に貢献す

新民会は臨時政府と「表裏一体」[6]の関係を標榜し、臨時政府が民衆の支持を得られるよう、民衆に対する宣伝教化工作を進めた。だが新民会は、観念的な思想宣伝だけでは現地民衆の支持を得られないことを分かっていた。旧協和会関係者が満洲国での経験から得た教訓のひとつには、観念的な宣伝よりも経済的実利を現地民衆にもたらすことが重要だということがあった。そのため、農村を復興して生産を回復させ、民衆が利益を実感できるよう、経済工作や医療工作、貧民救済、職業紹介なども重視した。[7] つまり、民衆にしてみれば、新民会のおかげで生活が良くなったと思えるようになってこそ、日本と提携することが中国にとって正しい道だという新民会の主張を受け入れられるのだ、という考え方である。

思想宣伝の方に話を戻すと、新民会は、中国社会の荒廃の元凶は欧米列強の侵略、それに対してまともに抵抗できない国民党、更に「売国」を企てる共産党だと激しく批判した。経済的側面だけではなく、欧米からの個人主義、資本主義、或いは共産主義などの流入は、中国の文化道徳をも破壊したとして、これらの勢力を排撃すべきことを主張した。そしてこれらに対抗すべく新民会が提唱したのは、

日本視察から帰着した新民会職員の集合写真。新民会中央指導部前にて。左に見える旗は新民会旗。『首都画刊』第 13 期、1939 年 7 月 1 日、5 頁（『首都画刊』には頁数の記載がない。本書では便宜上、表紙の次の頁を 1 頁目として数えた頁数を注記している）（愛知大学豊橋図書館所蔵）

「東方固有の文化道徳」、即ち伝統的な儒教思想に基づいて中国社会を再建することであった。この「東方固有の文化道徳」を共有するのは日本であり、日本と提携するのが正しい道だというのである。

新民会の変容

満洲国で協和会は一九三四年九月、一九三六年七月と二度に亘《わた》る改組を経て、満洲青年聯盟当時からの幹部の更迭、満洲国政府との一体化、日本軍による統制強化など、協和会はその性質を変容させていった。これと同様に、新民会でも日本軍が統制を加えようとする動きが起こり、一九三九年九月に改組が行われた。新民会の設立に関わった根本博は、一九三九年八月に興亜院へ転出し、新民会を去っていた。間もなく、同年九月には陸軍中将の安藤紀三郎が新民会の顧問に着任した。これを期に、新民会では「首脳部の大更迭」(8)が行われ、旧協和会関係者が新民会の幹部を辞することとなった。安藤の招聘を決定したのは北支那方面軍であった。そして安藤によって、当時北支那方面軍参謀副長であった武藤章に言わせれば、新民会の中心を占めていた「満洲の協和会崩れ」の人々が粛清されたのであった。(9)旧協和会出身者の間には日本軍に対する反発があり、日本軍にとっては排除しておきたかったのである。この安藤を指導官とし、少将の片岡護郎を派遣してその補佐官として、「軍は治安の現況に鑑みて新民会を直接指導監督下に置いて臨時政府と協力、会の改善進歩を促進する事」(10)となった。

一九三九年十二月、王克敏が新民会会長に就任し、副会長は中国人と日本人の双方より選出することとし、張燕卿に代わって繆斌《みょうひん》、王揖《いっ》唐、安藤紀三郎の三人が副会長に就任した。繆斌は後述するように新民会の指導思想である新民主義を創作したとされる人物であり、新民会中央指導部長、新民会中央青年訓練所長などの要職を務め、新民会初期の中心的指導者である。しかし繆斌は新民会の副会長になってからは、実権もなく不満であり、臨時政府の幹部とも仲が悪かったという。(11)新民会改組以降、繆斌は新民会に対する日本軍の統制強化の動きに不満を抱いており、安藤と対立して新民会から退き、東亜聯盟運動という別の運動を始めた。新民会総務部長であった小澤開作も新民会を辞した後、『華北評論』という雑誌を発刊して独自のジャーナリズム活動を展開するようになった。その後安藤は、一九四一年十月の東条英機内閣成立に伴って日本の大政翼賛会副総裁として召還されるまで、新民会副会長を務めた。

新民会が大きな影響を受けたもうひとつの動きは、一九四〇年三月、日本占領下の南京に汪《おう》兆銘を主席とする中華民国国民政府（以下、汪兆銘政権）が成立したことである。汪兆銘は国民党の重鎮であるが、日本との和平の道を探るために蔣介石と袂《たもと》を分かち、新たな政権を樹立するに至る。これもいわゆる傀儡政権のひとつである。汪兆銘は日本占領下に政権を樹立して和平路線を選択したことで、結局は侵略者たる日本に協力したとして、中国では売国奴と唾棄される運命となり、今日に至るまで「漢奸《かんかん》」の代表的存在として認識されている人物である。この汪兆銘政権の成立に伴い、臨時政府は華北政務委員会と改称し、形式的には汪兆銘政権に吸収合併されることとなった。しかし華北政務委員会は事実上、華北の独立した統治機構として存続し、臨時政府をそのまま継承するものであった。

この時、新民会と大日本軍宣撫《せんぶ》班が統合された。大日本軍宣撫班（以下、宣撫班）とは「武器なき戦士」とも呼ばれていたもので、占領地区で現地民衆の日本に対する敵意を和らげるために、戦乱の後で現地民衆の生活再建に取り組みつつ、占領統治に従わせるための教化宣伝工作に従事した軍隊である。言わば日本軍は中国を脅かす者を相手に正義の戦いをしているのであって民衆を苦しめるものではない、日本軍は悪いことをしに来たのではないと現地民衆に宣伝する役割を担った。この宣撫班は、結果的に新民会に吸収される形となった。なお、この両者の統合の背景は、治安が確保できた地域の拡大による宣撫班の失業防止、新民会への統制強化などの理由もあるが、[12]日本軍の財政難への対策でもあったと言われている。即ち、宣撫班にかかる経費を臨時政府（後、華北政務委員会）に押しつけようとしたというのである。[13]

なお、この時に新民会の綱領は次のように改正された。

一、新民精神を発揚し王道を顕現す
二、反共を実行し、文化を復興し平和を確立す
三、産業を振興し、人民生活を改善す
四、善隣締盟、以《もっ》て東亜新秩序を建設す

1940年3月までの新民会旗。縁が黄色、上が赤色、下が緑色。堀井弘一郎「新民会と華北占領政策」上『中国研究月報』第539号、1993年1月、16頁を参考に作成。

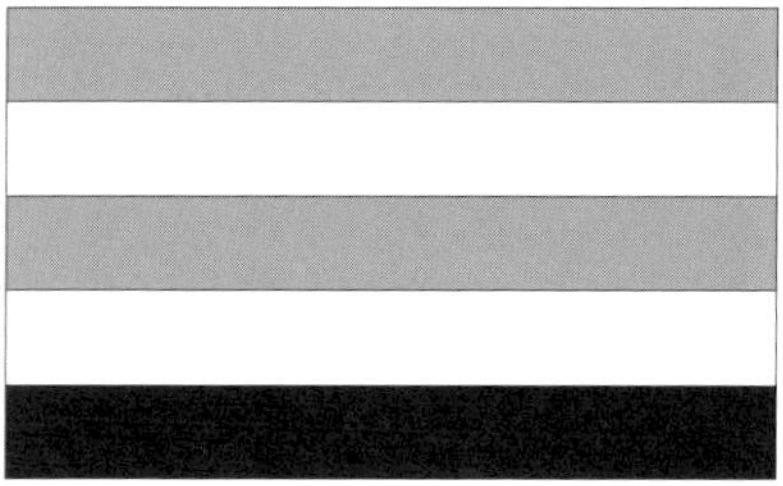

1940年3月からの新民会旗。上から順に赤色、黄色、青色、白色、黒色。前掲堀井、1993年1月、16頁を参考に作成。

前の綱領にあった「新政権」（臨時政府）は形式上なくなっている。それと、「剿共滅党」とは言えなくなった。「共」（共産党）を「剿《ほろ》」ぼすのは良いが、国民党を意味する「党」を「滅」ぼしてはいけない。なぜなら、この時に新民会は孫文の真の継承者、正統な国民党の継承者を自認する汪兆銘を領袖とする政権の管轄下に入ったためである。

新民会の会旗もこの時に変えられた。元々は道教のシンボルマークである太極図を会旗に採用していたが、この時に臨時政府の「国旗」に当たる旗が新民会の会旗となった。その理由について正確なことは不明だが、臨時政府の「内面指導」をしていた日本軍が、臨時政府の面影を残そうとして、日本軍の意向を新民会に押しつけたものと言われている。[14]

その後の新民会に対する日本軍の統制強化は、北支那方面軍司令部の文書にも、「新民会は其《そ》の団結漸く成り軍の一翼として今後の活動に期待し得る態勢に移行しつつありて本年度工作に関し方面軍としても既に要求する所を指示し劃《かっ》期《き》的進展を企図しあり」[15]と書かれていることからも窺《うかが》える。

一九四一年十二月には、新民会副会長に日本人を選出する規定は廃止された。新民会の運営主体は日本人ではなく中国人だという形態を表向き整えようとしたのだが、日本

人は副会長から退く代わりに最高顧問として「内面指導」することになり、実態は日本人の関与を弱めるものではなかった。まず最高顧問に就任したのは元陸軍中将の鈴木美通《よしゆき》、一九四四年よりその後任となったのは、陸軍中将の岩松義雄であった。一九四一年十二月には太平洋戦争が勃発しており、一九四三年一月には、汪兆銘政権が英米に対して宣戦布告した。この時、汪兆銘は新民会名誉会長に推戴された。

なお、一九四二年十月に綱領が再度改正されている。

一、新民精神を発揚す
二、和平反共を実行す
三、国民組織を完成す
四、東亜民族を団結す
五、世界新秩序を建設す

特にこの「国民組織を完成す」というのが、国民総動員体制を目指す動きの表れとして注目されるところである。

一九四三年初頭より、日本政府は対華新政策へと舵を切った。対華新政策とは、汪兆銘政権に対して日本の租界返還、不平等条約改正などを行い、日本による統制を緩和し、汪兆銘政権の主権を尊重するよう方針を転換したもの(16)である。太平洋戦争における日本軍の戦局悪化に伴い、汪兆銘政権の戦争協力を引き出す必要があったことが、その背景にある。対華新政策は、対華北占領統治の方針にも影響を及ぼした。新民会は職員を中国人のみとし、日本人は顧問部に入り、日系職員は一斉に引き揚げることとなった。しかし、顧問制度により新民会に対する日本人の統制は結局続いていた。

そして一九四五年八月の終戦を迎えた後、日本の対中国占領統治も終わり、新民会は解散した。

以上が新民会の成立から解散までの大まかな流れである。

二　新民主義

新民主義の創作

新民会は指導思想として、新民主義を創作した。それはどのようなものだったのか。

新民主義の創作者と言われる繆斌《みょうひん》は前述の通り、新民会の要職を務めた人物で、新民会の教化宣伝工作の実務上のトップと言える。繆斌は、元々は道家の子として生まれ、電気工学を専攻した。そして元国民党員であり、国民党が設立した黄埔《こうほ》軍官学校の教員や国民革命軍総司令部経理局長、国民党中央執行部員などを務めた。何応欽《きん》の部下として北伐にも従軍している。更に来日経験を持ち、日本の右翼とも交流があり、知日家であったと言える。日中全面戦争勃発前の主著に『武徳論』(17)と『中日危機之猛省』(18)があり、盧溝橋《ろこうきょう》事件前の日本に対して、中国を脅かす侵略的な振る舞いをしていると批判して王道主義に立ち返れと主張しつつ、中国と日本は「同文同種」であり、欧米列強の侵略や共産主義の流入に抵抗するために提携すべきだと説いた。盧溝橋事件勃発後、蒋介石と対立し、国民党を離れた。その後、新民会で要職を務めたが、日本軍との対立を経て、汪《おう》兆銘政権成立後は新民会を離れて南京に移り、汪兆銘政権にて立法院副院長に就任した。だが蒋介石との内通を疑われて左遷され、その後は考試院副院長を務めた。一九四四年八月、繆斌は蒋介石を主席とする重慶の国民政府と秘かに連絡を取っていると言い、日本に和平工作を持ちかけた。首相の小磯国昭はこれに応じようとするが、繆斌は信用ならない人物だからと閣内の反対に遭い、和平工作は実現しなかった。戦後、国民政府によるいわゆる漢奸裁判にかけられ、一九四六年五月二十一日、新民会や臨時政府及び華北政務委員会の要人の中では最も早く死刑に処された。

　新民主義は繆斌の創作と言われているが、厳密に言えば新民主義は根本博が何其鞏《ききょう》と、湯爾和《とうじわ》、武田南陽《なんよう》らに考案させ、最終的に繆斌に「創作」を要請したものであった。(19)何其鞏は元国民党員で北京市長、湯爾和は臨時政府成立前の華北傀儡政権である冀《き》察政務委員会で要職を務め、その後は臨時政府で議政委員長、教育部総長、華北政務委員会では教育総署督弁を務めた人物である。武田南陽は臨時政府成立後、新民会機関紙『新民報』を発行する新民報社の社長となったジャーナリストである。

　儒教を基礎とし、道教の要素を取り入れた指導思想を創作することをおよそ思い描いていた根本博は、繆斌の著作『武徳論』を参照し、繆斌を最終的な新民主義の「創作」者として招聘することを構想していたとも考えられている。(20)実際には、新民主義は日本軍主導で考案したものであり、繆斌は日本軍の要請を受けて日本軍の案に従ってまとめたものと捉えるのが妥当であろう。(21)したがって、繆斌は日本

学生に講話する繆斌。新民会首都指導部主催の暑期青年団（第４章参照）にて。「首都指導部暑期青年団之動向」『首都画刊』第３期、1938 年９月１日、25 頁（愛知大学豊橋図書館所蔵）

軍の依頼を引き受けて行動する選択をした、或いはそのような立場にあったと言えるが、この経緯から考えれば、繆斌の実際の考え方と新民主義の間に差異があったとしても不思議ではない。これに関連する問題は第7章で改めて提起したい。

では、新民主義の内容を見てみよう。新民主義に関して繆斌が解説した文章が、共産主義運動や外国人のスパイ活動を取り締まる外事警察の極秘資料『外事警察報』に翻訳掲載されている。(22)

新民主義とは

そもそも会の名称にもなっている「新民」とは、儒教の経典である『大学』にある「大学の道は、明徳を明らかにするに在り。民を親しむに在り。至善に止るに在り」の一節の、「民を親しむ」を「民を新にする」とする解釈に則り、これを由来とするものである。(23)

新民主義について概略だけ記すと、まず新民史観というものが論じられ、「優者、善者は生存し、劣者、悪者は、敗亡する」という「人類生存の自然法則」を説く。人間は善の要素も悪の要素もあり、人類の歴史は善悪が循環しながら、そして善を積んで悪を除きながら進歩していくという。ここから「新民主義は、東方固有の文化の復興を提唱するが西洋文化の長所を採用しないのではない」と、単なる守旧ではない柔軟な姿勢を示しつつ、時代の循環の中でこれからは東方文化が発展していくのだとして、「東方人類はまさに我が東方固有の文化によって善を択《えら》んで之を固執し、以《もっ》て西洋文化の衰頽《たい》を矯正せんとしている」のだと言い、王道の実践を説く。(24)この後は『大学』の八項目「格物」、「致知」、「誠意」、「正心」、「修身」、「斉家」、「治国」、「平天下」に沿って、更に独自に「親郷」の項目を加えて新民主義の実践について解説される。

「格物」とは物欲を去ることで、それによって天心と人心を一致させる。それができれば「致知」、即ち知識を善用できるようになる。その次に「誠意」、即ち志を立て、善を積み上げていくことが重要となる。こうして邪心のない「正心」を不動のものにせよという。(25)

この次の「修身」とは人格の修養だというのだが、それは即ち集団の中で自らの言動を律することである捉えられ、このあたりから欧米から流入した自由主義批判、そこから共産主義批判など、特にイデオロギー色の濃い議論へと発展していく。

人は群を離れて生きることは出来ぬ。従って個人は人群中にあって言語行動に自ら守るべき範囲あり、之《これ》を越えぬのが人格である。いま世の好んで自由の説をなすものは一切が皆自由なりとし、個人主義を形成した。小にしてはあらゆる享楽放肆《し》を極めざるなく、大にしては私慾《よく》をむさぼり資本主義の種々の害毒を齎《もたら》した。更に資本主義の反動から階級闘争の種々の弊害を生んだ。これ皆修身を知らざる誤である。[26]

そこで「修身」を実践すれば、資本家は労働者を圧迫して儲けようとするような存在にはならず、労働者は資本家を打倒するために階級闘争を起こすことなどはしない、というのである。

「斉家」は東洋では家族を重んじてきたことを説き、西洋から流入した個人主義を、家族を崩壊させたものとして批判し、男女にはそれぞれの役割があるのだと主張する。これは即ち男女平等を主張する女権運動への批判となっている。[27]この「斉家」については第7章で再度取り上げる。

「親郷」は『大学』にはない新民主義オリジナルの項目であるが、「地方自治のことである」という。今の地方は行政や警察に管理される政治体制にあり、人民は圧迫されるだけで教化されない。これでは圧迫階級と被圧迫階級の間で摩擦が生じ、地方が乱れるというのである。東洋の伝統は政治家が道徳をもって民衆を教化する「政教合一」だと説く。それにより風俗を良質にし、社会を安定させようというのである。[28]

「治国」は人民の生活の安定を図るべきだと説くもので、「礼治主義」、「徳治主義」、「生産主義」の三つから成る。

この「治国」でも欧米批判を展開しており、まず代議選挙制度を批判する。代議選挙制度は政党を生む。政党は資金の調達のために資本家の食い物にされる。そして資本家が政治を操るようになり、民意が塞《ふさ》がれるというのである。また、多数決の政治は数さえ集まれば良いという発想で政党が作られ、買収などの不正が横行し、政治は暗黒化するという。

これとは別に、一党専制制度の弊害について指摘する。この中で、スターリンや蒋介石の独裁について取り上げ、私欲のために一貫性のない政治で人民を苦しめてきたという。そこで、省以下の行政単位では地方自治をし、家長が村長を、村長が区長を、区長が県長を、県長が省長を選挙する仕組みを提唱する。この仕組みなら、家長が選挙に参加しているので、選ばれた代表者も家のことを考慮した政治ができるだろう、ということである。このように、家族の和を中心に秩序をなす政治のあり方を「礼治主義」と呼び、これを提唱する。

加えて、為政者は徳を具えるべきだという「徳治主義」のほか、民生の安定のために生産を高めることを重視する「生産主義」を説く。共産主義にも資本主義にも反対し、都市の生産用機械を農村へ移し、農村の電化を進め、農民の利益を第一とせよと主張する。これにより、農村は近代的な生産工具を用いて生産を向上させ、工業では都市文明の弊害が除去されるというのである(29)。

こうして、個人から始まって家族、地域、国家へと、段階的に整えていき、最後に到達するのが「平天下」である。土地の分配には反対だという。「いま人が、この土地は我が家の産である。この土地は我が国の領土であるということから、家と家が産を争い、国と国が領土を争うに到る」といったことも述べながら、土地は、土地の生産力を高め民生を安定させられる有徳者に帰するべきものだと主張する。そして締め括りは次のように飛躍する。

土地の生産を高め人を養い得るものが有徳者であり、有徳者が土地を領有する。されば敗家の子はその産を失い、敗国の政府はその土地を失う。これ優勝劣敗の天理である。いま天下を平治せんと欲するならば、天下の土地を天下の有徳者に還付せねばならぬ。これ王道天下の大義である。

それ教あって類なく、四海の同胞は皆兄弟である。いま民族主義、国家主義などと唱え、徒《いたずら》に自尊して争うは狭義も甚《はなはだ》しい。新民主義は文化の相同じきものが同盟を結ぶことを主張する。日本、中国、満洲の如《ごと》きは聯盟を結び得る。日華満の聯盟より更に進んで は大亜細亜《アジア》の聯盟を作り、然《しか》る後亜細亜を中心として万邦を協和し、王道の天下を成せば、天下は平治するであろう(30)。

新民主義と反共宣伝

問題は、この新民主義を民衆にどう説明するかであろう。ここで、新民会が発行した三冊の漫画があるので見てみよう。新民主義とは何か、新民会が何をしようとしているのか、新民会が敵と見る共産党がいかにひどいものであるかを、分かりやすく表現しようとしたものだと思われる。

まずは『打倒共産党』。強面で屈強な体つきの、「共」の文字の書かれたシャツを着た男が共産党の象徴として描かれる。ここでは仮に「共」の男とでも呼ぶことにしよう。その「共」の男が「俺の話を聞け」と群衆の前に登場する。ある村を見ると、家の形や大きさが人によってまちまちであった。「共」の男は「みんな同じような家に住まない

（一）
我是中國共産黨
（二）
你們都要聽我的話
你們的房屋應當一樣把這些舊的一齊燒掉
（四）
你們為什麼不快活？
無家可歸了呀！

『打倒共産党』（国立国会図書館所蔵）

といけないんだ」と言い、何と村の家を全部焼いてしまう。そしてそこに暮らす民衆は皆同じ形、同じ大きさ、しかも随分と貧相な藁葺《わらぶ》き小屋に住まされることになった。更に「共」の男はある夫婦を襲う。夫を銃で殺し、その妻を強姦する。その妻が泣いている姿を見て、「共」の男は金が欲しいのだろうと言ってどこかの紳士を銃で襲い、金を奪う。そこへ日本兵と思われる男が登場し、民衆の話を聞いたその日本兵は「共産党の振る舞いはそんなにひどいのか」と納得し、「必ずそいつを殺してやるぞ」と言って遂に「共」の男を銃で撃ち殺す。その光景を民衆がこぞって見て「ハハハ。赤魔が死んだ（引用者注：赤は共産党のシンボルカラー）」と笑っている。そして指導者層と思われる中国人とその日本兵が握手し、「共産党は死んだ。一緒に東亜の平和を築きましょう。新民主義の鐘を鳴らしましょう」と言って、「新民主義」と書いた鐘を鳴らして皆で櫓《やぐら》を立て、その側面には「東亜の平和を確立し、東方文化を復興しよう」というスローガンが書かれている、という物語である(31)。

藁葺きの家に皆を住ませるところに、共産主義とは何かを端的に表現したかったのであろう。とはいえ新民主義とは何かまでは、この物語を読んでも結局分からない。とにかく憎むべき共産党に対抗するもの、というくらいの位置づけにしかなっていない。

次に『白紅餅』である。表紙は中国人の少年と日本人の少年が手を取り合って一緒に「共産餅を売る者」を踏みつけて笑っている絵である。この「共産餅を売る者」の容貌は、先の「共」の男に似ている。この物語は簡単である。中国人の少年と日本人の少年が一緒に菓子を買いに行こうと言って町へ出る。すると道の右側に白い餅の店、左側に赤い餅の店がある。白い餅の店の看板には「反共陣線」の文字、主人はにこやかで「白くておいしい防共餅だよ」と。

『白紅餅』（国立国会図書館所蔵）

一方の赤い餅の店の看板には「赤色陣線」と書かれ、主人はいかにも怪しげな表情で「真っ赤できれいな共産餅だよ」と。日本人の少年は「そんな共産餅は毒だよ」と言うが、中国人の少年は「そんなことないだろ」と言って食べる。案の定中国人の少年は寝床で嘔吐に苦しむことになる。そこへ日本人の少年が医者を呼んでくる。医者は「新民主義」と書いた袋を、「この薬を飲んだらすぐ良くなるよ」と言って差し出す。その後、その医者は臨時政府を訪ね、警察と思しき男に「あの共産餅を売っている奴は悪い奴に違いない。あいつの餅には毒が入っている」と訴える。

そして共産餅を売る男は警察に捕まり、日本人の少年と中国人の少年は「児童遊戯場に行って遊ぼう」と言って、また仲良く遊びに行く。なお、この「児童遊戯場」は先に登場した医者がにこにこして「新民主義　新民精神」と書かれたカウンターに立っている「新民薬房」の隣にある。その「児童遊戯場」の入り口には「打倒共産党」、「中日親善」の文字が見える。(32)

　これもまた新民主義や共産主義の内容までは結局分からない。表現されているのは、共産党は悪いもので、日本人と中国人が仲良くして共産党を倒すという構図だけである。

『二農夫』（国立国会図書館所蔵）

　最後に見るのは、『二農夫』である。「共産主義擁護」と書いた旗を持った張さんと、「新民主義擁護」と書いた旗を持った王さんという二人の農民が登場し、何やら勝負しようというのである。そこへまた『打倒共産党』に出て来た「共」の男にそっくりの男が現れ、張さんに十頭の豚を預け、飼ってくれと頼む。王さんのところには新民さんという男が出てきて、全く同じことを頼む。そして一年後、張さんのところも王さんのところも全く同じように、十頭だった豚が子供を産み育てたのであろう、百頭に増えていた。だが「共」の男そっくりの男は張さんに向かって、「この百頭の豚は全部俺のものだ。豚の糞は報酬としてお前にくれてやる」と言う。一方の新民さんは王さんに対し、「私は元々の十頭がいればいい。あとの九十頭はお渡ししますよ」と言う。それを見た張さんは「新民主義っていいなあ。これからは私も新民主義を信じるぞ」(33)と決心するのである。(34)

　これもかなり単純化されているが、辛うじて表現されているのは、新民主義が生産の向上とそれによる利益をもたらすものだということくらいであろう。

新民主義はどう受け止められたか

結局新民主義とは何なのか、民衆に分かりやすく説明するのは困難な様子が見て取れるが、では、民衆は新民主義のことをどう思っていたのであろうか。

新民主義は、新民会の中国人職員も理解できていなかった。そして中国人幹部からも分かりにくいという声が公然と上げられていたとも言われている。(35) 王克敏さえも、汪兆銘政権と臨時政府の合併前に汪兆銘と会談した際、北京の学生らは共産党に加担している者が多く、新民主義には現代の学生の思想を変える力はないと語っていたという。(36)

大日本軍宣撫《せんぶ》班員であった渕上辰雄の当時の日記にも、新民主義に対する冷ややかな見方が綴られている。

新民会の指導精神という中央指導部の委員の書いた本を読んでもこれで一国の政治を指導してゆこうとするのは難しいと知る。先ず、新民主義の名前だけつけて、これに形にはまるように孔子の『大学』の中から抜き出しただけの話だ。神がかり的な、現代の支那《しな》に対し何らの理解なく、古に帰る《ママ》への運動にしか過ぎないのだ。この主義に理論として惹《ひ》きずられる青年は恐らくいないだろう。これを支那に適した理論になすまでは相当の時日を要するだろう。

消極的な、攻撃して進歩してゆく精神なき新民主義、民衆の生活に食い入るところなき新民主義、これは当然滅びるだろう。我々はこの主義の如何《いか》に無力なるかを知る。(37)

朝日新聞記者の丸山静雄は、「青年の心をつなぎとめるには何か彼らの心を打ち、共感を与え、魅力を感じさせる新しいものがなくてはならぬ。かくて『新民』の二字がとりあげられるのである」(38)と述べているものの、現地民衆にとっては意味をなさないもの、或いは懐疑されるものだったという見方が、当時を知る様々な立場の関係者の回想に散見する。興亜院華北連絡部(39)次長の森岡皐《すすむ》は、「占領軍が急造の『新民主義』なるものを押しつけても、とても現地民に受け入れられるものではな」(40)く、「もっと民心を把握しやすい指導原理を選び、民衆の生活に直結する運動を実施すべきであった」(41)と回想している。山西省の日本占領地区にいた元新民会職員らの回想録を収録している『黄土の群像』にも、元宣撫班員で新民会と宣撫班の統合後に山西省の新民会繁峙《じ》県次長となった人物による、以下のような回想が見られる。

> 新民精神といえ新民主義といっても、当時の支那側民衆特に青年層の心理や魂をとらえ、動かす何ものもなかった。肝心のわれわれ日系側にあっても、新民主義の理念を納得し共感してこの運動のために魂を捧げる、という気概も情熱も遂にもち得なかった。(42)

また、元大日本軍宣撫班員の青江舜二郎は、次のように述べる。

> 革新的五・四運動以来、孔子の儒教は当面打倒さるべき旧体制の「とりで」であった。新精神と新思想はそれを絶滅してこそ、初めて「新」といえるのだ。孔子の「新解釈」などは絶対許しがたい「妥協」で国を売るもののしわざだと若い世代は信じていたが、にもかかわらず、この「新政府」の「新組織」は、すでにこの名称（引用者注：『大学』を典拠として名付けた新民会のこと）ゆえに古くさく、青年大衆には何の魅力もなかったといっていい。(43)

駐中国大使であった重光葵《まもる》は、「新民主義は、三民主義をもじった儒教的王道主義運動であって、支那現代の民衆とは何の繋《つなが》りもないものであった」と述べた上で、「かような時世の要求とかけ離れた政策が、点と線とによって保持される広大なる地域において、行使される仕組みであるから、これを反撃する重慶側（引用者注：国民党側のこと）や共産党の工作は極めて易々たるものであった」(44)という。このように、中国青年たちが儒教を打倒して社会を変革する運動に共鳴した歴史を経てきた中で、儒教への回帰を提唱して中国を再建するという理論を持ち出すことは時代遅れだと言わざるを得ないこと、そしてそのような思想によって占領統治を進めようとすること自体の脆《ぜい》弱性が指摘されている。

戦後の回想であるゆえに、結局うまくいかなかった新民会の青年動員に対して厳しい眼差しを向けているのかも知れないが、このような思想宣伝を浸透させることが困難であったことは、次章以降、特に第4章で見ていく青年動員の実態からも想像に難くない。

新民主義を日常生活に

新民主義は言葉だけではなく、個人で、社会で日々実践することも求められた。一九三九年に提唱された新民生活実践運動は、儒教道徳に根差した中国の再建という新民会の理念が典型的に表れている事例のひとつである。これも

繆斌が自ら書いたものとして残っているものである。(45)

甲、実践原則

一、新民主義を信仰し王道天下を実現する。
二、新民精神を実践し新文明を創造する。
三、天の法則に従い祖先を祭り神を敬う信心を養成する。
四、滅私奉公、名利を求めない新民の天責を養成する。
五、質実剛健、文武合一の体質を養成する。
六、絶えず努力し、知行合一の精神を養成する。
七、簡素質朴勤労の生活を養成する。
八、誠実で偽りのない品性を養成する。
九、克己、思いやり、目上の人に忠実な気風を養成する。
十、慎み深く、礼を守り、温和な気質を養成する。
十一、精を出し、慎重で確実な仕事の精神を養成する。
十二、互いに協力し、故郷を愛する国家観念を養成する。
十三、貧しい者を救い、孤独な者を思いやり、強きを挫《くじ》き弱きを助ける義侠精神を養成する。
十四、自然を愛し、清潔を愛する習慣を養成する。
十五、運動を愛し、芸術を愛する習慣を養成する。

乙、実践方法

一、個人方面の新民生活

1、(1)起居

(一)朝は一日のなすべきことの見通しを持ち、日々に新たの精神を養う。
(二)父母や年長者にご機嫌伺いし、孝道を実践する。
(三)新民体操、或いはその他の運動を練習する。
(四)早寝早起きを実行する。
(五)就寝前に日記を書き、自省の精神を養う。
(六)女性は家政の責任を負う。

2、飲食

(一)飲食は簡素が良く、体に良い食品を選ぶ。
(二)飲食は定時、定量。
(三)飲酒、喫煙、刺激のある食品は控えめに。
(四)食事の際は動作を静かに、大声で喋《しゃべ》らない。
(五)女性は料理の責任を負う。

3、衣服

(一)男女の衣服は質朴で華美でないのが良い。
(二)剛健の精神を示し、意気消沈しないのが良い。
(三)常に清潔に。

（四）女性は衣服の洗濯、補修、裁縫の責任を負う。

4、居住

（一）居間は整理し清潔に。
（二）物を置くのも芸術的にするのが良くて、華美でないのが良い。
（三）室内には心身にとって有益な格言を掛けよ。
（四）台所と便所は努めて清掃せよ。
（五）窓をよく開け、沢山草花を植えよ。
（六）女性は華道を習い、玄関や庭を掃除する責任を負う。

5、娯楽

（一）楽しむのも度が過ぎないように。
（二）アヘンや賭博の悪習、時間を浪費する遊びをなくすこと。
（三）音楽、詩吟、将棋、書道、茶道などを奨励する。
（四）剣術、球技、郊外への旅行などを奨励する。
（五）女性は家庭での楽しみを増やす責任を負う。
（六）女性はアヘン、賭博を個人の享楽としてしまい家政に従事しなくなるような弊害をなくすこと。

二、社会方面

1、信用

（一）人との約束は安請負いしないこと。
（二）約束したら信用を失わないようにすること。
（三）お金のやりとりをするなら必ず返すこと。
（四）人と約束するなら嘘はつかぬこと。

2、交際

（一）接待はほどほどに。
（二）宴会の料理はなるべく簡素に。浪費は良くない。
（三）待ち合わせの時間は守れ。
（四）宴会に招かれた客は和やかに、礼儀正しく。
（五）親戚や友人を訪ねる時はいい加減にしてはいけない。

3、婚姻

（一）婚姻は大事だ。父母の意向を尊重して慎重な選択をすべきだ。
（二）妻を娶るのは徳をもってせよ。個人の享楽のみを求めて斉家の趣旨を損ねることのないように。
（三）女性は嫁いだら舅、姑に孝を尽くし、夫を助け、子を育て、斉家を天職とする。
（四）成り行きで結婚してはいけない。

（五）夫婦は共に白髪が生えるまで助け合うもの。離婚してはいけない。
（六）婚姻の儀式では天地や先祖の祭りを重視せよ。
（七）婚姻は紙の上での個人主義的契約の形式ではいけない。男女双方が三代家譜を交換する家族主義の形式を採るべし。
（八）婚姻の儀式は精神を重んじ、なるべく簡素に。厳かにして派手にしないこと。

4、葬儀とその後の儀式

（一）葬儀とその後の儀式は慎み深く礼を尽くし、疎かにしないこと。
（二）葬儀とその後の儀式はなるべく簡素で厳かに。無意味な旗や飾りはいらない。
（三）喪に服すには古礼を採るべし。現在の西洋の葬儀は簡素すぎて人倫に悖《もと》る。
（四）天地、神、祖先を祭り、真に敬虔に徳性を養うべし。
（五）春と秋に祖先を祭れ。
（六）亡き者を土に埋めて喪に服するのをおしまいにするな。
（七）墓参りは疎かにするな。
（八）墓地は大きすぎるのは良くない。荘厳で清潔にすべし。

5、慶賀

（一）六十歳以下で長寿を祝うのは良くない。
（二）誕生日は祝うものではなく、父母に敬意を示すためにあるものだ。
（三）慶賀は精神を重んじ、浪費はいけない。

6、礼儀

（一）立つも座るも姿勢を正して。斜めに傾いてはいけない。
（二）道の通行は落ち着いて。ばたばたしてはいけない。
（三）態度は上品に。軽い調子ではいけない。
（四）言葉遣いは厳粛に。上調子はいけない。
（五）お辞儀は丁寧に。いい加減にしてはいけない。
（六）ところかまわず痰を吐くのはいけない。
（七）公共の場所では振る舞いは静かに。大声で話してはいけない。
（八）乗り物では老人や女性、幼児に席を譲れ。

これを個人が実践し、家庭の規範とし、また新民会の関係組織が進んで実行し、役所、学校、職場その他公共の場所へ広げていこうというのである。[46]

この新民生活実践運動を実際に行動に移す人がどれだけいたか。社会に浸透したのか。新民会教化部から「新民生活実践運動各法案を整理提出して之を積極的に実施した」との報告が上げられているものの、(47) 実態までは計りかねる。ここでは、このような運動が提起されていることが、新民会は保守的で封建道徳への回帰だと言われる典型的な事例なので取り上げた。だが、新民会とはこのような性格しか持たない組織だったのだろうか。特に第6章、第7章では、新民会をめぐるより複雑で多様な問題について考えていきたい。

なお、これら新民生活実践運動の実践項目は繆斌の名前で発表されているのだが、ここで、元朝日新聞記者で、繆斌と親交のあった田村真作の回想録を見てみよう。田村は新民生活実践運動について直接言及しているわけではなく、この新民生活実践運動の実態が田村の述べている通りであったと確定できるものではない。だが、こうした類の新民会の活動との関連を想起させ、その実態を示唆する内容なので、ここで見ておきたい。なお、以下の叙述から分かるように、田村は新民会の日本人指導者に対してかなり批判的な目を向けている。

北京には、「老北京」といわれる古くから北京に住んでいる日本人が可成《かな》りいた。（中略）

この「老北京」とは反対におそろしく「支那の指導」をやりたがる一群が到来していた。彼等は満洲から流れ込んで来た協和会くずれの人達と何故《なぜ》か東亜同文書院の出身者が多かった。彼等は新民会を根城にとぐろをまいていた。

中国のことは、中国で生れた中国人が一番よく知っているだろうと思うのだが、中国の事情をかじり、中国ずれのした彼等は、その中国人を指導しようとしていた。

「たんつばをはくな」「ひるねをするな」――と中国人の生活の中に口やかましく立ち入って干渉し出した。彼等にしてみれば、蔣介石の新生活運動(48)の上を行くつもりであろうが、めいわくしたのは中国の民衆で、仕方なしに苦笑しながら、この日本人指導者群の独り芝居を、くたびれてあきらめるまで気永に黙って眺めていた。

中国人の友人が歎息していった。

「われわれは中国人の生活まで日本人からあれこれと指導してもらわなくとも結構である。熱心に指導されるほど有難迷惑だ。われわれの欲しているものは日本の技術的な指導だ。世界知識だ。単に中国だけのことなられわれの方が知っている。」

中国のことは中国人よりよく知っている――と思いあがっていたこの新民会の日本人の中国指導者の群は、中国人と中国のことでよく論争した。最後には軍の背景がものを言った。新民会の中国人達は、彼等の言うことをきかなければ「抗日分子」の刻印が押されるのである。

良かれ悪しかれ、中国の民衆団体として発足した新民会が、中国民衆の憎悪の的になり、民衆の敵となってしまった責任の全部は、この思いあがった日本人指導者群の中国指導の結果であった。

（中略）

繆さんは新民会の事実上の指導者ということに表面はなっていたが、繆さんや中国人側の意見は常に無視されていた。新民会の日本人指導者らは、「民衆指導」と称して中国の風俗習慣や伝統におかまいなしに、中国の民衆のこまごました生活の中にまで立ち入って、強制的に干渉した。こんな時に彼等は繆さんに何の相談もなしに繆さんの名前だけを勝手に利用した。(49)

三．新民会の組織構造

新民会の組織と運営体制

新民会の組織構造についても見ておこう。臨時政府の首都である北京には新民会中央指導部があり、地方には省指導部、その下に市指導部、県指導部と、行政単位ごとに指導部を設けた（「市」が「県」より上部に位置する）。

中央指導部には、総務部、教化部、厚生部という三つの部署があり、総務部には総務科、企画科、調査科、主計科を、教化部には組織科、社会科、宣伝科を、厚生部には輔導科、業務科を設けていた。地方の省、市、県の指導部にも総務科と指導科があった。なお、一九四〇年三月、大日本軍宣撫《せんぶ》班との合併に伴う新民会改組で、中央指導部は中央総会、省以下の指導部もそれぞれ総会と改称する。

そして行政の末端の民衆を組織に組み込んでいくために設けられたのが、分会であった。分会は、職業別、地域別などに組織化の形態が分かれており、職業別は職場の場所に関係なく、同業の労働者を組織化したものである。但し労資協調を謳《うた》い、階級対立を避けることが目的だったと言われるものであって、決して労働組合ではない。もうひとつの地域別の分会は、市以下の行政単位ごとに設けられ、特に農民がこの方式で組織化された。この分会は、各地で開かれる議会として位置づけられた新民会の聯合協議会へ、民意集約のために代表を送る機能も果たした。(50)

新民会の経費については、「中華民国新民会章程」は、「会費、国庫支出金、事業収益金等を以《もっ》て充つ」と定めている。(51)

新民会への参加

こうして新民会は、地域の末端まで民衆を取り込むべく組織を構築していったのだが、会員制の組織である。そこで、入会にも規定がある。新民会には協賛会員と正会員があり、入会するには、まず正会員二人の紹介によって協賛会員になり、協賛会員は一定期間の訓練を受けると、所属分会の推薦を経て正会員となる仕組みである。協賛会員は発言権と請願権を持ち、正会員はその上に表決権、選挙権、被選挙権も持つ。(52) なお、会員数は一九三八年末には四万一八四〇人であったところから、一九四二年十月に入会手続きを簡素化したことで、一九四二年末には三六四万三一九九人へと飛躍的に増やしたという。前述の通り、綱領に「国民組織を完成す」の文言を盛り込んだ際の動きである。更に一九四四年五月に会員数は一千万人に達した。(53) 日本占領下華北の人口を一億人だとすれば、単純に計算して十人に一人が新民会員だったということになる。

このほか、日本人職員を育成する機関として新民塾が設置され、新民会中央指導部総務部長であった小澤開作が塾長を務めていた。中国人の職員養成については、各地で新民会が設置した青年訓練所がその機能を果たしていた。次章以降、この青年訓練所に焦点を当て、そこにいた青年たちの姿に迫っていく。

---

(1) 一九三四年三月、愛新覚羅溥儀《あいしんかくらふぎ》の皇帝即位に伴い満洲帝国協和会と改称したが、本書では以下一律に協和会と略記する。

(2) 広中一成『ニセチャイナ』社会評論社、二〇一三年、三二七頁。左翼の転向者としては、宮崎菊次、寺神戸茂、立石虎記、野田芳武らの名前が挙げられる。伊藤晃『転向と天皇制』勁草書房、一九九五年、三一二頁。これらの人物については、第3章、第4章でも取り上げる。

(3) 田村真作『繆斌工作』三栄出版社、一九五三年、七四頁。新民会の日本人職員養成機関であった新民塾（後述）塾生名簿にも、東亜同文書院出身者の名前が見える。岡田春生編『新民会外史』前編、五稜出版社、一九八六年、一三三－一三四、一四四頁。

(4) 堀井弘一郎「新民会と華北占領政策」上『中国研究月報』第五三九号、一九九三年一月、三頁。

(5) ここでの「共」は共産党、「党」は国民党を指す。共産党も国民党も滅ぼすということ。

(6) 「中華民国新民会章程」第二条「本会は新民主義を奉じ政府と表裏一体の民衆団体として日満支の共栄を顕現し剿共滅党の徹底を期し世界平和に

貢献するを以て目的とす」。中華民国新民会指導部『新民会会務須知』一九三八年、九頁。なお、一九四一年五月に、多田駿部隊が同章程の改正を陸軍に報告しており、第二条は「本会は華北政務委員会と表裏一体の関係に於て王道を実践し東亜新秩序建設の先達となり道義世界の創建を図るを以て目的とす」となる。「新民会章程改正に関する件」一九四一年、JACAR（アジア歴史資料センター）Ref. C04122935100、第二画像目、「陸支密大日記」第一七号 二/三 昭和一六年（防衛省防衛研究所）。華北政務委員会については後述。

(7) 矢部僊吉「華北新民会時代の想出」、小澤征爾編『父を語る』中央公論事業出版、一九七二年、三五二頁。これらの工作については王強（二〇〇二）など参照。

(8)「新民会の大改造」『東京朝日新聞』一九三九年九月十三日、三面。

(9) 武藤章著、上法快男編『軍務局長武藤章回想録』芙蓉書房、一九八一年、八六頁。

(10)「新民会軍の指導下へ」『東京朝日新聞』一九三九年十月四日、二面。

(11) 金雄白著、池田篤紀訳『同生共死の実体』時事通信社、一九六〇年、二〇六頁。

(12) 前掲広中、二〇一三年、三三一頁。

(13) 青江舜二郎『大日本軍宣撫官』芙蓉書房、一九七〇年、二九一―二九二頁。防衛庁防衛研修所戦史室『北支の治安戦』第一巻、朝雲新聞社、一九六八年、二二七、二九六頁。前掲広中、二〇一三年、二七七、三三二頁など。しかしこの統合以降も、新民会に対して日本軍からも資金が支給されていたことが、新民会職員の次の記述から窺える。「大体是《これ》だけの事業をやって参るのに、予算はどれ位のものを持って居るかと申すと、創立当時の昭和十二年度は二百五十二万円、其の翌年昭和十三年度は一躍して六百万円に上り、更に十四年度には七百五十万円、昨年度に至って千四百万円という予算経常費を華北政務委員会から出して居る。併し是だけの広大な地域と此の大きな事業に当っては、是だけの予算では昨年度はやって行けなかったので、千四百万円と約同額の費用を北支那方面軍より支給されて居る。」波多江種一「新民会の組織と治安工作に就いて」『興亜教育』第一巻第二号、一九四二年二月、一〇六頁。

(14) 前掲堀井、一九九三年、一六―一七頁。なお、会旗の変更問題はこの後一九四三年にも起きるが、本書では割愛する。堀井弘一郎「新民会と華北占領政策」下『中国研究月報』第五四一号、一九九三年三月、三―四頁参照。

(15) 北支那方面軍司令部「北支政務並経済の現況」一九四一年一月十三日、臼井勝美、稲葉正夫解説『現代史資料』第九巻、みすず書房、一九六四年、七〇六頁。

(16) 租界とは外国の特殊権益のひとつで、中国国内でありながら一定の行政権や警察権を外国が持っている外国人居留地のこと。アヘン戦争以降、いわゆる列強の中国侵略の中で形成されていった。租界があった代表的な都市は、天津、上海、漢口など。

(17) 繆斌『武徳論』開明書店、一九三五年。

(18) 邦訳として、長瀬誠訳『日支の危機に際し両国の猛省を希望す』義松堂印刷所、一九三六年がある。

(19) 八巻佳子「中華民国新民会の成立と初期工作状況」、藤井昇三編『一九三〇年代中国の研究』アジア経済研究所、一九七五年、三五四、三六一頁。岡田春生編『新民会外史』前編、五稜出版社、一九八六年、二八―二九頁。彭程「「新民主義」の成立過程について」『国際文化学』第二一号、二〇〇九年九月、一四九頁。

(20) 前掲岡田前編、一九八六年、六三頁。

(21) 前掲彭程、二〇〇九年九月。

(22) 繆斌「新民主義の理論と実践」『外事警察報』第一八八号、一九三八年三月、一―一六頁、JACAR（アジア歴史資料センター）Ref. A04010434400、第三―一一画像目（国立公文書館）。アジア歴史資料センターのウェブサイトは、国立公文書館、外務省外交史料館、防衛省防衛研究所の所蔵資料をデジタル化して一部公開している。なお、国立国会図書館の蔵書検索でもデジタル化された同館所蔵資料を一部公開しており、別の訳者による繆斌の新民主義解説も閲覧できる。繆斌著、寺島隆太郎訳『新民主義』青年教育普及会、一九三八年。これらデジタル資料を公開しているウェブサイトについては、巻末の参考文献一覧を参照。

(23)この解釈の問題については、島田虔次『大学・中庸』上、朝日新聞社、一九七八年、五一―五三頁など参照。
(24)繆斌「新民主義の理論と実践」『外事警察報』第一八八号、一九三八年三月、一一―三頁、JACAR（アジア歴史資料センター）Ref. A04010434400、第三―四画像目（国立公文書館）。
(25)同右、三―五頁、第四―五画像目。
(26)同右、五頁、第五画像目。
(27)同右、五―八頁、第五―七画像目。
(28)同右、八頁、第七画像目。
(29)同右、八―一四頁、第七―一〇画像目。
(30)同右、一四―一五頁、第一〇画像目。
(31)筆者が閲覧した国立国会図書館所蔵のデジタル版の同書には書誌情報がないが、「中華民国新民会寄贈本」と書かれている。目録によれば新民会編『打倒共産党』一九三八年。
(32)新民会出版部編『白紅餅』一九三八年。
(33)筆者が閲覧した国立国会図書館所蔵のデジタル版の同書は、原文中国語のこの台詞の一文字分ほどがシールを添付されて隠れているが、文脈から見て台詞の意味はこれで問題ないと思われる。
(34)新民会出版部編『二農夫』一九三八年。
(35)前掲彭程、二〇〇九年九月、一五三頁。
(36)臼井勝美「日中戦争の政治的展開」、日本国際政治学会太平洋戦争原因研究部編著『太平洋戦争への道』第四巻、朝日新聞社、一九六三年、二一一頁。
(37)原剛、野村乙二朗「渕上辰雄の宣撫班「派遣日記」（第六回）」『政治経済史学』第五六一号、二〇一三年九月、第五五頁。
(38)丸山静雄『失われたる記録』後楽書房、一九五〇年、六〇頁。
(39)対中国政策を担当する日本の政府機関である興亜院の中で、臨時政府の内面指導を担当した機関。同連絡部は一九三九年三月、北支那方面軍特務部を廃止して業務を移管したものであり、事実上日本軍が担っていると言って良い。
(40)防衛庁防衛研修所戦史室『北支の治安戦』第一巻、朝雲新聞社、一九六八年、一二八頁。
(41)同右。
(42)吉田宇一「ある宣撫官の回想録」、興晋会在華業績記録編集委員会『黄土の群像』興晋会、一九八三年、六六八頁。
(43)前掲青江、一九七〇年、一一三頁。
(44)重光葵『昭和の動乱』原書房、一九七八年、二二三頁。
(45)「新民生活実践運動要綱　新民会中央指導部長繆斌手訂」『新民報』（北京）、一九三八年十二月二十四日特刊、一面、「新民生活実践運動要綱　新民会中央指導部長繆斌手訂」『首都画刊』第七期、一九三九年一月一日、一―二一頁。
(46)「新民生活実践運動要綱　新民会中央指導部長繆斌手訂」『新民報』（北京）、一九三八年十二月二十四日特刊、一面、「新民生活実践運動要綱　新民会中央指導部長繆斌手訂」『首都画刊』第七期、一九三九年一月一日、二一頁。
(47)「中華民国新民会第一回全体連合協議会ノ状況ニ関スル件他一件」六、一九四〇年、四六頁、JACAR（アジア歴史資料センター）Ref. B02031836400、第四画像目、支那地方政況関係雑纂／北支政況／自治問題、新民会関係（外務省外交史料館）。
(48)日中戦争勃発前から蒋介石が提唱した運動で、日常生活の習慣改善、儒教道徳に根差した社会秩序の回復を通して民族の復興を目指すと称し、国家総動員体制の構築を目指したもの。ここで提唱された、「ボタンをきちんと留めること」、「所構わず痰を吐かぬこと」など、九十五項目に亘る日常生活に立ち入った細かな実践内容の具体例を示す「新生活須知」は、深町英夫『身体を躾ける政治』岩波書店、二〇一三年、五頁参照。
(49)田村真作『繆斌工作』三栄出版社、一九五三年、七四―七五、八九頁。
(50)県や市の聯合協議会には分会代表が参加し、道、省、華北全体の聯合協議会には下級の聯合協議会が選出した代表が参加する。前掲『新民会務須知』一頁。
(51)同右、一四頁。

（52）同右、一五一―一六頁。
（53）王強「日中戦争期の華北新民会」『現代社会文化研究』第二〇号、二〇〇一年三月、二〇六頁。

第2章　新民会の青年訓練所と青年団

本章では、新民会による中国青年たちの教化動員工作の全体像を掴むべく、青年訓練所と青年団という機関、団体を中心に取り上げ、そこでどのような教育や活動がなされていたか、そこに入っていた青年とはどのような青年だったのかを明らかにしていく。ここでは主に、新民会の機関誌『新民会報』、機関紙『新民報』などに記録された青年動員に関する記事や活動報告、論説などから、各地の情報を拾い集めていく。

一．青年運動の始まりとその理念

青年は国家の柱石、青年は民族の主人公

一九三八年三月十八日、新民会教化部の主導により、新民会中央指導部の部員と北京市内の小学校校長らをはじめとする教育関係者を委員として、新民青年運動実施委員会が成立した。「新民会新民青年運動実施委員会成立宣言」は、次のように説く。

党府成立以来、党化教育（引用者注：国民党に忠実な国民の育成を目指す教育）を励行し、有為の青年を麻酔せしめ、固有の文化を破壊し、教育の本義に違反す、これ夙《つと》に賢達の患うる所なりき。次で共産党肆《ほしいまま》に煽動し、左傾の風学堂に瀰《び》漫す、非を積みて是《ぜ》となし、正義蕩《とう》然として地を掃《はら》うに至る、教職に在る者も亦《また》多く其《そ》の間に依違《いい》し、以《もっ》て敷衍《ふえん》を図り、癰《はれもの》を養い患《わずらい》を遺し、以て今日に至れり、蘇聯（引用者注：ソ連）を謳歌し、妄《みだり》に抗日を叫ぶ、東亜の和平為めに破壊され、東方の文化将に澌《し》滅せんとす、其の厲階《れいかい》を尋ぬるに教育其の正途を失いたるに存す、語に云《い》う「十年にして木を樹《う》え、百年にて人を樹う」と蓋《けだ》し教育事業は

国家根本の大計なるを言えるなり、今幸に新中国の建設を見る、青年の思想行為を糾正領導するは実に焦眉《しょうび》の急務なり、東儒福沢諭吉先生嘗《かつ》て曰《いわ》く「国に多数の青年児童有り、教化を施さざるは是《これ》其の国を棄《う》つるなり、教育其の方を得ずんば未だ教えざるに等し」と、夫《そ》れ青年児童は識見未だ充たず、意志も亦鞏固《きょうこ》ならず、之《これ》を善に導くも可なり、之を悪に誘うも亦得べし、今特に新民青年運動実施委員会を組織し、青年を領導して正途を歩ましめ、以て国家善良の国民となし、反共戦線の闘士たらしめん。(1)

国家の中堅として青年を教育する重要性とともに、未熟であるがゆえに言わば感化しやすい存在として青年に注目していることも分かる。そして、次に「実施原則」として挙げているのは、「断乎として共産党の邪説を撲滅し国民党の謬《びゅう》論を排除し其他一切の悪化思想と行為とを根絶せん」、「東方固有の文化道徳を発揚し以て新民の帰趨《すう》を明かにせん」、「学生の悪習慣を是正し敦厚励行高尚なる人格を陶冶し師を尊び道を重んずるの美風を馴《じゅん》致せしめん」(2)である。国民党と共産党が青年を脅かす存在であり、これらの影響に染まった青年の思想を、東方固有の文化たる儒教道徳に基づく新民精神をもって正そうというのである。

同委員会の活動としては、清掃活動などの勤労奉仕に青年たちを動員するほか、学校の修身科の副教材の編集、標語作成、作文、弁論、合唱などのコンクール、講演会などの教化宣伝事業を中心に行い、これらに参加させることを通して現地の青年たちに対して新民主義の注入を図った。また、青年たちの心身を鍛えることを目的に掲げ、球技大会や遠足、キャンプなども実施した。(3)

いくつか教化工作の例を見てみよう。新民青年運動実施委員会の事業として実施された、学生が各学校を通して参加する論文コンテストの題目は以下の通りである。

1. 尊孔論
2. 知行合一《ちこうごういつ》論
3. 王道論
4. 新民精神とは何か
5. 新民主義について
6. 新民会大綱之説明を読んで
7. 中日親善の意義
8. 東亜の将来
9. 中国の将来
10. 希望を語る
11. 中日同文同種の史実

12．東方文化概論
13．「師厳にして而《しか》る後道尊し」について（引用者注：出典は『礼記《らい》』学記篇）
14．孝について
15．国共両党が国にもたらした禍《わざわい》について
16．経典を読む心得(4)

他にも、新民青年運動実施委員会が主催し、各地の学校で実施するように指示した講演会での題目の大要は次の通りである。

演題：新民青年の使命と生活
大要（一）新民青年の使命
（1）剿共滅党《そうきょうめっとう》
A　党共（引用者注：国民党と共産党）が国を誤らせた事実
B　党共による東亜平和の破壊
（2）中華民国の甦《そ》生
A　新政権の養護
B　新民会の指導への服従
（3）東亜平和の確立
A　中日親善の努力
B　東亜聯盟の促進
（4）東方文化の発揚
A　孔孟（引用者注：孔子と孟子）の教義への尊崇
B　友邦（引用者注：日本のこと）と連携して共に東方文化を発揚すること
（5）新民主義の実行
A　新民主義の理論の発揮
B　新民会大綱の説明
C　いかにして新民主義を推進するか
（二）新民青年の生活
（1）生活の規律
A　簡素　B　清潔　C　誠実
D　忠実　E　堅忍　F　勇敢
（2）労働奉仕
A　社会奉仕の精神の発揚
B　青年の体質健康の促進
C　労働の信仰と習慣の養成
（3）滅私奉公
A　私利の犠牲　B　公益への努力(5)

他にも新民会では、新民青年口号（スローガン）、新民青年歌、新民体操（日本のラジオ体操のようなもの）(6)などを青

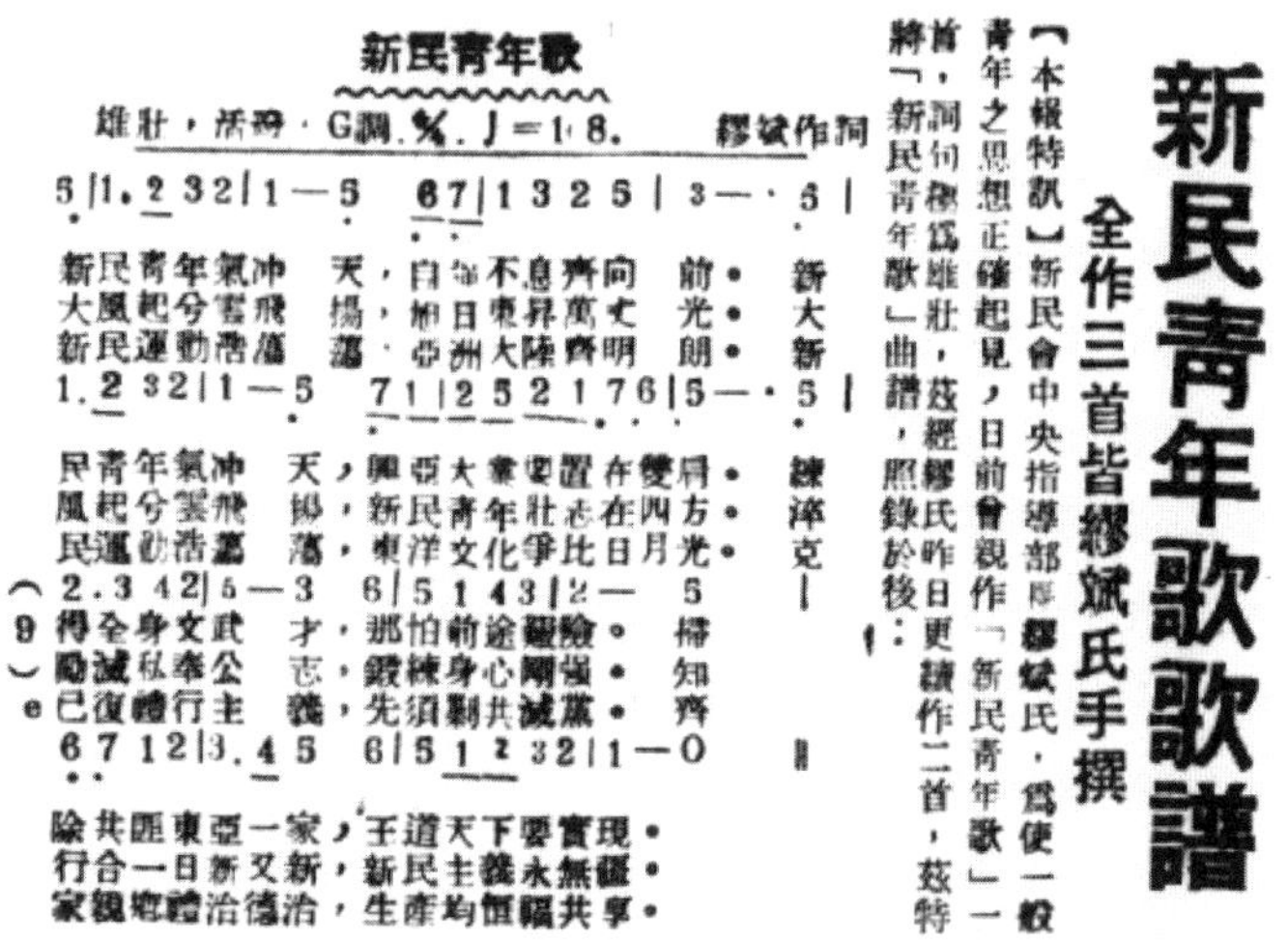
新民青年歌歌譜
全作三首皆繆斌氏手撰

【本報特訊】新民會中央指導部部長繆斌氏，爲使一般青年之思想正確起見，日前曾親作「新民青年歌」一首，詞句極爲雄壯，茲經繆氏昨日更續作二首，茲特將「新民青年歌」曲譜，照錄於後：

新民青年歌

雄壯，活潑・G調 繆斌作詞

『新民報』に掲載された新民青年歌の楽譜。「新民青年歌歌譜　全作三首皆繆斌氏手撰」『新民報』（北京）1938年5月14日、7面（国立国会図書館関西館所蔵）

年運動の象徴として考案し、これらを利用して青年教育を図った。

なお、新民青年口号とは、次の五条である。

（1）国共匪《ひ》賊は我等が敵人

（2）新民主義は我等が信条

（3）我等は郷里を保護せん

（4）我等は地方を復興せん

（5）我等は中日満聯盟し東亜の和平を実現せん(7)

一つ目にある匪賊とは、一種の盗賊集団のことであり、国共匪賊とは、国民党と共産党を罵った言い方である。

新民青年歌は、新民主義の「創作」者で新民会中央指導部長の繆斌《みょうひん》が作詞した次のようなものである。一番の歌詞にある「共匪」とは、共産党ゲリラに対する蔑称である。三番の歌詞にある「克己復礼」は自分に打ち勝ち、社会の規範や礼儀に従うことで、『論語』顔淵篇に拠る言葉であるが、新民主義を想起させる内容と言って良かろう。これに続く「斉家親郷礼治徳治」も第1章で既述の通り、新民主義のキーワードである。

新民青年の気勢は天を衝《つ》く。自強を怠らず皆で前進。
新民青年の気勢は天を衝く。興亜大業を双肩に。
全身で文武の才を鍛えれば、前途に恐れるものがあろ

新民体操　「新民体操之推進」『首都画刊』第1期、1938年7月1日、30頁（愛知大学豊橋図書館所蔵）

うか。
共匪を一掃して東亜一家、王道天下を実現するのだ。
大風は雲を吹き飛ばし、朝日が万丈の輝きで東に昇る。
大風は雲を吹き飛ばし、新民青年の壮志は四方に。
滅私奉公の志を磨き、心身を強く鍛える。
知行合一日々前進、新民主義は永遠だ。
新民運動は壮大に、アジア大陸を明るく照らす。
新民運動は壮大に、東洋文化は日の光に月の光に劣らず。
克己復礼で主義を実践し、まずは剿共滅党だ。
斉家親郷礼治徳治、生産の恩恵は皆で享受しよう。(8)

青年運動の目指すべき道

新民会の指導者たちは、青年教化動員の意義をどのように語っていたか。新民会の中国語機関誌『新民週刊』の、新民青年運動実施委員会成立一周年記念として論稿を編集した一九三九年三月の第十九号を見てみよう。

繆斌は、次のように説明している。

中国は民国が始まってから現在まで、辛亥革命、五四運動などのように、ほとんど全てが青年運動であり、言い換えれば新しい時代の始まりは、ほとんど青年たちが努力して生み出すことが求められるのである。我々は現在再び新しい時代を迎えており、まさに我ら青年が奮起する時だ。しかし青年たちはいかにして前進すべきか、どのような道を歩むべきか、それには道を誤らないように、正確な指導をする人物が必要である。新青運会（引用者注：新民青年運動実施委員会のこと）成立の最大の意義はここにある。

国民党と共産党は国に災いをもたらし続け、合作したかと思えば分離している。この分離と合作の間で、どれほどの青年が犠牲になったか知らない。中国の共産党は、完全にコミンテルンの命令に従っている。共産党はソ連の直接的な手先で、人民戦線はソ連の間接的な手先だ。こんなものが、中国で毒をまき散らし、様々な方法を駆使して青年の思想を惑わし続けてきた。したがって今、青年を正しい道へ導こうとするためには、まずその過去の誤った思想を除き、正しい中心思想を確立しなければならない。我々は中国数千年の固有の思想を保ちつつ、これに調整を加え、環境、現実に適合させせなければならない。我々は正しい中心思想を確立せねばならない。まずひとつの主義が必要だ。過去の三民主義は一時の政策に過ぎず、主義とは言えない。孫文には革命精神はあったが、そうした政策を一時の便宜に利用したに過ぎない。そして国民党の人間は、あろうことかそうした政策を絶対視して修正できず、それでいて孫文のような革命精神もなく、無闇に実行するしかなかった。ある時は反共、またある時は聯共、そうして国家をぼろぼろにした。

民族国家の存立と隆盛には、真の精神が必要だ。イタリアのファシズム、ドイツのナチス、ちょうど良い例があるではないか。彼らは朽ちることのない真の精神を持っている。

我々中国の真の精神とは何か。それは王道精神だ。王道と言われても分かりにくそうだが、ファシズムやナチスと言われる方が王道よりもっと分かりにくい。だが事実が示されれば、一般の人々もその意義を理解するだろう。我々の王道は、中国五千年の固有の伝統思想であり、天地の間の真理である。この王道思想とは、即ち天地の間にある自然の運行法則であるから、天地の間の真理なのである。それは太陽のようなもので、五千年前に光を得て、五千年後になってもまだ世界を照らし続けているのだ。太陽は永遠に新しい生命力を生み出し続ける。したがって王道の思想から新民主義が生まれたのである。我々は新民主義が中国できっと成功すると信じているし、将来世界はきっと王道世界になると信じている。今、もう世界にはこうした王道思想の傾向が現れている。例えばファシズムの主張する道徳、政治、経済は三位一体だというのは、王道思想、天地人合一と同じ考え方だ。我々は今この王道精神に基づき、青年を指導し、共に新民主義を実践しなければならない。(9)

つまり、時代の画期における青年のエネルギーを高く評価するも、国民党や共産党が青年たちを惑わし、誤らせようとしており、王道思想に基づく新民主義で青年たちを正してやろうというのである。

また、新民青年運動実施委員会の常務委員で、新民会教化部秘書の張紹昌(10)が北京中央広播電台（放送局）のラジオ演説でも、類似の視点から青年教育の重要性について論じている。これも『新民週刊』に掲載されている。

　青年教育の重要性は既に世界各国の最も注意せる問題となっています。固《もと》より教育の本旨から申しましても青年教育と言う事は最も重要であり、青年は国家の基礎であり、民族生命力の持続者であります。彼等の感覚は最も鋭敏であり、献身的に実践し忍苦犠牲の勇気も非常に大でありますし、彼等は又最も多く民族的情熱を具有しているのであります。日本の明治維新の成功の如《ごと》き、中国の辛亥革命の成功の如き或は最近の伊太利《イタリア》のファシスト運動、独逸《ドイツ》のナチス運動成功の如きこれは皆青年大衆の力の賜であります。

（中略）

日本に於《おい》て最近大いに唱導されている国民再組織運動なるものに於ても亦青年の新組織、青年の機能等を主要なる部分となしているのであります。明治以来数十年間主張して来た義務教育年限延長の計画も最近に至って亦積極的な必要を感じたる関係上今年より先づ青年学校教育から着手することに決定し且《かつ》又「ラヂオ青年講座」等を設け以て職業青年の智識修養の補助としているのであります。

独、伊両国に於ては殆《ほとん》ど完全に青年教育を重視しているのであります。ヒットラー青年団、労働服務隊、突撃隊及びナチス運動継承者を養成する為に設立されたるナチス指導者学校の如き彼等の施行している教育事業は完全に現実の社会需要に適応しているのでありまして努めて現実生活と適合することを求めて些《いささ》かも形式的教育はないのであります。

　一般の人々は皆ヒットラー運動は即ち青年男女の運動であることを認め、一般ナチス党員もこの種の運動に於て確かに青年男女の優越性を現しているのであります。独逸に於ける青年智識分子中少くとも半数以上はヒットラーの支持者であり誠に伊太利のファシスト運動と軌《き》を一にしているのであります。ナチス運動中には又幾多《いくた》の青年労働者が参加しているのであります。彼等は斯《か》くの如く青年教育を重視したので始めて成功したのであります。英国に於きましては青年教育に対して最も早くより之を重視し一九二四年より「青年教育諮詢《しじゅん》委員会」を設立し専ら青年大衆教育に関係ある調査及び計画に従事したのでありまして、成立以来英国の青年教育の改革に対して絶大なる貢献をしたのであります。以上は僅《わずか》にその一班を示したものに過ぎませんがこの数点に依って我々に青年教育の重要性を認識せしめるのであります。(11)


　これらの言説は次のように要約できよう。青年たちは、欧米列強、国民党、共産党などに毒されている。しかし、時代の変革期や国家の再建には、青年の存在が重要である。そのために、共産主義でも三民主義でもない思想に立脚して青年を再教育しようという。つまり、新民会の理念を青年たちに注入し、親日化を図るということである。そして、その青年運動のモデルとしてヒトラー・ユーゲントやファシズム運動が視野に入っている。

　こうした思想宣伝を進める一方で、実践的な活動の担い手となる人材の育成を図る役割を担ったのが、青年訓練所や青年団であった。

二　青年訓練所と青年団の成立とその活動

青年訓練所の成立

新民会中央指導部の『新民会青年訓練所要綱』には、次のように書かれている。


　一国の政治の成、不成の由因が其《そ》の国の若《わか》き担手である青年層の清新な意志にもとづくや否やにかかることは東西古今の歴史の明示する所にして、これは不動の鉄則である。

　近代国家の凡《すべ》ては其の所謂《いわゆる》国民総動員計劃《かく》の中核的問題として、青年層の規律ある訓練と統制ある組織化

に全力を傾倒して居るのである。(12)

新民会の青年訓練所は、国家を支える中心として、また動員対象として青年を育成する目的をもって始まった。青年たちに期待された役割をもう少し具体的に言うと、

青年訓練の目的は（中略）地方農村並に都邑《ゆう》に於ける青年の心身を鍛錬陶冶し愛家愛郷の信念を養い、進んで之《これ》を拡大し警備自衛並に国防の維持能力の増強に資し、国家思想の涵養に努め、併せて社会的経済的建設等に関する実際的知識技能を習得せしめ以《もっ》て優秀なる国民の中堅的指導的人物を養成し新民会青年組織体の有力なる中堅構成分子たらしむるに在るのである。(13)

という数点が挙げられている。農村の自衛とは、匪《ひ》賊の、或いは共産党の襲撃から農村を守るということであり、青年訓練所ではそのための軍事訓練が行われた。また農村を発展させるための知識や技能を学ぶカリキュラムが組まれていた。そして国家を支える一員たる自覚を持ってこれらに取り組むための思想教育も重視された。詳しい内容はこの後見ていく。

一九三八年五月一日、北京に新民会中央青年訓練所が設立された。(14) 所長には新民会中央指導部長の繆斌《みょうひん》が就任した。以後、省、道、市、県の新民会指導部ごとに、各地に青年訓練所が相次いで設立された。一九三九年十月の『新民報』の解説によれば、中央訓練所（改称前は中央青年訓練所）は高級中学、専修学校卒業者または省青年訓練所卒業者が入所し、省青年訓練所は高級中学卒業程度、または道、市青年訓練所卒業者が、道、市青年訓練所には初級中学校卒業者または県青年訓練所卒業者が、県青年訓練所には小学校卒業程度の農村青年がそれぞれ入所したものとされる。(15)

なお、新民会中央青年訓練所は、一九三九年四月に新民会中央訓練所と改称した。(16) 以下、本書でも時期によってこの呼称を使い分けるので留意されたい。新民会中央訓練所には、中国人職員の養成や再教育のための訓練を実施する先農壇《せんのうだん》の訓練所と、新民会に関わる各種職業の日本人を教育する旃檀寺《せんだんじ》の訓練所、日本の学校卒業後、新民会職員として新規採用された日本人を対象に訓練を行う双橋《そうきょう》の訓練所の三種類があった（先農壇、旃檀寺、双橋はいずれも北京市内の地名）。(17) 新民会中央青年訓練所から改称した新民会中央訓練所は、このうちの先農壇の訓練所に当たる。(18)

中央青年訓練所で訓練生の前に姿を見せた繆斌。上段の写真の手前左から２人目と、円枠の中の人物が繆斌。中段の写真は訓練生が新民青年歌を歌う様子。「中央青年訓練所加緊訓練」『新民報』（北京）1938 年５月 14 日、５面（国立国会図書館関西館所蔵）。

青年訓練所の指導員

さて、青年訓練所の指導員には、新民会の職員が派遣されるほか、上級の青年訓練所の卒業生が下級の青年訓練所で指導員を務める場合もあった。指導員については「指導部職員の適当なる者を任命す」るのだが、「上級指導部の青年訓練所卒業者を之に充つるを適当とす」と書き添えられている。[19] 地域や時期によって多少これとは異なることもあるが、新民会は末端の行政単位を底辺として中央を頂点とするピラミッド構造で青年育成を図った。

この青年訓練所の運営に日本人も関わっていたのは、第4章でも見る通りである。広中一成（二〇一三）には筆者も同行した元新民会職員の岡田春生のインタビューが収録されているが、その岡田も青年訓練所の主事を務めた人物である。また、中央訓練所（改称前は中央青年訓練所）の軍事訓練は日本軍の軍人が担当した。[20] 岡田春生（一九八六）にも、教練の指導は「山下兵団（引用者注：北支那《きたしな》方面軍参謀長の山下奉文《ともゆき》の兵団と思われる）に委嘱」とあり、少尉、下士官が訓練所に来て指導にあたったという。[21] 河北省順徳道の青年訓練所でも「軍事教練教育係主任は陸軍歩兵中尉三好桃源、教官は陸軍歩兵少尉若林高保、庶務学課は陸軍歩兵軍曹広瀬源吾、助教は陸軍歩兵軍曹松原太郎（後略）」など、軍事教練の教官に日本軍の将校が名を連ねている。[22] 新民会青年訓練所の訓練は、日本軍との緊密な連携の上に成り立っていたと言えよう。

中央訓練所を視察する北支《ほくし》派遣軍最高司令官の杉山元
「首都新民会之動態」『首都画刊』第12期、1939年6月1日、5頁（愛知大学豊橋図書館所蔵）

青年訓練所の数、訓練生の数

訓練期間は二箇月から三箇月を一期とし、一期に五十人前後を入所させている。新民会中央指導部が一九三八年ま

所　属	名　称	成立月日	現在学員	畢業人数
	通県青年訓練所	1938年6月1日	60人	60人
	昌黎県青年訓練所	1938年7月17日	50人	50人
	玉田県青年訓練所	1939年1月15日	40人	
	薊県青年訓練所			
	遷安県青年訓練所			
	宝坻県青年訓練所	1938年19《ママ》月1日	40人	40人
	撫寧県青年訓練所			
	寧河県青年訓練所	1938年9月20日	60人	40人
	唐山市青年訓練所	1938年10月15日	50人	40人
	于家圍青年訓練所	1938年11月1日	50人	50人
	石門市青年訓練所	1938年11月15日	40人	40人
保定鉄《ママ》指導部[26]	農村青年訓練所	1938年5月1日	60人	60人
	新城県青年訓練所	1938年11月25日	60人	90人
	房山県青年訓練所			
	定興県青年訓練所	1938年11月1日	60人	60人
	徐水県青年訓練所	1938年8月1日	60人	40人
	望都県青年訓練所	1938年9月15日	60人	30人
	定県青年訓練所	1938年8月11日	60人	40人
	正定県青年訓練所	1938年10月1日	60人	50人
	涿県青年訓練所			
	宛平県青年訓練所	1938年10月1日	60人	60人
	龐名荘青年訓練所	1938年12月10日	40人	0人
	石景山青年訓練所	1939年1月13日	40人	0人
冀南道指導部[27]	順徳青年訓練所	1938年8月16日	60人	70人

所　属	名　称	成立月日	現在学員	畢業人数
中央指導部	良郷実験県青年訓練所	1938年5月3日	30人	30人
首都指導部	東郊青年訓練所	1938年11月1日	60人	60人
	西郊青年訓練所	1938年11月1日	60人	60人
	南郊青年訓練所	1938年8月1日	50人	50人
	北郊青年訓練所	1938年11月1日	50人	50人
河北省指導部(24)	河北省指導部青年訓練所	1938年5月15日	50人	50人
	天津県青年訓練所			
	大興県青年訓練所	1938年9月1日	40人	40人
	青県青年訓練所	1938年6月1日	40人	40人
	滄県青年訓練所	1938年5月28日	40人	30人
	安次県青年訓練所	1938年11月1日	60人	40人
	武清県青年訓練所	1938年6月28日	60人	50人
	静海県青年訓練所	1938年6月7日	60人	40人
	南皮県青年訓練所	1938年6月6日	30人	20人
	東光県青年訓練所	1938年5月20日	50人	30人
	黄村鎮青年訓練所	1938年12月25日	40人	40人
	青雲店青年訓練所	1939年1月12日	40人	
河南省指導部	新郷県青年訓練所			
	開封青年訓練所			
	彰徳県青年訓練所	1938年12月3日	60人	
山東省指導部	山東省青年訓練所	1938年9月1日	50人	50人
	泰安県青年訓練所	1938年8月25日	60人	40人
	徳州青年訓練所			
	魯西道青年訓練所			
冀東道指導部(25)	懐柔県青年訓練所	1938年9月15日	60人	50人
	順義県青年訓練所	1938年9月15日	50人	50人
	三河県青年訓練所			
	香河県青年訓練所	1938年6月18日	60人	60人
	灤県青年訓練所	1938年11月1日	60人	60人
	豊潤県青年訓練所	1938年6月1日	60人	50人

での活動状況をまとめた『新民会年報』によると、地方の青年訓練所に関する前ページのようなデータがある。なお、成立年の表記は民国表記から西暦に修正しておく。「畢業」とは卒業のことである。[23]

実は残念ながら青年訓練所の設置数や生徒数などの数字は、どの範囲の地域や行政単位で数えたのか不明のものが多いほか、資料による食い違いが大きく、信頼できるデータを抽出するのが困難である。それを承知の上でいくつかの資料から数字を挙げておくと、一九三九年一月の時点で『新民会青年訓練所要綱』[28]によれば青年訓練所は四十八箇所、卒業生は二八〇〇人、一九三九年十二月発行の『新民週刊』第四十四号によれば、青年訓練所は中央直轄、河北省、河南省、山東省、山西省で計一〇一箇所、卒業生一万〇七〇二人、[29]新民会の綱領や章程に加え活動報告を収録した『中華民国新民会大観』という資料によれば、一九三九年末の段階で青年訓練所は一一五箇所、卒業生一万二八二二人、在所生は一九八七人である。[30]『新民会報』で一九四〇年七月末現在のものとして提示されたデータでは、範囲を明記していないが、青年訓練所数は三五〇箇所、卒業生一〇万六二〇〇人、受訓中七万〇八五八人とある。[31]

青年訓練所の経費、訓練生の待遇

『新民会青年訓練所要綱』によると、「青年訓練所の経費は各指導部の負担とす」[32]とある。加えて『新民会報』を見ると、農村では、「訓練費の直接郷村負担を禁ず、不足分は寧《むし》ろ県公署と打合せ税収入より支出せしむべし」[33]とあり、運営費は各地の新民会による負担を基本とし、必要があれば税金も投入されていたものと見られる。

なお、『新民会青年訓練所要綱』を見ると「生徒の待遇」については、「村より本所に至る旅費は本所の負担とす」、「生徒の制服膳宿（引用者注：食事と宿泊）雑費等は均しく本所より提供す」[34]とあり、訓練生の生活費等も青年訓練所が、即ち新民会が負担し、訓練生は入所することで生活費を軽減できるようにもしていた。『新民報』もこうした待遇について紹介し、「訓練生の生活は大変快適だ」[35]と触れ込んでいる。

だが一方で、次のような記述も見える。『新民報』の記載によると、唐山市の青年訓練所では、保甲《ほこう》の保ごとに「優秀青年」を三人ずつ推薦し、合計約三百人を集めた中から、市指導部で二百人を厳選したという。そして、入所者は「その経費を考慮し、今後の諸工作ではなるべく良家を採用する」という。[36]

青年訓練所の開学式　「中国新青年之活躍　首都指導部青年訓練所」『首都画刊』第８期、1939 年２月１日、28 頁（愛知大学豊橋図書館所蔵）

なぜ経費を考慮するのか。燕京《えんけい》道弁事処に勤めた志摩修吾(37)によると、「現在郷村の負担は逐年増加し青年訓練所の如きも細心の注意を払わなければ莫大な経費を郷村に負わしめ遂には民衆の怨嗟《えんさ》を受くる結果にもなると考えられる」(38)という。更に、志摩は河北省の香河県の事例を挙げ、「経費は最初一個月一個処十月とし全額上より支給す可《べ》く考えて居たけれども一箇年間には相等の巨額に上る為止む無く其の一部分を郷村の負担とした」と明らかにしている。(39)

これらの記述から考えると、青年訓練所の経費を郷村に負担させることを禁止し、公費で賄うと規定しながらも、実態は郷村に負担させていることもあったらしい。そして、訓練生に対しては旅費や訓練中の生活費なども青年訓練所が負担するという、生活に困窮した青年にとっては安上がりで済む仕組みにしていた。入所する青年を旅費や生活費が自己負担でも問題ない青年にすれば、即ち「良家」の青年にすれば、それら入所生にかける費用を抑えることができ、その経費の出所となっていた郷村にかける負担も軽くなるということであろうか。なお、この「良家」の青年の選抜に関しては後に別の角度からも検討したい。

青年訓練所での日々

新民会青年訓練所は、訓練生に団体生活をさせつつ反共思想教育を行い、青年たちを郷村の中堅指導者として育成するという場であった。

まず、中央青年訓練所からその訓練について見てみよう。『新民報』では、中央青年訓練所設立の目的は「農村を復興し、新民運動を推進し、郷村自治及び自衛団などの工作を樹立するため」(40)と説明されている。『新民会報』に掲載された「新民会青年訓練所設置暫《ざん》行規程」にも、「国家建設本義達成の為め青年層の自覚を促し新民精神の徹底普及及び剿《そう》共滅党の旗幟の下に市農村自治自衛に資せんが為め地方青年訓練を前提としその指導者の養成機関として中央青年訓練所を設置す」(41)とある。これに沿って訓練内容も組まれていたと言えよう。

では訓練の前に、青年訓練所での生活の全体像を掴むべく、「日課規定」を覗《のぞ》いてみよう。

一、起床　午前七時
二、起床点呼　午前七時半
三、朝礼　1．中日両国旗並に会旗掲揚　2．新民青年歌、新民青年口号（引用者注：スローガンのこと）　3．訓話　4．新民体操
四、清掃　八時十分
五、朝食　八時三十分
六、始業　九時
七、昼食　午後一時十分
八、教練及農事労作　二時至五時半
九、運動及入浴　五時半至六時二十分
十、両国旗並会旗降下　六時二十分
十一、新民青年歌、新民青年口号
十二、夕食　六時半
十三、自習及座談会　七時至九時半
十四、夜点呼　九時三十五分
十五、就床消灯　十時(42)

このように、訓練生は寝食を共にする団体生活をしながら訓練を受けていた。

続いて「課程表」は次のように組まれている。(43)

このような訓練を実施するため、青年訓練所は農場や教練場を具えていたほか、地方の訓練所の一例ではあるが、「修養、趣味、娯楽用品」として、「（イ）新聞、（ロ）雑誌、（ハ）蓄音機、（ニ）ピンポン、フットボール、バスケット

課程表

	1時間目（9時～9時50分）	2時間目（10時～10時50分）	3時間目（11時～11時50分）	4時間目（12時～12時50分）	5時間目（2時～4時30分）	6時間目（4時40分～5時30分）
月	日本語	精神	公民	特別講演	軍事教練	実習又は労作
火～金	日本語	精神	公民	農事	教練	実習又は労作
土	日本語	精神	公民	講演	教練	実習又は労作
日	実習、見学、行軍、外出					

ボール、テニス」などの設備もあったという。(44)

青年訓練所の訓練内容

訓練内容や教授科目は、各青年訓練所によって若干差異があるものの、先の「課程表」からも分かるように、座学と実習に大別される。

いくつかの事例を見てみよう。前掲『新民会青年訓練所要綱』には以下のように紹介されている。

1. 学科

（A）精神科　（イ）新民精神の徹底高揚　（ロ）新民会工作の主旨方針　（ハ）共産主義の害悪と三民主義の否定　（ニ）東亜新秩序の建設

（B）公民科　（イ）新民会組織　（ロ）青訓、青年団、少年少女団、婦女会の使命　（ハ）農村、自治、自衛、組織並に運営（保甲《ほこう》と分会）（ニ）衛生及警察事項

（C）農事科　（イ）合作社の知識と其の運営　（ロ）産業知識の習得　（ハ）農業技術の修得　（ニ）農場経営に関する知識

（D）日本語科　（イ）簡易、実用的なる日本語の修得

2. 術科
（A）軍事訓練　（B）農事実習及労作(45)

その他、地方の青年訓練所の実例をいくつか見ておこう。河北省冀《き》南道の青年訓練所での訓練は次のような内容である。

1. 新民科　新民科に於ては新民運動を為すに要する知識を授くる目的を以て左の各科目を研究せしむ。
イ、新民精神　ロ、新民会大綱　ハ、新民運動と新国家　ニ、日満支関係　ホ、新民運動の工作方針　ヘ、防共要義—附世界状勢　ト、日本語—日本事情　チ、新民青年団組織、精神、運動、自衛団、保衛団、組織、精神、運動　リ、合作社　ヌ、農業概論、衛生常識

2. 訓練科　日本軍人による軍事教練を施し以て徹底せる団体訓練をなし団体精神を涵養すると共に自衛力特に簡単なる諸教練捜索、警戒、連絡、報告の知識を授く。
細目は別に軍事教練教育係主任之を定む。

3. 労作科　労働の尊き所以《ゆえん》を体得せしめ農事技術を授く。(46)

青年訓練所の労働奉仕　「中国新青年之活躍　首都指導部青年訓練所」『首都画刊』第8期、1939年2月1日、28頁（愛知大学豊橋図書館所蔵）

河北省良郷県の青年訓練所のものは次の通りである。

甲、学科　1. 新民主義要義　2. 新民会大綱
3. 新民運動と国家更生　4. 日本語　5. 自治要義　6. 防共要義　7. 中日満の関係　8. 合作要義　9. 農業提要　10. 農村衛生　11. 農村副業

乙、術科　教練、体操（附、教練要義）

丙、労作　1．農作　2．園芸　3．畜産[47]

河北省定県の青年訓練所では、教授科目は学科には農業学、合作社学、新民主義要義、青年団の組織と運用、四書・大学、語学（日本語）、新民会工作、常識・法制学・公民学があり、精科には東洋提携の必要、中日事変の意義、新民精神、青年団の使命と青年運動がある。術科は自衛法として捜索警戒、連絡報告、教練として精神訓練、徒手教練、加えて保健衛生、新民体操、会歌、一般健身運動、そして労作実習として家畜の飼育、農業見学、一般その他の労作が含まれる。以上の三つのカテゴリー以外に、科外講話もある。[48]

学科（或いは新民科）は「新民精神」などの思想教育が中心であり、新民会の理念や日本の戦争遂行と占領統治を支持する論理を青年たちに徹底的に理解させるよう図るものであった。欧米の自由主義に対抗すべく儒教思想を中心に東方固有の文化道徳を提唱し、また三民主義、共産主義を批判し、日中提携を説く歴史観や世界観を講じた。このほか、青年運動をはじめとする新民会の諸工作に関する知識、農業に関する実用的な知識の教授や日本語教育も実施した。

術科や労作と呼ばれる科目では、農業実習や軍事訓練を行った。青年訓練所には農場が付設してあり、農業技術の訓練が行われた。『新民会報』掲載の新民会中央青年訓練所の開所式に関する記事でも、

> 中国は元と農立国にして全国民の約八十五パーセントは農民なり、故《ゆえ》に中国の基礎は農村に在りと云《い》うも過言に非ず、然《しか》るに近年農村疲弊し農村振わず、加うるに土匪《どひ》（引用者注：土着の匪賊）横行し治安憂慮に堪えあり。[49]

と記されている。新民会が農業教育を重視したのは、青年たちを農村の指導者として育成し、戦乱や自然災害で荒廃した農村の復興を通して現地民衆の生活を向上させることで、新民会への支持を獲得しようとしたからである。

また、青年自身に生きる力をつけさせる必要もあった。繆斌も講演で次のようなことを述べている。

> 三代（引用者注：中国古代王朝、夏、殷《いん》、周のこと）以後の中国教育は一大錯誤がありました。文と武とを各分離し、学と芸とも又各々分れておったことであります。近代になって以前の錯誤が多く改正されたと言っても文武教育は尚《なお》分離して全く不一致であります。試みに

学校教育を受けた人を見ても往々相当学問のある人でも生活技能に対しては依然智識が乏しいのであります。小学、中学、大学に至る間一様に実際生活技能を軽視し、又学生も生活技能の教育を納得しないで卒業後は当然少しも自立自存の可能性がなく、青年学生の大多数は皆「無法謀生《ウーファーモウション》」（引用者注：食べていけないという意味）の深淵の中に陥《お》ち、社会全般の現状も浮浪人、不良分子が多数を占めて居り、従ってその堕落青年は迷路に入って帰らないのも当然のことであります。要するに中学大学普通専門各科は完備すると言っても一つとして生活を謀《はか》る専門の長がないのであります。実に青年の多数が共匪の邪説に惑わされたのは全く不良教育制度が彼等を害したと言っても決して過言ではあるまいと私は思って居ります。(50)

つまり、実学教育を重視するのは、青年たちが生活力をつけること、そしてそれは青年たちが生活に困って共産党に靡《なび》くのを防ぐためでもあると言う。

もうひとつ、青年訓練所が重視したのは軍事訓練であった。日本の対華北占領統治では、匪賊対策を実施して治安を回復させることが重要な課題であった。ここでいう匪賊は必ずしも共産党のことではない。日中戦争の勃発以前より、農民は匪賊が郷村を襲撃してくるのを防衛するために武装自衛団を結成していたが、一九三八年十一月に臨時政府が保甲《ほこう》法を制定し、村で十戸を一甲、十甲を一保として保甲《ほこう》を編成し、生計維持が困難であったり障害があったりする者や公務員以外の、保甲内の十八歳から四十歳までの男子全員を自衛団として組織するようになった。(51) 青年訓練所における軍事訓練も、この動きに合わせて青年たちを郷村の武装自衛組織の構成員として養成しようとするものであった。

卒業後の道

青年訓練所の卒業生には、臨時政府の官吏や新民会の職員、警察などに就職する進路が開かれていた。中央青年訓練所の卒業後の進路は、『新民会年報』を見ると、一九三八年分は以下のようにまとめられている。

中央指導部組織科青訓股《こ》　三名
映画班　七名
首都指導部　南郊青訓所　一名　西郊青訓所　二名
東郊青訓所　二名　北郊青訓所　二名
宛平県指導部　八名　良郷実験県青訓所　一名

河北省指導部　天津市　一名　天津県　一名
　大興県　五名　南皮県　二名　青県　一名
　滄県　三名　武清県　二名
冀東道指導部　唐山市　二名　灤県　四名
　通県　一名　豊潤県　二名　寧河県　四名
　撫寧県　一名　遷安県　二名
冀南道指導部　順徳青訓所　三名
保定道指導部　清苑県　二名　石門市　二名　徐水県
　二名　正定県　二名　新城県　二名　定興県　三名
　望都県　三名　定県　二名
河南省指導部　彰徳県　三名　新郷県　二名
山東省指導部　済南道　三名　済寧道地区　三名
　徳県　三名　魯西道地区　一名
建設総署水利局技術員　一名
臨時政府剿共第一路軍司令部宣撫《せんぶ》班長　二名
現任警官者　二十三名
警官学校学員　一名
文化機関教育機関服務者　十名(52)

前述の通り、下級青年訓練所の指導員として赴任する者もいた。それは各地の指導部管轄下の県や市への就職先の中に含まれているものと思われる。また新民会は、北京に残って学業を希望する青年訓練所卒業生には授業料免除の措置をとるよう、北京市に働きかけるなどしていた(53)。

地方の青年訓練所でも、河北省の青県訓練所の主任が述べているように、「訓練を終えた後、凡《およ》そ成績優秀者は新民会が任用する」(54)こともあり、就職の道が開かれているのは公に認められていることであった。河北省の武清県の青年訓練所でも、訓練生募集にあたって、「優秀者は進学するか、或いは職業を紹介する」(55)と伝えている。

地方の青年訓練所の卒業後の進路の事例を見ると、武清県の青年訓練所の一九三九年六月時点の卒業生の進路については、第一期卒業五十八人中、在郷人員として農二十八人、商六人、工四人、その他二人、就職人員として会務職員三人、教員一人、警察四人、自衛団二人、第二期卒業三十五人中、在郷人員として農十八人、商四人、工一人、その他三人、就職人員として会務職員二人、教員三人、警察二人、自衛団二人、第三期卒業二十六人中、在郷人員として農十人、商四人、工一人、就職人員として教員一人、自衛団八人である(56)。また河北省良郷県の青年訓練所卒業生は、第一期生三十人のうち、県指導部採用二人、保甲青年訓練所指導員十二人、合作社交易場五人、継続進学者三人、士官教導団一人となっており、第二期生二十五人のうち、県指導部採用一人、保甲青年訓練所指導員十二人、合作社各部五人となっている。[57] 河北省青県では青年訓練所卒業生は「農業方面三十五パーセント以上、商業十五パーセント、工業十三パーセント、会務職員五パーセント、教員十二パーセント、警察九パーセント、自衛団九パーセント、其他公務員二パーセント」[58]である。

　これらのような就職の一方で重視された進路は、『新民会青年訓練所要綱』に、「青年訓練の意義」として、

　　青年訓練は新国民の中堅たる勤労青年層に新中国国民として最も必要なる基礎的訓練を施し、之を郷村に送り、更に此《こ》の訓練されたる青年を中核としての農村、都市に於《お》ける全青年層の影響に依り更に之を広汎なる組織即ち新民青年団に編成せんとするものである。[59]

青年訓練所の卒業式でスローガンを唱和する訓練生たち。「新中国　新青年之活躍」『首都画刊』第14期、1939年8月1日、14頁（愛知大学豊橋図書館所蔵）

と書かれているように、農村の指導者となることに加え、青年団の中心的構成員となることであった。

青年団の成立

一九三八年九月の『新民会報』に、新民会中央指導部が発表した「新民青年団結成要綱」が掲載されている。そこに「新民青年団は全国的に統一するものとし既存の青年組織は之に吸収す」[60]とあるが、まずは県と市の単位で新民会指導部が新民青年団を組織していった。[61] 結成趣旨は、次のような内容である。

　　新中国再建の初に当り全国の青年を新民青年団に結成して新民精神に依る指導と訓育を施し以て新民会員たるの資質を賦与し良く其身心を鍛錬して先づ一家を斉《ととの》え互助互励生産に努め自治自衛自給を完うする新民郷村を建設すると共に東方民族固有の同一世界観に立ち五千年の伝統を背景とする新民文化育成に対する

> 中日満同一民族の大業に邁《まい》進協力せしめ内剿共滅党を完成し外亜細亜《アジア》民族解放の聖戦を成就し以て東亜和平永遠の基礎を築き新民国家の国本を培養せしめんとす。(62)

これだけでは青年団が何をするものなのか分からないが、以下に詳しく見ていこう。

実のところ、青年訓練所の生徒に対していかに思想教化訓練をしようとも、それが彼らの中で定着するかどうか、新民会は懐疑的であったらしく、卒業生にもなお教育を続ける必要性を認識していた。新民会中央指導部『新民会工作大綱』には、

> 訓練所を修了せりと雖《いえど》も尚思想の動揺期にあり且《か》つ環境油断を許さざるに付特に修了後引続き物心両方面より生活及職業に関する綜合的教育を施し郷の中心人物たらしめ新民精神の体得者として真に一郷を改善発達せしむるにあり。(63)

とある。そこで、青年訓練所卒業生で新民青年団を組織するのだという。(64)

『新民会青年訓練所要綱』には、「訓練所卒業年《ママ》（引用者注：正しくは「卒業生」か）は郷村青年団の中堅分子たらしめ原則的に毎月一回召集訓練を行い尚一層連絡を密ならしめ青年団組織の徹底拡大に資す」(65)とある。青年訓練所を卒業した青年は青年団に入り、なお青年訓練所とも連携を保つことになっていた。このように、青年訓練所卒業生を青年団として組織化することは、卒業生を「新民精神」によって教育された状態を維持したまま新民会がつなぎ止めておくという意味でも有効だと考えられたのであろう。

『新民会青年訓練所要綱』及び『新民会報』にも「新民青年団結成要綱」が掲載されており、それによれば、「団の主要構成員」は、「新民青年訓練所卒業生並に新民少年団に於て訓育を受けたる年齢十八歳以上三十歳未満の者を以て新民青年団の主要構成分子となす」(66)とある。

青年団の活動

その主な活動は、「思想訓練」、「生活訓練」、「厚生訓練」、「自衛訓練」の四つに分かれる。

（一）思想訓練

1. 新民精神の高揚、新国民道徳、全体主義に基く公共精神の養成
2. 民族協和大同団結の実践（中日満親善提携）

3．国家下部構成たる郷村自治組織並に運営の知識
4．郷土自衛観念、新民郷村建設信念の涵養
5．新民会及新民青年団、青訓の意義並に組織運営の知識
6．相互扶助公共的労働奉仕精神の涵養
7．共産党の害悪に対する知識を与えると共に之に対する実際的殲《せん》除の方法
8．青年間の事件の自主的解決

（二）生活訓練
1．生活改善運動の実践
2．識字運動
3．健全なる民衆娯楽と体育運動
4．衛生清潔思想の普及と防疫運動
5．公共施設の愛護と之が充実
6．日本語の習得

（三）厚生訓練
1．産業知識の習得及技術の習練（主として農業技術）
2．社会的経済的建設知識の修得
3．合作社乃至《ないし》共同組合への参加
4．青年の手になる副業の振興

（四）自衛訓練
1．団体訓練の実施[67]
2．警備施設整備の為の協力

そしてこれらの「訓練方法」としては、「一、団体的共同的行動の実践」、「二、研究会、座談会、講演会の開催」、「三、新民青訓教本要点の輪講」が挙げられている。[68]「新民青年団結成要綱」に「新民青年団に於ては青訓修了者をしてその修得したる所を実践的に復習せしむると共に未修了者に之を修めしむる如く指導すべし」[69]とあるように、青年団は、青年訓練所よりも広範に青年たちを組織し、「将来の最も活動的なる新民会員のプールたるべきもの」[70]として青年運動を拡大してゆくことも期待された。

経費については、河北省管轄下の各県青年団に関しては、

新民青年団所用経費は各団の共同作業及其の他の事業の収得に依り之旨賄うを原則とするも目下の情勢に於ては之を期待する能《あたわ》ず当分県指導部に於て其の負担を為すを妥当なりと認むるを以て予算を作成して提出されたつ《ママ》。[71]

という。直接書かれていないが、「各団の共同作業及其の他の事業の収得」とあるので、生産労働か募金活動などにも従事していたのではないかと考えられる。しかし、河北

青年団の軍事訓練を紹介する『首都画刊』より「新民会首都指導部北郊実験区　新青年之軍事訓練」『首都画刊』第９期、1939年３月１日、27-28頁（愛知大学豊橋図書館所蔵）

省通県の新民青年団では、「青年団の経費は各郷村の負担を原則とし、指導部と県公署がこれを補助する」[72]としており、公然と村に負担させている事例も見られる。

もうひとつ重要なのは、青年団は「青年団としての教化修養運動の他に現下の治安問題解決に協力せしめる見地より、郷村自警団を中心的な役割を果させる一種の武装団体として結成」[73]しようとしたものであり、匪賊対策としての青年たちの武装組織化であった。「北京周辺模範区工作実施要綱」にも、「青年訓練所卒業生を中心として青年団を組織せしめ自衛自給力の強化の原動力たらしむ」[74]とあるように、青年団と自衛はリンクして持ち出される。

新民少年団

もうひとつ、新民青年団より年少者、八歳から十八歳の少年による新民少年団も組織された。[75]新民少年団は、いかにも現在のボーイスカウトにあたる少年団を模した組織である。活動内容については、一九三九年にまとめられた中華民国新民会中央指導部『首都指導部新民少年団諸規定及訓練ノ実際』という小冊子に詳しい。

まず、同時期の日本の少年団機関誌『少年団研究』から、日本の少年団が定めている団員の「宣誓」と「おきて」を見てみよう。

宣誓

　私は神聖なる信仰に基き名誉にかけて次の三条を誓います。

一、神明を尊び、皇室を敬います。

一、人の為、世の為、国の為に尽します。

一、少年団のおきてを守ります。

おきて

一、健児は忠孝を励む。

二、健児は公明正大、名節を生命とする。

三、健児は有為、世を益することを務とする。

四、健児は互に兄弟、総ての人を友とする。

五、健児は常に親切、動植物を愛する。

六、健児は長上に信頼し、団各長に服従する。

七、健児は快活、笑って困難に当る。

八、健児は恭謙、礼儀正しい。

九、健児は勤倹質素である。

十、健児は心身共に清い。(76)

新民少年団にも団員の「宣誓」と「規律」がある。日本の少年団と比べてみよう。なお、常体と敬体が混在して不自然な表現であり、中国語版から翻訳したものだと思われる。

宣誓

　私は新民主義を信奉し、名誉にかけて次の三条を誓います

一、神仏を尊び国家の為に尽します

一、人の為社会の為に奉仕します

一、少年団の規律を守ります

規律

一、健児は克己の実行を励む

二、健児は復礼の徹底を勤む

三、健児は有為、社会奉仕することを本務とす

四、健児は互に兄弟総ての人を友とす

五、健児は随時随処親愛以て無害の生物を愛す

六、健児は礼儀を重んじ長上に必ず服従す

七、健児は快活、従容として勇敢に困難に当ります

八、健児は恭謙、礼節を正しく守る

九、健児は勤倹質朴にして労苦《く》に耐えます

十、健児は精神体躯共に清潔である(77)

およそ日本の少年団のものと共通した内容であり、これ

を模倣していることは分かるが、若干の違いがある。新民少年団の「宣誓」には不自然に「新民主義」が加えられている。「中国人による中国の統治」の体裁をとっている日本占領地区だけに、さすがに中国人少年に皇室を敬えとは言っていない。また「規律」には日本の少年団にはない「克己復礼」（新民青年歌の歌詞にも見られることは本章で既出）が盛り込まれている。こうすることで、新民主義らしさを打ち出したのであろう。

思想面では日本と中国の間で一定の差異があるものの、その教育方法はまさに少年団の模倣であったと言える。『首都指導部新民少年団諸規定及訓練ノ実際』は、「少年団教育の三大制度」として「進級制度」、「特技章制度」、「班制教育」を挙げて詳述している。[78]この制度について、日本の少年団の役員であった矢作乙五郎は、『少年団研究』で「進級規定はわが少年団のそれをそのまま取入れているところの多いのも興味深い」と述べている。[79]教育方法については、『首都指導部新民少年団諸規定及訓練ノ実際』の言葉を借りれば、「少年団教育はこの児童の憧れる点を狙って、教育全般を遊戯を中心として、児童の心理的状態を適当に按配し、教育することが特異性である、此《こ》の点は特に玩味し研究されんことを希望いたします」[80]というように、児童心理を研究し、遊びや好奇心の刺激を通して幼少期から新民会に引き込もうとしていたのである。こうした手法は、日中戦争末期に近づき、それまでの新民少年団が新民青少年団（第３章で詳述）に再編される際にも、留意すべきものとして継承されている。[81]

なお、この矢作乙五郎とは、華北でも新民青年運動実施委員会の常務委員となり、[82]更に新民会首都指導部が主催する新民少年団指導員講習会の講師、[83]新民少年団の顧問なども務めた人物であり、[84]新民少年団を育成した当事者でもある。また、矢作は一九四一年になっても新民会北京市総会の青少年運動専門委員会で書記を務めており、[85]長期に亘《わた》って新民会に関わっていたようである。

三．青年訓練所への入所、青年団への入団、応募、選抜

青年訓練所に入るには

では、この新民会青年訓練所や新民青年団に入所、入団した青年とは、どのような青年であったのか。募集規定などを通して、より詳しく復元してみよう。

広中一成（二〇一三）に収録されている元新民会職員の

岡田春生へのインタビューでは、「青年訓練を受けた青年とは、どういう青年だったのですか。何か青年を選ぶ基準があったのですか」という質問に対して、岡田は「いや、誰でもよかったのです」と答えている。(86) だが残された資料を見ると、実態はそれほど単純なものではなかったことが分かる。

元々新民会の青年組織は、現地のあらゆる青年を一律強制的に動員したものではなく、どのような立場にある青年を取り込むか、慎重に選別していた。ところがそれが変化していき、日中戦争末期に近づくと「誰でもよかった」かのようになっていく。この点については第3章まで跨《また》がって検討したい。まずは新民会成立初期の状況から見てみよう。

「新民会青年訓練所実施要綱」第五条第二項によると、青年訓練所入所者の条件としては、「各村の中堅人物たり得る優秀青年を以《もっ》て標準とす」とした上で、「体格強健、思想純正、操行善良、悪習なき者」、「訓練期間中家業に支障なき者」、「原則として年令十八歳より二十五歳未満の者」、「初等以上の教育を受けたる者」(87) の四条件が挙げられている。この要綱にはどの青年訓練所の規定かまでは明記していないが、具体例を探すと、青島《チンタオ》市の青年訓練所の入所条件がちょうどこれと同じである。(88)

このうち、「訓練中家業に支障なき者」とは、中心的な労働力となり得る男子青年が訓練期間中に家庭から欠けても、経済的困窮に陥らない家庭の青年であることを条件とするものであろう。学歴にも一定の条件を設けており、更に「思想純正」など、思想面で新民会から見て問題がないことも条件となっている。青年訓練所に入所させようとする青年は、経済力や家庭の状況、学力、思想や素行などの条件を満たす青年に絞り込まれていたのであり、不特定多数の青年たちを一律強制的に入所させるものではなかった。各地域のリーダーとなる青年を育成するものであるだけに、その候補者たる青年は選別していたということであろう。

一九三八年五月に成立した中央青年訓練所では、「地方優秀青年を収容し、二ケ月の短期訓練を施し以て地方中堅分子を養成する」(89) として、募集する「生徒の資格」は、「一、身体強健、意志鞏固《きょうこ》、思想堅実、操行優良、悪習なき者にして訓練上家業に支障なき者」、「二、初級中学以上の教育を受け、成る可く学力高き者」、「三、年齢は二十歳以上三十五歳未満とす」、「四、地方警察局に於《おい》ての優秀青年警官」である。(90)

地方の例をいくつか挙げると、河北省の青県青年訓練所では、章程で「県青年訓練所は郷村青年に新民精神を徹底的に教え込み、農業知識を教授し、自衛軍事訓練を実施し、新民運動の中堅人物を養成する」と、対象を「郷村青年」に絞っており、入所条件は十七歳以上三十歳以下、品行方正で身体健康、悪しき嗜好がなく、初級小学以上の卒業または同等の学力を持ち、願書と郷鎮長の証明書が必要だとしている。[91] 新民会河北省指導部の青年訓練所では、「年齢十七歳以上三十歳以下の初級小学校卒業者若《もしく》は之と同等以上の学力を有する郷村の優秀青年を、一期約三十名乃至《ないし》五十名宛《ずつ》収容して二箇月間の訓練を施す」[92] としている。また武清県の青年訓練所では、「体格が強健で嗜好がないこと」、「高級小学卒業の学力があること」、「年齢は十八歳から二十五歳まで」に加えて、「真の農村青年であること」を入所資格としていた。[93]

河北省滄《そう》県指導部の青年訓練所の入所者は、「自衛団より一〇名警務局より一〇名一般農村青年より二〇名」[94] とある。青年訓練所では、郷村自衛目的の武装組織を設置するためとして、思想教育、農業中心の実学教育に加えて、軍事訓練を実施していた。自衛団や警察の関係者を入所させているのは、その目的を果たすためであろう。

青年訓練所の組織化の対象は必ずしも一様ではなく、右の例で見たような農村青年以外の青年を対象としている青年訓練所もある。青島市の青年訓練所については、その目的を「新国民の中堅たる勤労青年層に新中国々民として最も必要なる基礎的訓練を施」[95] すことを挙げており、河北省定県指導部の青年訓練所の入所生は二十六人で、その内訳は「農一一、商六、官吏四、学五」[96] となっている。同じく河北省香河県の青年訓練所の「訓練生は城内の商家の子弟が多い」[97] という報告もある。唐山市新民青年訓練所では、一九三八年十月二十六日の『新民報』によると、「鉄道工場や鉱山労働者及び一般市民の十七歳以上二十五歳以下の者から適任者五十名を選抜し、本所の生徒として採用した」とある。[98] 唐山市新民青年訓練所は一九三九年二月の組織章程では「本所は郷村青年を選抜し、新民精神を鍛錬し地方の新民運動の指導者を養成することを目的とする」[99] と定めていたのだが、一九四〇年一月二十六日の『新民報』によると、「青年訓練生の現在の職業統計」として、工場勤務計十八人、農業十人、商業四十五人、失業者二十七人とある。[100] このように、多様な立場の青年が入所していたことが見て取れる。

繆斌《みょうひん》が各県指導部長宛てに出した通達「新民会中央訓練所学生募集ノ件」によると、県指導部長が適当と認めた者をとりまとめて推薦することとし、それにあたっては「農家出身なるや商家出身なるや厳重調査の上記入相成度《あいなりたし》」[101] としている。このことを厳重に調査する意図は不明であるが、中央訓練所も多様な階層の青年を受け入れていたようである。

しかし、青年訓練所について、一九四〇年十二月十六日の『新民報』では、中央総会が「受訓者は必ず農村の優秀青年でなければならない」[102]と敢えて訴えている。このように、やはり中心となる訓練生、或いは中心にしようとしていたのは「農村優秀青年」であったのであろう。

このほか、河北省の青県総会の見解では、青年訓練所の役割について「個人主義唯物《ゆいぶつ》思想に陶酔せる青年を悉く新民主義の傘下に帰せしむるにある」と述べている。これでは「思想純正」な青年であることを条件に入所させるのではなく、共産主義思想の影響を受けて、新民会にとっては思想に問題のある青年を再教育して正してやることを青年訓練所の役割と捉えているかのようである。[103]この点も必ずしも一様ではなかったようである。

応募と選抜

では、青年訓練所に入所する青年は、どのようにして選ばれたのか。

中央青年訓練所の訓練生については、「新民会中央青年訓練所実施大綱」によれば第一期の訓練生募集について、日本占領下華北全域から募集することとした上で、「一、関係機関と協議し予定県を考究し委員会の決議により所長之を指定す其の条件として該地方の治安状況及農事の繁閑等を充分に考慮するものとす」、「二、指定されたる各県市の地方行政機関地方辦《べん》事処治安機関と協力し有資産者を調査せしめその推薦を俟《ま》って銓衡《せんこう》す」、「三、第一期は取り敢えず行政機関たる県公署より推薦せしめ之を銓衡す」[104]と規定し、「各地県政府に依頼し、各県より優秀青年五名宛を選抜せしめたり」[105]としている。

地方の青年訓練所に関する規定だと思われるが、「新民会青年訓練所実施要綱」も同様に、第五条第二項は「募集地域内の分会長（村長）会議を開催し、青年訓練所の趣旨を明瞭こ《ママ》し、青訓生募集の意味を徹底せしむべし」とあり、同第三項には「地方行政機関又は分会長（郷村長或は保甲長）に有資格者の調査を依頼し其の保証推薦を俟って銓衡す」[106]とある。地方の行政の責任者が指定された人数の優秀な青年を選出するよう指示を受け、その推薦により青年が青年訓練所に送られるのであった。したがって募集するとは言いながら、実際には青年たちの自発的な応募というよりも、行政が調査し、その基準に見合う青年が行政側の敷いたレールに乗せられたと考えた方が妥当であろう。

各地の青年訓練所は、どのように青年を集めようとし、入所させていたのか。

新民会の機関誌『新民会報』、機関紙『新民報』、その停刊後にこれを引き継いだ『華北新報』に掲載されている各地の青年訓練所に関する記事を見ると、村ごとに選抜された「優秀青年」が入所者の中心であることが分かる。以下、全て河北省内の各地の例だが、安次青年訓練所では、村内で戸ごとに青年一人を選出し、農民の仕事を妨げない範囲で村の青年を訓練するとしている。[107] 趙《ちょう》県青年訓練所では、「本県薛《せつ》知事、小野顧問、郅《しつ》所長が、地域の安寧を保ったため、また国家の基盤を育成するため、青年訓練を継続し、各村長に命じて優秀な青年を選抜させ、受訓させる」[108] という。石門中堅青年訓練所では、石門市と各県で「優秀青年」を二名ずつ選出し、合計六十名を入所させるとしている。[109] このように、村ごとに選出人数を割り当てて青年訓練所に青年を送り込ませる方式は、他にも山東省の博興県青年訓練所で大村から二人ずつ、小村から一人ずつ、合計四十五人の青年を選抜して入所させた事例などが、これに該当する。[110] 他にもこのような村ごとの割り当て方式であることを明確には記述していないが、各村から「優秀青年」を選抜して入所させたという報道は、他にも多々見られる。[111]

また、宝坻《てい》県青年訓練所は、「地方農村の優秀青年」を選抜するとしているが、入所条件には、十七歳から三十歳で、郷長の保証書が必要であること、初級小学以上を卒業しているか、またはそれと同等の学力を有し、体格強健で日常的な嗜好がない者、郷村に住んでいる者ということも付加している。[112] 他に山東省の博興県青年訓練所では、入所条件として文字がだいたい読めることと、「身家清白」も含めている。[113]

これらの青年たちは言わば村長の「ノルマ」として集められたものと考えられる。しかし、中には定員以上の入所希望があり、入所者を厳正に絞り込んだと報道されている青年訓練所もある。遵化県青年訓練所では、百名余り応募、三十人入所、[114] 保定農村青年訓練所では、百二十名以上応募、三十人入所、[115] 天津市では応募者百二十一人中、試験を経て五十人の合格者を決定したという。[116] 但し、本人の意志で入所を希望した青年が多数いたのか、それとも村長の青年探しと青年集めが成功した結果なのかは確認できない。

青年団に入るには

次に、新民青年団について見てみよう。

新民青年団も、元々は一律強制加入の組織ではなかった。入団条件は団によって異なるが、初等小学校卒業以上の学歴があり、団員や区内の学校長の推薦を受けることが必要であった。年齢の条件は地域によって差があるが、およそ十代後半から三十歳程度で、入団にあたっては思想検査も行われるなど、一定の条件を満たした青年が入団を許されていた。

先にも見たように、新民会中央指導部の「新民青年団結成要綱」では、「新民青年訓練所卒業生並に新民少年団に於て訓育を受けたる年齢十八歳以上三十歳未満の者を以て新民青年団の主要構成分子となす」(117)とある。そしてこれに続けて、「新民青年団と青年訓練所とは形影相伴う如《ごと》き関係に立つものなれば特に青年訓練所修了者を中心として組織の拡大強化を計ること最も緊要とす」(118)と書かれている。

具体的な地方の例も見ておくと、新民会河北省指導部が各県で青年団を組織することを決定した際の「新民青年団規約準則」によると、「十五歳以上、三十歳以下の男子、小学卒業、志操堅実なる者」、そして「団員の入団には、官公署や学校などの機関の紹介と、併せて分団長の認可が必要」とされている。(119)河北省保定市の新民青年団では、「保定に居住する男子で、十八歳以上、三十五歳以下、小学卒業、身家清白、志操堅実な者で組織する」とし、加えて「官署学校及び新民会会員二人の推薦により、分団長の裁決を受け、本団への宣誓の後、団員となることができる」としている。(120)河北省通《つう》県の新民青年団は「一、年齢満十七歳以上三十歳以下の通籍の男子」、「二、小学教育或いは同等の教育を受けた者」、「三、資産を有する者」、「四、身体強壮、品行方正」が条件である。(121)各地の青年団で、およそ似たような規定が並ぶ。なお、ここで「三、資産を有する者」とあることについては後に検討したい。唐山市の新民青年団の条件はやや限定的で、正団員は「唐山市青年訓練所卒業者に限る」とし、「候補団員」は「一、年齢十七歳以上三十歳以下の男子」、「二、唐山市に住む定職を持つ者」、「三、小学以上の学力のある者」、「四、身体強健で労働に耐え得る者」としている。(122)

以上のように、青年訓練所も青年団も、元々は日本占領下の青年たちを一律強制的に加入させる性格の組織ではなかった。「優秀な」青年たちを、あるいは日本の占領統治に協力させる上で「問題のない」青年たちを選んで組織していたと言える。

但し、強制加入させていると思われる事例もいくつか確認できる。河北省良郷県における「良郷実験県少年少女団団則」は、「本団は良郷県内に居住する十歳以上十七歳以下の少年少女で編成する」とし、そして「前条に定めるところの良郷県内に居住する少年少女のうち、障害や病気のある者以外は、全て団員に加入しなければならない」と定めている。(123)「南郊実験区青年団組織章程」も、「凡《およ》そ本区青年訓練所を卒業した者は正団員となり、その他凡そ南郊に居住する人民で、十七歳以上、三十歳以下の者で、身体健康にして悪習悪嗜好無き者は、全て予備団員とならなければならず、適切な訓練と審査を経て正団員に昇格する」とあり、予備団員という形ではあるが全員一律に組織化していたことが窺《うかが》える。[124]

どんな青年が良いのか

こうして見てみると、およそ新民会が青年訓練所や青年団に取り込もうとした青年は、言わば「選ばれし者」であった。しかし、新民会は単に「優秀な」青年を選抜したのではない。前にも少しだけ触れたことだが、新民会の資料に見られる、以下のような記述に注目してみよう。

唐山市の青年訓練所では、入所者を「その経費を考慮し、今後の諸工作ではなるべく良家を採用する」としていたことは前述の通りである。[125] このほかにも、新民会灤《らん》県指導部の青年訓練所では、鉄道沿線の村落を鉄道防衛のために組織化した愛護村と呼ばれる村から一人ずつ訓練生を募集する方式を採っていたのだが、訓練生の入所資格を十七歳から二十五歳、初級小学卒業以上で身体が強健、性行が善良、志操が堅固とするほか、「土地所有者の子弟」も条件にしている。[126] 香河県新民青年団でも、「一、香河に居住する者」、「二、土地を持つ者」、「三、身体が強健で嗜好のない者」、「四、満十七歳から三十歳」、「五、郷長の保証のある者」[127]という条件を定めている。能力的に優秀な青年であるか否かの基準の他に、「良家」の青年や「土地所有者」であること、郷長の保証が必要であることなど、その身元を重視していることが窺える。

先に『新民報』にある通県の新民青年団の入団条件に「資産を有する者」[128]とあることに触れたが、更に『新民会報』によると、新民会の工作方針として、「第二期の重点は新民青年団の組織、その反共政治訓練、及共匪《ひ》の抉摘《けってき》工作に集中すべし」を挙げ、その役目を担うに当たって「新民青年団は中層以上を組織し、当面地主及富農の子弟を以《もっ》て中核乃至指導者とすべし」[129]と規定している。他には、議会として位置づけられた聯合協議会の中で最高位に位置する新民会全体聯合協議会で、河北省から「もし青年健児を皆武装化でき、有産階級の青年をもって無産階級の匪衆を抑え込むことができれば、必ず相応の成果を収めることができるだろう」と提起されている。[130] また同じく全体聯合協議会で河北省指導部から提案された「青年団の武装化を実施し以て防共陣容を整備するの件」についての議論の中で、代表の一人である李雨亭が「青年団組織に就ては有産階級者を以て組織すべし。そうすれば経費の民衆負担が軽くなる」と述べている。(131) ここでも経費について触れられており、既に見た郷村負担の問題も背景にあることが窺えるが、これら一連の記述から見ると、青年たちの属する階層が、新民会が青年組織に加入させる青年を選り分ける基準になっていたことには別の背景もありそうである。

新民会青年訓練所の指導員、所長、そして新民会中央訓練所（先農壇の訓練所）主事を務めた伊藤千春の伝記にも、中央訓練所に限定した記述だが、このように書かれている。

> 訓練生達はいずれも中国では富農の子弟で、学歴もあり、国を憂うる正義感ももちあわせた、将来新民会の幹部を約束された人材であったから、若年とはいえ、中国軍（引用者注：国民党の軍隊を指す。本書エピローグで詳述）をはじめ幹部に通じる人脈をもっていたし、また人を動かすだけの信頼をえていた。(132)

なぜ青年訓練所や青年団の中心となるのが「良家」の青年や地主や富農の子弟でなければならなかったのか。逆に言えば、そうではない青年たちを新民会に近づけまいとしていたのか。このあたりの背景について、次章で考えてみたい。

---

(1)「新民会新民青年運動実施委員会宣言」『新民会報』第四号、一九三八年五月十五日、七頁。
(2)同右。
(3)新民会中央指導部『新民会年報』（民国二十七年）、新民会指導部、一九三九年、四六二—四七六頁。
(4)同右、四六七頁。
(5)「第三次各校暑期返校日決定本月中旬挙行　新民青運会擬定講演綱要通知各学生遵行」『新民報』（晩刊、北京）一九三八年八月七日、二面。
(6)「中華民国教育総会座談会紀録」『教育学報』第一期、一九三九年一月、一二七頁ではそのように説明されている。
(7)中華民国新民会中央指導部『新民会青年訓練所要綱』一九三九年、二頁。
(8)「新民青年歌歌譜　全作三首皆繆斌氏手撰」『新民報』（北京）一九三八年、五月十四日、七面。「新民青年歌」『新民会報』第五号、一九三八年六月一日、一一頁。岡田春生編『新民会外史』前編、五稜出版社、一九八六年、一八一頁。
(9)繆斌「新民青年与王道」『新民週刊』第一九期、一九三九年三月、一—二頁。
(10)肩書きは、「青年対蒋政権応有的新認識　青運常委張紹昌講」『新民報』（北京）一九三八年十一月二日、七面、「徳国労働服務運動概観　新民会教化部秘書張紹昌講」『新民報』（北京）一九三八年八月一日、六面などより。
(11)張紹昌「東亜之将来与青年教育之重要性」『新民週刊』第二六号、一九三九年六月、一四頁。なお邦訳が張紹昌「東亜の将来と青年教育の重要性」『日華学報』第七四号、一九三九年七月三十一日に掲載されており、引用文はそれに依拠した。二—四頁。なお、『日華学報』では張紹昌の肩書きは「中華教育総会委員」となっている。
(12)前掲『新民会青年訓練所要綱』五頁。
(13)同右、四九—五〇頁。
(14)「新民青年中央訓練所昨挙行成立式　各県遴選学員均入所受訓」『新民報』

（北京）一九三八年五月二日、三面。
(15)陳芳謇「新民会概説」『新民報』（北京）一九三九年十月十五日、五面。
(16)前掲岡田前編、一九八六年、一七二頁。
(17)在北京大日本大使館文化課『北支に於ける文化の現状』一九四三年、一〇七―一〇八頁。
(18)なお旃檀寺の訓練所は、新民会中央訓練所に改称する前は、興亜訓練所と称していた。塚村英一「合作社工作」、前掲岡田前編、一九八六年、二四六頁。
(19)前掲『新民会青年訓練所要綱』一六頁。
(20)新民会中央訓練所『新民会中央訓練所記念册』（第二期）、一九三九年、職員録に、軍事教官として陸軍中尉の丸山彌二郎、軍事助教官として陸軍曹長の片桐鉦吉、青柳豊一、相澤成、陸軍伍長の田中榮吾ら、日本人の軍幹部の名前が記されている。
(21)前掲岡田前編、一九八六年、一七一頁。
(22)「新民会順徳辦事処新民青年訓練所　由各県選抜優秀青年毎期訓練三箇月」『新民報』（北京）一九三八年八月三十日、六面。
(23)新民会中央指導部『新民会年報』（民国二十七年）、新民会指導部、一九三九年、四二三―四二七頁。
(24)河北省指導部の青年訓練所に関するデータの下部に、「十月十六日、共匪八路軍襲城のため訓練中途停止」との備考の記述がある。どの訓練所かは具体的に指摘していない
(25)冀東道は河北省に属する。
(26)正しくは「保定道」か。保定道も河北省に属する。
(27)冀南道も河北省に属する。
(28)前掲『新民会青年訓練所要綱』八頁。
(29)韓鎮「青年訓練之過去与未来」、『新民週刊』第四四号、一九三九年十一月、一八―一九頁。
(30)原澤仁麿編『中華民国新民会大観』公論社、一九四〇年、三六頁。
(31)「新民会会務詳細報告」『新民会報』第九七、九八号合刊、一九四〇年十二月十六日、十九日合刊、八頁。
(32)前掲『新民会青年訓練所要綱』二五頁。
(33)「訓練部関係指示事項」『新民会報』第七二号、一九四〇年八月二十日、五二頁。
(34)前掲『新民会青年訓練所要綱』一八頁。
(35)「新民青年中央訓練所昨挙行成立式　各県遴選学員均入所受訓」『新民報』（北京）一九三八年五月二日、三面。
(36)「唐山市拡大青訓　訓練計劃業経擬就」『新民報』（北京）一九四〇年一月十五日、六面。
(37)肩書きは志摩修吾「我々は如何にして治安強化運動を展開したか」『新民運動』第二巻第一〇号、一九四一年十月、二七頁、前掲岡田後編、一九八七年、一四六頁より。
(38)志摩修吾「如何にして香河県、通県の武装自衛団は結成されたか」『新民運動』第二巻第八号、一九四一年八月、四七頁。
(39)同右。
(40)「新民青年中央訓練所各県遴選学員　二十九日以前送京報到聴候試験」『新民報』（北京）一九三八年四月十四日、一面。
(41)「新民会青年訓練所設置暫行規程」『新民会報』第五号、一九三八年六月一日、一三頁。
(42)前掲『新民会青年訓練所要綱』三七―三八頁。どの青年訓練所のものかは記載されていない。なお、「新民会中央青年訓練所生徒規則」『新民会報』第五号、一九三八年六月一日、一二頁にも中央青年訓練所の「日課規定」が掲載されているが、なぜか前者より全体的におよそ一時間程度早いスケジュールである。
(43)前掲『新民会青年訓練所要綱』三九―四〇頁。
(44)「冀南道新民青年訓練所実施要綱」『新民会報』第一二号、一九三八年九月十五日、一〇頁。
(45)前掲『新民会青年訓練所要綱』一九―二二頁。
(46)「冀南道新民青年訓練所実施要綱」『新民会報』第一二号、一九三八年九月十五日、九頁。
(47)卞乾孫編『河北省良郷県事情』中華民国新民会中央指導部、一九三九年、

二〇四―二〇五頁。
(48)陳佩編『河北省定県事情』新民会中央指導部、一九三九年、二九―三〇頁。同じく定県の事例だが、中華民国新民会中央指導部『新民会定県指導部工作経過概況』一九三九年、四二―四五頁に挙げられている科目は若干異なる。
(49)「新民会中央青年訓練所開所式挙行」『新民会報』第五号、一九三八年六月一日、七頁。
(50)中華民国新民会出版部『繆斌先生新民主義講演集』一九三九年、一〇九―一一〇頁。
(51)「北京附近模範区域暫行保甲法」一九三八年十一月十日、中国第二歴史檔案館編『中華民国史檔案資料彙編』第五輯第二編附録上、江蘇古籍出版社、一九九七年、三一、三五頁。
(52)前掲『新民会年報』(民国二十七年)、四二〇―四二三頁。
(53)「新青訓練所卒業生　請求免費入学」『新民報』(北京)一九三八年十月五日、三面。
(54)「新民会青県辦事処召開首次座談会　伊藤主任闡述新民主義　青年訓練所已開始招生」『新民報』(北京)一九三八年五月十九日、六面。
(55)「武清新民会青年訓練所　成立考取学員」『新民報』(北京)一九三八年六月四日、六面。
(56)新民会津海道武清県指導部編『新民会武清県青年訓練所概況』一九三九年、一二頁。
(57)「良郷県青年層的指導概況」『新良郷』第一巻第九期、一九三九年五月十六日、一一頁。
(58)「青訓教育ト教材ノ内容」『新民会報』第五九号、一九四〇年四月十日、六頁。『新民会報』は各頁上段に中国語、下段に日本語という段組みで併記する形をとっているが、『新民会報』第二二二号(一九四三年四月十一日)以降、中国語のみの記述となる。この変化には、対華新政策による新民会の日本人職員の一斉退職が関係していると思われる。なお、『新民会報』に併記されている日本語と中国語は基本的に同内容であるが、細かく見ると表現が異なる部分もあり、以下その差異が問題となる場合は適宜指摘していく。この『新民会報』第五九号の記事では、具体的なパーセンテージを挙げているのは中国語版のみである。
(59)前掲『新民会青年訓練所要綱』六頁。
(60)「新民青年団結成要綱」『新民会報』第一一号、一九三八年九月一日、一一頁、前掲『新民会青年訓練所要綱』五四頁。
(61)「新民青年団結成要綱」『新民会報』第一一号、一九三八年九月一日、一一頁。
(62)同右。
(63)新民会中央指導部『新民会工作大綱』一九三九年、六二頁。
(64)同右、六二―六三頁。
(65)前掲『新民会青年訓練所要綱』二六頁。
(66)同右、五四頁。「新民青年団結成要綱」『新民会報』第一一号、一九三八年九月一日、一一頁にも同様の記述がある。
(67)「新民青年団結成要綱」『新民会報』第一一号、一九三八年九月一日、一二―一三頁。前掲『新民会青年訓練所要綱』五六―五七頁も、「厚生訓練」の「厚」の字が空白になっている点以外は同内容。
(68)「新民青年団結成要綱」『新民会報』第一一号、一九三八年九月一日、一二頁。
(69)同右。
(70)前掲『新民会青年訓練所要綱』六〇頁。
(71)「河北省指導部各県市指導部連絡会議記録」『新民会報』第一一号、一九三八年九月一日、三一―三二頁。
(72)「通県新民青年団　結成要綱業已擬就」『新民報』(北京)一九三九年一月二十日、六面。
(73)東亜同文会業務部『新支那現勢要覧』一九三八年、五二一頁。
(74)「北京周辺模範区工作実施要綱」『新民会報』第一三号、一九三八年七月一日、九頁。
(75)陳芳譽「新民会概説(続)」『新民報』(北京)一九三九年十月十六日、六面。
(76)この時期の大日本少年団日本聯盟発行の月刊機関誌『少年団研究』各号の表紙に、少年団の「宣誓」と「おきて」が記載されている。

(77) 中華民国新民会中央指導部『首都指導部新民少年団諸規定及訓練ノ実際』一九三九年、二一－三頁。
(78) 同右、三六－三九頁。
(79) 矢作乙五郎「新民少年団の設立」『少年団研究』第一五巻第一〇号、一九三八年十月、二七頁。
(80) 前掲『首都指導部新民少年団諸規定及訓練ノ実際』、二五頁。
(81) 「新民青少年団結成計画書」『新民運動』第三巻第一一号、一九四二年十一月、一一二－一一五頁。
(82) 「新民青運実施会推進工作計劃　青訓学生入各軍服務」『新民報』（北京）一九三八年九月二十四日、七面。
(83) 「新民少年団講習会今晨挙行発会式」『新民報』（晩刊、北京）一九三八年十二月八日、二面。
(84) 「首都新民少年団新聘役員已定　聘函已於昨日発出」『新民報』（北京）一九三九年五月二十五日、三面。
(85) 「昨市総会全体会議推選各部事務分担　最後併挙行無隔閡懇談」『新民報』（北京）一九四一年四月二十五日、三面。
(86) 広中一成、菊地俊介共編「新民会とは何だったのか——元中華民国新民会職員・岡田春生インタビュー」、広中一成『ニセチャイナ』社会評論社、二〇一三年、三三一頁。他にも中国の研究では、張洪祥、楊琪（一九九九）、呉洪成、張華（二〇〇九）は集めた青年訓練所の生徒は無業遊民やアヘン吸引者であったと述べ、謝冰松（一九九九）は、新民会の構成員が強制的に集められたり、騙されたりした商店の青年徒工や失学青年であったと論じている。しかし、同時代史料を詳細に検討すれば、実態はより多様であったことが見えてくる。
(87) 前掲『新民会青年訓練所要綱』一七－一八頁。
(88) 「青島都市指導部李村実験村事業計劃」『新民会報』第二三号、一九三九年三月一日、一二頁。
(89) 「新民会中央青年訓練所開所式挙行」『新民会報』第五号、一九三八年六月一日、七頁。
(90) 「新民会中央青年訓練所実施大綱」『新民会報』第五号、一九三八年六月一日、一五頁。
(91) 「新民会青県辦事処召開首次座談会　伊藤主任闡述新民主義　青年訓練所已開始招生」『新民報』（北京）一九三八年五月十九日、六面。
(92) 中華民国新民会中央指導部『新民会河北省指導部工作概況』一九三九年、二〇頁。
(93) 新民会津海道武清県指導部編『新民会武清県青年訓練所概況』一九三九年、九頁。
(94) 「河北省指導部各県市指導部連絡会議記録」『新民会報』第一一号、一九三八年九月一日、二五頁。
(95) 「青島都市指導部李村実験村事業計劃」『新民会報』第二三号、一九三九年三月一日、一二頁。
(96) 「定県指導部工作摘要」『新民会報』第二四号、一九三九年三月十五日、二〇頁。
(97) 井上太郎「冀東西部視察記」『新民会報』第六六号、一九四〇年六月二十日、一三頁。
(98) 「唐青訓所　規定実施案」『新民報』（北京）一九三八年十月二十六日、六面。
(99) 「唐山市指導部新民青年訓練所　組織章程全文十三条公布」『新民報』（北京）一九三九年二月二十四日、三面。
(100) 「唐山新民青年団前日正式挙行入所式」『新民報』（北京）一九四〇年一月二十六日、五面。
(101) 繆斌「新民会中央訓練所学生募集ノ件」『新民会報』第二四号、一九三九年三月十五日、四頁。
(102) 「中央総会諮詢事項答案報告」『新民報』（北京）一九四〇年十二月十六日、二面。
(103) 「青訓教育ト教材ノ内容」『新民会報』第五九号、一九四〇年四月十日、六頁。
(104) 「新民会中央青年訓練所実施大綱」『新民会報』第五号、一九三八年六月一日、一五頁。
(105) 「新民会中央青年訓練所開学式挙行」『新民会報』第五号、一九三八年六月一日、七頁。

(106) 前掲『新民会青年訓練所要綱』一七頁。

(107)「安次新民村工作擬定実施計劃綱要」『新民報』（北京）一九四〇年二月二十九日、五面。

(108)「各地簡訊」『新民報』（北京）一九三九年十月二十二日、六面。

(109)「石門中堅青訓所　二日挙行開学典礼」『新民報』（北京）一九三九年五月八日、六面。

(110)「各地簡訊」『新民報』（北京）一九三九年十月七日、六面。

(111) 呉橋県（「呉橋県青訓生畢業　挙行盛大典礼」『新民報』（北京）一九三九年五月二十六日、三面）、南皮県（「新民会南皮県指部今年第一期工作計画（続）」『新民報』（北京）一九四〇年二月十二日、七面）、陽信県（「各地簡訊」『新民報』（北京）一九四〇年二月二十六日、五面）、固安県（「各地簡訊」『新民報』（北京）一九四〇年五月五日、五面）など。

(112)「宝坻県指導部募集第三期青訓生」『新民報』（北京）一九三九年三月二十二日、六面。

(113)「各地簡訊」『新民報』（北京）一九三九年十月七日、六面。

(114)「遵化新民青訓所　一日已正式開学」『新民報』（北京）一九三九年八月五日、六面。

(115)「保定四期青訓生　前日挙行開所典礼」『新民報』（北京）一九三九年十一月二十七日、三面。

(116)「天津都市指導部工作概況」『新民会報』第三一号、一九三九年七月一日、二六頁。

(117)「新民青年団結成要綱」『新民会報』第一一号、一九三八年九月一日、一一頁。

(118) 同右。

(119)「新民会河北省各県境内組設青年団　発展新民主義便利指導民衆　規則擬定昨日発表」『新民報』（北京）一九三八年七月九日、六面。

(120)「保定新民青年団已正式成立　工作緊張参加新民衛生運動　団則指導綱要已擬妥」『新民報』（北京）一九三八年八月八日、六面。

(121)「通県新民青年団　結成要綱業已擬就」『新民報』（北京）一九三九年一月二十日、六面。

(122)「唐山市新民青年団規則擬定即将成立」『新民報』（北京）一九三九年一月二十二日、六面。

(123)「良郷実験県少年少女団団則」『新良郷』第一巻第一期、一九三八年九月十六日、一七頁。

(124)「南郊実験区青年団組織章程　全文共計十五条」『新民報』（北京）一九三九年六月十九日、七面。

(125)「唐山市拡大青訓　訓練計劃業経擬就」『新民報』（北京）一九四〇年一月十五日、六面。

(126)「新民会灤県指導部組設青年訓練所　募集規定已発表」『新民報』（北京）一九三八年七月十五日、六面。

(127)「香河新民青年団　味沢主任編就結成要綱」『新民報』（北京）一九三九年一月六日、六面。

(128)「通県新民青年団　結成要綱業已擬就」『新民報』（北京）一九三九年一月二十日、六面。

(129)「民国三十年度下半期工作一般方針」『新民会報』第一五四号、一九四一年七月二十二日、六頁。

(130)「新民会二届全聯会議案全文」『新民報』（北京）一九四一年九月十六日、二面。同様の内容は全体聯合協議会事務局「第二届全聯協議会擬議案及代表名単」『新民青年』第二巻第一〇期、一九四一年十月、六一頁にもあるが、後者には「無産階級」という表現はない。

(131) 元岡健一「郷村建設への基本的考察と新民会現地職員の活躍」『新民運動』第三巻第一号、一九四二年一月、五一－五二頁。

(132) 武井昭、工藤豊『人間に成り切った人　伊藤千春伝』経済往来社、一九八四年、一九六－一九七頁。伊藤が中央訓練所主事であったことは同書、一六八頁、前掲岡田前編、一九八六年、一七二頁。

第３章　新民会の青年動員と共産党、国民党

新民会はなぜ組織に引き入れる青年とそこから除外する青年を区別しなければならなかったのか。その背景として、新民会は青年たちを組織化、動員するにあたって、ひいては日本は対華北占領統治と民衆工作を進めるにあたって、現地のいかなる実情と向き合わなければならなかったのか。ここには、共産党と国民党の影響が大きく関係している。

防衛庁防衛研修所戦史室（現在の防衛省防衛研究所戦史研究センター）の戦史叢書『北支の治安戦』第二巻（一九七一）に、陸軍少佐鈴木重雄の回想録「四一会会誌（第四十一師団関係者回想録）」が引用されている。次のような内容である。

冀《き》中（引用者注：河北省中部）の戦いは地味な政治的作戦である。敵は、わが武力掃蕩に対しては逃避を主として戦力の温存を図り、機を見て、襲撃や待ち伏せを行なう一方、ひそかに新民会、新政府諸機関、鉄路局、学校等に擬装党員を潜入させ、これらの中で同志を獲得し、故意に汚職収賄等を行なわせて新政府の威信を失墜させ、民心を離反し、あるいは学校教育において、新民教科書を使用しつつ反日思想、共産主義を教える等巧妙執拗《しつよう》をきわめていた。更に望楼（引用者注：物見やぐら）を占領する日本軍に対し、宣伝ビラや拡声器により反戦工作さえ実施してきた。(1)

これは井上久士（二〇一二）に引用されている資料であるが、管見の限りこれまでの研究で取り上げられている、共産党員が新民会に潜入していたことを示す資料はこれくらいである。だがこれに関連する資料は、実際には他にも多くある。

本章では、まずはこのような共産党員が新民会へ潜入していた問題から検討を始め、そして日本占領統治以前の国民党統治期も視野に入れ、新民会の青年動員の実態を多角

的に捉えてみたい。
　共産党や国民党を視野に入れて新民会の青年動員の実態を復元していくことは、共産党や国民党それぞれの青年動員の実態についても、補助的にではあれ明らかにすることにつながっている。後述するように、新民会がどのような青年を警戒し、どのような青年を味方に引き入れられなかったかは、共産党、或いは国民党がそうした青年を引き入れられる影響力を持っていたということを意味する。このように、本章では新民会のみならず、当時の中国全体を捉えるつもりで以下の検討を進めていきたい。

一．日本占領地区への共産党員の潜入

こんなところにもスパイ

　日本占領地区には、中国共産党のスパイが多数潜入していた。まずその概況から見ておこう。
　新民会の日本人会員向け機関誌『新民運動』にある河北省香河県の状況に関する記述によると、日本占領地区でごく普通の農民になりすましている共産党の秘密工作員もいたという。

　香河に近接し赤化（引用者注：共産主義思想に染まること）して居る地帯の状況を見るに必ず其《そ》の郷村には工作員が居り一面武器を以《もっ》て威嚇《かく》し一面口舌を以て懐柔し彼等の平索《ママ》（引用者注：正しくは「平素」だと思われる）の挙動は完全に農家の家族の一員になりすまし昼は共に畑に出でて働き高粱《こうりゃん》粟の粗食に堪えて郷内部の赤化と自軍（八路《はちろ》軍（引用者注：華北で戦っていた共産党の軍隊））の誘導性格に努力しつつある。(2)

　宮崎菊次（新民会中央総会参事として名簿に記載あり）(3)は、日本占領地区にいとも簡単に共産党員が潜入してしまっている状況を次のように嘆いている。共産党員の潜入を防ぐことさえできていない新民会に対する不満も隠さない。

　或《あ》る道《どう》の次長会議の席上の事である。そんなに県城の根っこを敵の地下工作に洗われるまで、何の徴候も農村に現われなかったか、分会は何の抵抗も示さなかったか、と聞いたら、そうだと云う返事であった。理由は、敵は乞食《こじき》姿で村に這入《はい》って来たので、農民も乞食だと思っていたからと云《い》うのである。
　この答を聞いて私はがんと頭をなぐられたみたいで

あった。

（中略）

自然村落の農民の持っている他所者に対する臭覚にいやしくも政治工作員が例《マ》え《マ》どんな姿をして居ようと、ひっかからないわけは絶対にあり得無い。而《しか》も県城の根っこまで押し寄せるには三ヶ月四ヶ月半年と工作を続けているのである。

これは、従来の新民会の組織と云うものが、如何《いか》にぐうたらであり、組織と云う名に値いしないものであったかと云う一つのよい見本である。何もここだけを特別に責める意志は毛頭ない、お互い全体の責任であるが。

村落は明け放しだったのである。郷や大郷にいくら名ばかりの分会委員が居てもそんなものは共産党には屁でも無いであろう。

敵は乞食の姿をして村落に這入り込んで来た、この一事を考えて見るがよい。

村から村へと匐《は》い廻《まわ》って、路傍の農民の一人一人をその工作の目標にしていることを物語っているでないか。

私はつい最近まで敵勢力下に在っていまは新民会の組織が敵を制圧しつつあるある県を出張の余暇をぬすんでかいま覗《のぞ》いて来た。或《あ》る村落の傍を通る時、次長が指をさして云うには、その村はずれの井戸の中の壁横に穴を掘って、地下工作員が住んでいるのが此《こ》の間発見された、そこから毎晩出だして工作をやっていたのですね、文字通り地下工作ですよ、と。

これは笑い話や駄じゃれどころでは無いと私は思った。(4)

北支那《きたしな》派遣憲兵隊教習隊の『剿《そう》共実務教案』という内部資料を見てみると、共産党のスパイがいかなる方法で潜入してくるか、様々な具体例を挙げている。中には「支那《しな》巡警を買収」なども あり、共産党に協力する側に容易に寝返り、その潜入工作を助けていた中国人が存在したことも窺《うかが》える。

日本軍占拠地附近に在住しある親族より良民証を入手或は借用の上潜入する外《ほか》良民証を偽造、購入、或は強奪して之を利用す　知人、親族等を訪問するものなりと詐称し手土産等を所持潜入す　他の密偵と協定の上日本軍密偵の為発見せられ逮捕連行せらるる如《ごと》く偽装し潜入す　商人、苦力《クーリー》（引用者注：下層労働者）、伝道師、布教師、芸人、乞食等を装い潜入す　支那巡警を

買収通過す　投降又は帰順を装う　昼間地形偵察を為し夜間潜入す　市日の混雑を利用す　日本軍駐屯地域内日本軍人又は日本請負者配下の苦力腕章を入手利用す　自衛団、青訓生の腕章を利用す　親日村長又は有力者に随従潜入す　癩《らい》病又は伝染病患者を装う　唖《あ》又は白痴を装う(5)

右の記述にある「良民証」とは、日本占領地区で共産党の地下工作を防止するために、政府が住民の身上調査をした上で発行し、住民に携帯させた身分証のことである。良民証があれば街に入ることもでき、汽車にも乗ることができた。つまり、良民証を持っていれば日本占領地区で「合法的に」活動できる。(6) そこで共産党は、日本占領地区にいる人物と親しくなって良民証を偽造してもらったり、既に日本占領地区に潜入している共産党員に偽造してもらったりした。このことは中国側の回想録にも多く記されている。(7)

こうして偽物が大量に出回った良民証だけに、とうとう日本軍は、良民証を律儀に持っている住民の方が却《かえ》って怪しいとさえ見なすようになる始末であった。(8)

「合法的に」抗日運動

以上のように、日本占領地区では共産党員の潜入工作が絶えなかったのだが、本章で特に取り上げたいのは、共産党員が偽装して日本占領下の組織や行政機関の一員となってスパイ工作や抗日宣伝工作を行い、日本の占領統治を内部から瓦解させようとしたことである。新民会もその主たる潜入先のひとつであった。

日本軍の内部資料である『剿共指針』(9)には、共産党がどのような地下工作を進めているかを、共産党側の言葉を引用する形で次のように説明している。

彼等（引用者注：共産党）はこの工作の主要眼目の一つとして更に次の箇条を挙げている。
「長期堅持工作中には偽《ぎ》軍偽《ぎ》組織を利用して偽装的に掩《えん》護せしめ、以って我等の目的を達すること頗《すこぶ》る必要なり。故《ゆえ》に計画的に組織的に各種の社会関係を通じ、偽軍家族其《その》他他方面（引用者注：正しくは「其他多方面」か）より関係を結んで内部に組織工作を進行すべし」と称し、
「計画的に信用すべき鞏固《きょうこ》なる党員を偽軍又は偽組織に入れ、交通機関、機要部門に対する情報を獲得入

手せしめ、偽交通機関を利用して我等の通信連絡を行うことは極めて重要なり」と言っている。即ち新政権側に対する工作は単に之を赤化抗日の対象として行うのみならず、新政権側の凡《あら》ゆる機関を自己工作に転用せんとする企図も含まれているのである。(10)

ここに「偽軍」や「偽組織」と出てくるが、「偽」とは本書プロローグで既述の通り、いわゆる傀儡政権及びその管轄組織を指す中国語表現である。「偽軍」については第4章で改めて言及する臨時政府が組織した中国側の軍隊のことであり、「偽組織」と言えばやはりその代表格である新民会も含んでいると考えられる。ここに「社会関係」などを通じて内部へと潜入し、スパイ工作を行い、またこれら「偽組織」を共産党側のために利用してやろう、というのである。

共産党は、党員が素性を隠して日本占領下の組織や行政機関の一員となり、その党員が合法的な地位と信頼を獲得することで、日本占領地区で「合法的に」抗日運動を進めようとした。共産党の党内秘密刊行物『共産党人』にも、いかにして日本占領地区への潜入工作を進めるかが書かれている。「偽団体の中での工作方法」として、「合法的な地位を得るために、行政人員訓練班、維持会幹部訓練班、小学教員訓練班など、各種敵偽訓練班に参加する」、「高い地位を得て有利に工作を進めるために、訓練の過程で何とかして敵や漢奸《かんかん》の指導者層からの重用と信頼を獲得しなければならない」といった点を挙げる。そして「一定の工作地位を獲得しても、左傾した空理空論や幼稚な行為は防がなければならず、環境の良し悪しにかかわらず、くれぐれも自分の政治的素性を暴露してはならない」とも釘を刺している。(11)

この資料では「各種敵偽訓練班」と書かれており、新民会関係の機関には直接触れていないが、共産党晋冀《きよ》豫区委青年工作委員会委員（晋は山西省、冀は河北省、豫は河南省の略称）、晋東南青救総会執行委員（青救は共産党の青年組織である青年救国聯合会）で組織部長の申芝蘭は、同区の代表大会で、対敵工作について次のように発言している。

青年会、新民学校、青年訓練班など、敵の組織した合法的な青年組織に人を送り込んで直接参加し、合法的な活動をできるようにして、敵軍を瓦解させる工作を進める。(12)

ここに挙げられている新民学校とは、山西省が八歳から五十歳までの省民全員を義務的に入学させる学校として、省内各地に設置したものである。[13] 上記の原文は「青年会」、「青年訓練班」であるが、新民学校と並べて挙げられる日本占領地区にある青年組織と言えば、新民会の青年団、青年訓練所を指していると推測しても良かろう。

他にも、抗日運動を合法的に展開するために、新民会や自衛団を利用するという記述も見られる。共産党中央も、「偽組織と偽新民会を掌握せよ」[14]という指示を出しているが、次のような指示もしている。

> 各種の普通の群衆組織と群衆活動は、あらゆる可能な合法的形式を公に用いて進めるべきだ。例えば既存の各種の偽組織（新民会や自衛団など）を利用したり、或いは各種のグレーな社会団体を組織したりするなどである。[15]

新民会を掌握せよ

対日本占領地区工作に従事した共産党員の回想録を見ると、新民会の地方レベルの要人に接近し、彼らを味方に取り込んでいく過程が描かれている。まずは、馬東という人物の回想を見てみよう。

馬東は地下工作の方法には「交」（付き合う）、「拉」（引っ張る）、「打」（叩く）があると言い、そのうち「交」について次のように述べている。

> 「交」とは、敵偽職員や特務と友達になるという方法で、彼らに我々への便宜を図らせるというものだ。例えば偽県府事務秘書兼新民会主任の薛《せつ》子美に対しては、我々はしょっちゅう飯をおごったり、沐浴《もくよく》したり、散髪したりして、積極的に彼に近づき、遂に「友達」になった。そして配給している塩、薪、砂糖などの生活必需品をできるだけ多く我々に卸売してもらい、我々はそれを買ったらすぐ八路軍やゲリラ部隊、県や区の幹部に渡したのだ。[16]

次に見る河南省の濮《ぼく》陽県委党史辦《べん》公室がまとめた回想からは、新民会の要人に接近していく過程もよく分かる。

> まず、社会の名流や、旧友、親戚、友達、同郷、同窓生らといった社会関係を利用して敵の内部に潜入する。（中略）そして敵の名義を使って我々の工作を展開するのだ。[17]

潜入先の地域にいる旧知の人物を利用したり、その地で影響力のある人物と人間関係を築いたりする。そして、郭巨三という人物が進めた地下工作について次のように記述している。

> 郭巨三はベテランの対敵工作員であるが（中略）、彼は商人になりすまし、商売をする中で広く友達を作り、仕事を紹介し、職業を獲得してどんどん近づいていき、一歩一歩敵の内部へと深く入り込んでいったのであった。巨三同志はまず城西別寨で雑貨店を開き、偽郷長の呉秀丁、倉上地主の謝徳芳、白屯紳士の郭錫三、王助自衛団長の崔《さい》万勝らと交際し、更に城南五星、城東清河頭、柳屯などの地に行って活動し、王子震、趙《ちょう》静斎《さい》など社会の名流と交際したのだ。[18]

これら郭巨三との人間関係が築かれた人物のうちのひとりである白屯紳士の郭錫三には弟がおり、その弟を通して次のように工作が展開されていく。

> 郭錫三の弟は、郭長庚《こう》という仮名で相次いで警察局特務係情報班、補給会、警備旅、新民会など敵の要害部門に潜入した。そして警察局長の范《はん》景伯、特務係長の蘇《そ》子恒、情報班長の張秀峰、警備旅軍医官の王子文、軍需官の任《じん》軍功、新民会庶務科長の李子屏《へい》ら重要人物と交際した。都市の内から外へ、敵偽機関から社会の各界へと、情報網を築いた。この情報網は五十人にも達し、三年もの長きにわたって隠し通し、三十件余りの情報を収集、伝達し、同志四十人余りを救出、保護し、敵偽軍の分隊、小隊、中隊十余りを瓦解させ、投降した者は合計千人に上る。[19]

このようにして、新民会庶務科長にまで接近していったという。なお、この新民会庶務科長の李子屏の祖父は李東軒《けん》といい、日本占領地区で県長を務めながら共産党に内通した人物で、李子屏自身もスパイ工作や軍用物資の運び出しなどで共産党に協力し、後に共産党の幹部となる。[20]

更には共産党員自ら地方の新民会会長になってしまった事例も見られる。これは山東省で敵工部長（敵工部は共産党の対敵工作を管轄する部署）を務めた崔子明の伝記の記述である。

> 党組織の研究を経て、敵の状況を見て、各方面の関係を利用して、推薦や選挙の形をとって共産党員趙子傑が新民会会長に、于《う》烈辰が偽自衛団団長に、任建宝

が夏張鎮鎮長に、范景雲が偽区公所助理員に、任里春が偽鎮公所会計に、傅《ふ》伝徳が経済税務担当になり、史峻峰、肖漢傑が偽区隊に潜入した。(21)

ここで共産党員が日本占領地区の役所に勤めるようになったという例が見られるが、次にこの点について更に見ていく。

行政の長にも共産党員が

新民会の他にも、山東省で日本占領地区工作に従事した共産党員の楊大倫の回想には、次のように日本占領地区の村長に抗日宣伝への協力をさせたという記述がある。これは日本兵を対象に、その戦意を削ぐために行った宣伝工作の事例なのだが、「宣伝品を撒く方法」のひとつとして挙げているのが、

> 各県の敵工部から敵区に持って行き、我々のコントロール下にある偽村長や偽情報員、それに我々が内々に築いた関係を通して敵の内部に持ち込むか、或いは敵の占領地区に貼る。(22)

というものである。楊大倫はこれに続けて、

> 実際には一部の偽人員は個人の安全を考え、敵が宣伝品の出所を追及してくるのを恐れ、密かに八路軍に内通していると疑われ巻き添えになることを恐れて我々の宣伝品をこっそり処分してしまうことも多く、実際に日本軍の手に渡ることは多くない。そこで、我々は「日本兵士覚醒連盟」(23)に所属する日本人を通して直接口頭で宣伝、説得することが多かった。(24)

とは述べているものの、共産党員が村長と人間関係を築いて宣伝物の受け渡しまで行っていたことは確かであろう。

このほか、先に見た馬東の回想に、共産党員が日本占領地区で自衛団長や区長になったという記述がある。前述の崔子明の伝記とも一部重なる内容である。

> 夏張村党支部書記の范景雲は偽区部に潜入し、（引用者注：日本占領下にあった山東省泰安県の）二区の偽自衛団団長になった。こうして、我々は表面的には敵偽に合わせつつ、実際には我が地下県区党組織の指示に基づいて敵に対して「合法的に」闘争を進めた。(25)

また、この泰安県二区の区長の人選が未定であるという情報を入手した崔子明は、ここに共産党員を潜入させようと画策した。

> 党組織は、頼りになり敵からも受け入れられる同志を一名送り込んで二区の偽区長の職務を奪い取ることにした。合法的な闘争を有利に展開できるよう、私に話を持ちかけ、私にその役目を演じさせることにした。そして十二の郷の偽郷長に連名で報告させ、泰安偽県政府に二区には同区内で区長を探して選ぶことを認めるよう要求し、速やかに人を派遣して二区の区長の選挙管理委員の役割をさせた。
>
> 県委員会がそれぞれ偽郷長の工作をしていたので、郷長会議で私は順調に二区の偽区長に選ばれ、泰安偽県政府から委任状が発行された。区部所在地に駐留する敵警備隊隊長の高沢に私が着任したと伝え、夏張村で正式に泰安県第二区公所（引用者注：役所）の看板を掛け、対外的に業務を始めた。同時に、私は泰安（西）県委員会（引用者注：共産党側の機関）に、すぐ偽二区公所へ多くの共産党員を派遣するように求め、頼りになる幹部が来て私の秘密工作を助けてくれた。(26)

このようにして、区長に選ばれることに成功し、区役所に共産党員を多く潜り込ませることに成功したというのである。

更には、日本占領地区の県長が共産党員だったという事例もある。先に触れた新民会庶務科長の李子屏の祖父、李東軒もその一例であろうが、以下は日本軍の内部資料である『剿共指針』に記録されているものである。

> 親日政権内に組織を持った代表的実例として、山西省祁《き》県県公署に侵入した敵工作の外貌を紹介する。
>
> （中略）
>
> 同県が我軍の勢力下に置かるるに至り初代県長王殿元（党員）は職員の赤化に努むると共に八路軍、偽県政府等に対する物資供給等の事に当ったが、次代県長史歩鰲《ごう》（支部書記、昭和十五年十月検挙）も亦《また》此《こ》の意図を継承し、昭和十四年十月以来、秘かに城内に日軍地区工作委員会を設け、県長自らその長となり、秘書、各科長を委員に各科委員以下を工作員に任じ、城内各商店より数回に亘《わた》り現金、綿布、靴等合計一万数千元を徴発、同会を通じ敵側に提供し、又各小組を通じ城内日軍及県警備隊の討伐出動を共産軍匪《ひ》に報告し、且《かつ》県財政、教育、交通状況を定期的に上級党部に報告した。

昭和十五年四月以降毎月一回県公署職員に軍事訓練を実施して居たが、之は実に反乱武装勢力の一助たらしめんとの意図を包蔵するものであった。

　県警備隊にはその成立以来共産分子を潜入せしめて居たが、昭和十四年九月以来第一二〇師政治工作員の協力を得て隊内に党員三〇名を獲得し、県警備隊第五支部を結成し、日軍及県警備隊の使用密偵を以て情報収集辦事処を秘設し、県城内外の日軍及県警備隊の装備、兵力、計画、行動等に関する情報を敵方に提供し、或は県公署支部宣伝班と協力して城内印刷屋で抗日宣伝ビラを印刷して撒布し、且之《これ》を偽装する為日軍並県警備隊の使用密偵を懐柔し偽情報を提報せしむる等の事に当った。

　県警察所内に於《お》いては初代県長の紹介により入党せる行政係長が専ら所員の赤化に当り、昭和十四年四月遂に警察所長を書記とする警察所支部を組織し、優秀分子は前記日軍地区工作委員会に加入せしめた。

　小学校内支部結成並抗日教育の目的を以て史歩鰲は又第一新民小学校長に共産党員を任用し、爾来該校長は県長並第一二〇師政治工作員と秘かに連絡し城内四箇の小学校長及職員を獲得し、城内小学校第二支部を結成し生徒に対する共産抗日思想の浸注に努力中であった。[27]

　県長が共産党員であることで、警察や学校にも影響力が広がり、共産党員が管轄地域内に増えていく様子が窺える記述である。

青年訓練所入所生を選んだのは誰か

　山西省臨晋県で組織された新民隊は、青年訓練所卒業生で組織し、その役割は「必要に応じ便衣（引用者注：平服のこと。特に戦闘服と区別して言う）着用せしめ各村に潜入、敵の地下工作員連絡者の摘発に当らしめる」[28]ことだという。新民会が育成した青年たちを動員して共産党の地下工作対策に取り組もうとしたわけだが、果たしてこうして育成、動員する青年たちが新民会にとって信用できるものだったのかどうかが問題となろう。

　日本占領地区で県長、村長、区長など、地方の行政の長に当たる職に就いている人物を共産党員が味方につけたり、或いは共産党員自身がその職に就いていたりした。このことは、日本占領地区の一部地域では、民衆動員工作を共産党員が担っていた、或いは共産党員がその工作を左右する影響力を持っていたことを意味すると言える。

ここで考えなければならないのは、前章で見たように、新民会の青年訓練所の訓練生を集める責任が、県長、村長など地方の行政単位の長に課されていたことである。前章で取り上げた『新民会青年訓練所実施要綱』を再度見てみると、青年訓練所の入所者は「地方行政機関又は分会長（郷村長或は保甲長《ほこう》）に有資格者の調査を依頼し其の保証推薦を俟《ま》って銓衡《せんこう》す」(29)とあり、「生徒の資格」として定めているのは、「各村の中堅人物たり得る優秀青年を以《もっ》て標準とす」に続き、「体格強健、思想純正、操行善良、悪習なき者」などとある。(30) 趙《ちょう》県青年訓練所についても前章で見た通り、「本県薛知事、小野顧問、郅《しつ》所長が、地域の安寧を保つため、また国家の基盤を育成するため、青年訓練を継続し、各村長に命じて優秀な青年を選抜させ、受訓させる」(31)とある。

だが、選んだ青年が「思想純正」で「優秀な青年」であるかどうかを保障する責任を負う県長、区長、村長など、行政単位の長がもし共産党員であったり、共産党側に協力する人物であったりしたならばどうか。青年訓練所に入れるにふさわしいと考えて選ばれた青年は、もしかすると新民会で日本の占領統治を支える青年としてふさわしいのではなく、共産党が抗日運動を進める上でふさわしい青年だったかも知れないことになる。新民会にとって都合の悪い青年を排除するための募集規定も果たして機能していたのか、疑わなければならない。そして、日本の占領統治を支持する仮面を被《かぶ》った共産党シンパの青年が青年訓練所へ、次に新民会へと入っていった可能性も考えられる。

実際に新民会の資料からも、青年訓練所に入所した青年に対して、新民会は警戒を緩めていないことが分かる。新民会訓練部からの指示には、「訓練所を敵に利用さるる勿《なか》れ、特に説明せす《ママ》、充分注意して募集し訓練後の動向を監視すべし」(32)とある。「訓練所を敵に利用さるる勿れ」とは、青年訓練所に対しても、共産党の地下工作が浸透していたこと、或いはその虞《おそれ》があったことを示していよう。前章で見た通り、青年訓練所の卒業生に対しても、「訓練所を修了せりと雖《いえど》も尚《なお》思想の動揺期にあり」(33)などと疑いの目を向け、新民会の活動に卒業生をつなぎとめるために定期的な訓練を継続していたが、そのことも警戒心の表れであろう。

新民会に気をつけろ

『剿共実務教案』を見てみると、共産党員がどのようにして日本占領地区に潜入しているか、また日本占領地区のどのようなところに潜入しているか、詳しく書かれている。

『剿共実務教案』上巻には、共産党員がいかにして日本占領地区でスパイ工作をしているかというと、

　工作員、密偵は何《いず》れも巧みに我占拠地区内に潜入し身分を偽装し日軍側機関、支那側警備隊、警察、自衛団、其の他新政権下各機関（新民会、治安維持会、小学校等）に就職し或は良民を装いて商業を営みつつ同志を獲得し逐次諜《ちょう》報網を拡充し各種情報の収集に努むる外《ほか》各種の方法を用う、細部に関する情報収集の要領を述ぶれば左の如し。(34)

とある。ここに新民会に就職するという記述が見える。
そして、その情報収集の要領とは、「工作員の偽装手段」として次のように書かれている。

　偽装帰順　支那人経営の食堂、旅館の傭人《ようにん》となる　治安維持会長となる　新政権下各機関に潜入就職す　銀行会社社員となる　日軍部隊又は機関の密偵、苦力、炊事夫に偽装潜入す　軍事施設周辺の土民に変装す　日軍部隊附近に写真屋、理髪店等を営む　小学校教員となる　小学校教員（女）となり部隊将校に支那語教授を口実に接近す　新政権下要人の経営せる商店の傭人となる　自衛団員、警務局員、青訓生となる　日本軍人多数集合する日人経営の料理屋食堂の給仕となる　良民を装う（歩哨、立哨場所にて皇軍に好意を寄せある如く見せ警備状況を調査）　洋車夫となり部隊附近に客待ち装う　盲目を装い妻子に手を引かれ部隊附近を徘徊す　行商人となる　旅館を経営す　料理店を経営す　雑貨商を営む　理髪店を経営す　ラジオ商を営む　乞食を装う(35)

新民会とは別組織の、日本軍が運営する青年訓練所も存在したことは次章で触れるが、ここに見える「青訓生となる」とは、恐らく新民会の青年訓練所に入所することを含んでいるであろう。
このように、共産党員がスパイ工作のために新民会に就職していることや、青年訓練所に入所していることが、日本側には既に認識されていたのである。
『剿共実務教案』下巻の方は、日本占領地区のどのようなところに共産党のスパイが潜入しているか、そしてその共産党のスパイをいかにして摘発するかを論じているが、そこに新民会の名前も出てくる。

　諜報目標を決定するには目的に応じ且つ中共の特異

性に鑑み其組織の有力分子が多数存在しあるべしと判断せらる現実の場所、団体又は階層等を自己管内に付十分研討し慎重且周密に較量決定せざるべからず。

　而《しこう》して如何なる場所、階層、団体等に中央分子が多く存在しあるやは其の偵諜目標の特性（例えば郷村支部なりや炭坑支部なりや、学校支部なりやの如し）文化の程度（市委なりや、農村を主とする県委なりやの如し）治安の状況（治安地区なりや、未治安地区なりやの如し）等によりて自ら異るは言を俟たざる所なるも一般に智識青年層、教員学生層、思想尖鋭分子、旧党員、新民会員、労工階層等の存在場所は潜入公算多きものとす、但し未治安地区に於ては目に一丁字《いっていじ》なき農夫と雖《いえど》も押しなべて党員たること多し。[36]

そこで、日本統治下の機関に「監察網」を設け、各種機関、団体に人員を配置して共産党のスパイ工作の動向を探らせようとするのだが、「中共策動の傾向に鑑み」て監察の主たる対象として挙げられているのは次の機関、団体である。新民会のものと思われる「青年訓練所」や「青年団」、そして「新民会員」もその中に入っている。

（イ）各種行政機関　　支那側、省、市、道、県、区、等各公署、商務会、農務会、塩務局、統税局
（ロ）交通、通信機関　　鉄道、自動車、水路、電信電話、郵政局等の各機関
（ハ）保安機関　　支那側治安軍、警察、路警、自衛団、帰順部隊等の武装団体
（ニ）教育機関　　大、中、小、学校教員、大、中学生、青年訓練所
（ホ）政治、文化、宗教団体　　新民会員、基督《キリスト》教徒
（ヘ）軍管理工場、其の他の特殊工場、鉱山等の従業員及其の居住地
（ト）民衆組織　　青年団、其の他市、区、郷、村、に於ける智識青年層よりなる団体等
（チ）旅社、飯店、大商店等[37]

『剿共実務教案』下巻の方は新民会員のいるところに共産党のスパイが潜入しているというもので、共産党員が新民会員になっているという直接的な表現はしていないが、上巻の記述と併せて見るならば、共産党員が新民会に就職したり、青年訓練所に入所したりして新民会の一員となることで組織内部に潜入しているものと見て良かろう。新民会員というのは共産党員かも知れないものだから気をつけ

ろと、日本の憲兵隊の間では新民会自体が警戒対象になってしまっていたのである。
加えてここで注目したいのが、知識青年層や農民を警戒対象として挙げていることである。

二 油断ならない青年たち

国民党統治時代のまま

ここで視点を変え、新民会や日本軍が日本占領地区の青年たちにどのような眼差しを向けていたのか、確認しておこう。

新民会設立に関わり、新民会で要職を務めることになる小澤開作は、第1章で触れたように、満洲国の協和会を離れた後、一九三六年に既に北京に入り、抗日の気運が高まる中で現地の中国人学生たちに対する親日思想工作を行っていた。盧溝橋《ろこうきょう》事件勃発後間もない一九三七年七月に、満洲国で満洲青年聯盟時代から活動を共にした元協和会の山口重次《じゅうじ》に対し、次のように語ったという。

山口君、日支《にっし》の戦争をやりながら民族協和の思想施策をすることは、非常に難しいなあ。私のところに、いま、三百人ほどの北京のインテリー青年が集まっている。永い間の内乱に苦しんでいるせいもあって、民族協和に共鳴していたのだが、日支事変が始まってやってきた日本軍の軍紀があまりに悪いもんだから、日支協和に疑問を抱いて憤慨している。毎日、朝から晩まで、日本の兵隊が無銭飲食をしたとか、品物を持って行って金を払わないとか、女に手を出したとか、老人を殴ったとか、つぎからつぎ苦情がきて気が遠くなりそうだ。民族協和に賛成していた青年たちも、そうしたことに反感を持って去って行くんだ。私は、夜、独りになって、何んのために三年間苦しんできたかと思うと情けなくなる。(38)

新民会が活動を始める以前から、日本人が進める親日思想工作に対して、既に現地の中国青年たちが不信感を持っていたことが窺《うかが》える。
日中全面戦争の勃発後、日本の占領統治下で暮らすことに反発した華北の多くの青年たちが、国民党統治区や共産党統治区に逃れた。だが、日本占領地区に残った青年たちとて、反発しなかったからそこに残ったわけでは必ずしもない。以下に挙げる『新民報』の記事が報じるところによると、新民会の認識は、日本占領下華北に残った青年たちも、多くはかつて国民党による党化教育を受けており、優秀な青年の多くは国民党籍であるという。臨時政府教育部は各学校や省、市政府に訓令を出し、「かつては（中略）多くの有為な学者や優秀な青年は党籍を持ち、偽物の愛国をいたずらに追いかけ、愛国の真諦《てい》など知らず、学を捨てて政治に走り、前途を誤った青年が至るところにいた」[39]とし、臨時政府は教職員や学生に党籍を持つことも一切の政治活動に参加することも禁止する措置に踏み切った[40]。それはこうした青年たちの思想状況を警戒してのことであろう。

　興亜院が河北省定県の政治状況を調査した資料によると、同地の「教育の方針」は「中国固有の文化道徳の恢《かい》復及び東亜新秩序の建設をもって教育方針となし、以て既往党時代の誤謬《びゅう》思想を一掃せんと期す」と、戦前の国民党による党化教育の影響を除くことを課題としている。更に「民心の動向」については、「久しく党時代の教育を受け思想不純なり」[41]と評価するなど、日本占領下に入ってからも現地民衆に党化教育の影響が残っており、それは日本が占領統治を進める上でも警戒すべきものだったことが分かる。なお、この定県は一九二六年から一九三六年まで、近代中国の著名な教育者である晏《あん》陽初が平民教育運動を進めた実験県として知られている。平民教育運動は、識字率の向上や農業教育、衛生教育に加え、公民教育として国民意識の昂《こう》揚、ひいては抗日運動も行っていたとされる[42]。そのためこの地は、日本の占領統治にとって特に警戒対象となっていたようである。

　河北省新民会指導科長の田中辰は、青年訓練所を視察した際の訓練生に対する訓話の中で、次のように述べている。

> 私は華北の任務に当たって既に数年、青年たちの動向に非常に関心を持ち、特に農村の青年たちに注意を向けてきた。私の考察したところ、ここ数年来、二つのあまり宜しくない現象が見られる。それは、半分の青年は党化教育を受けて麻痺させられ、世界の大勢、東亜の大局、そして中国の国情のいずれに対しても正確な認識を持たず、更に共産党の様々な邪説の宣伝を受け、思想が純正にならないだけでなく、行動まで誤った方向に迷い込んでいる。また半分の青年は、国家や社会の一切のことに全く関心を持たず、日常はただ退廃した生活あるのみだ[43]。

　また、河北省の新民会呉《ご》橋県指導部の工作報告にも、「一般青年が受けた党化教育の影響があまりにも大きいことに鑑み、適切な指導訓練をしなければ容易に国民党や共産党に利用されてしまう」[44]という危機感が見られる。

青年訓練生の「猜疑心」

新民会元氏県指導部の報告によると、農村青年に関しても、「農閑期に各農村青年を部落毎に集合せしめ、一週間乃至《ないし》十日間の精神訓練をなし農村青年に新時代を認識せしめ彼等より各種の猜疑心を除去せしむるを目的とす」[45]とある。ここでいう「各種の猜疑心」とは、日本の占領統治に対する不信であろうし、それは言い換えれば国民党か或いは共産党への支持とも言えるかも知れない。新民会は、農村青年も日本の占領統治を進める上で不都合な思想を持っていることを前提に、青年訓練を計画していたことが分かる。

青年訓練所に入所した青年は、行政による事前調査を踏まえた農村の「地方優秀青年」であるはずだが、必ずしも条件に合った、新民会から見て問題のない青年たちばかりとは限らなかったようである。河北省指導部では、「県青訓生は多く郷村に居住し、見聞浅く思想固陋《ろう》」[46]との報告がなされている。入所してからの青年たちに対しても不満を持っているのである。これは次章で検討することと関わるが、教育水準や思想面などでは新民会にとって要求に満たない青年も入所させていた実態は、指摘しなければならないだろう。

青年訓練所の卒業生に対しても新民会が懐疑の目を向けていたことは、前章でも触れた通りである。このことは、繆斌《みょうひん》の次の言葉からも読み取れよう。青訓主務者連絡会議での中央指導部長としての発言である。

> 想うに今日の治安不良は不純なる思想及び国共合作の弊害のみでなく、実は経済恐慌に依る厚生事業の不振に基因することを見逃せないのであります、然《しか》るに国共合作の弊は今尚《なお》完全に粛正するに到らず、友軍（引用者注：日本軍を指す）の為に敢《あえ》なく撃退された彼等の一部は現に各地に潜伏しつつある状況であります、従って各地青訓生は友軍に協力し或は自ら進んで自衛の責を負うの覚悟が必要であります。[47]

前章でも触れたように、新民会が農村復興を重視していたことにも関わる発言であるが、ここで注目したいのは、日本占領地区に国民党員や共産党員が潜伏していることへの警戒である。その上で注意すべきことのひとつとして、繆斌は「青訓卒業者は新民主義を完全に理解し実践しつつありや否や、又は彼等の思想的動向如何」を挙げる。[48]青年訓練所で教育を受けた者が、潜伏している国民党員や共産党員の味方に寝返ってしまわないかという不安も見て取れる。

内通の虞《おそれ》あり

こうして見ると、新民会にとって占領地区の青年たちは、動員の対象であったと同時に警戒の対象でもあった。そこで、警戒して遠ざけておく青年と、組織に取り込む対象として重視する青年とを、戦前から続く国民党の影響、或いは地下工作を行う共産党の影響の受けやすさを基準に、区別しながら青年動員を進めていくことになる。

まず、河北省の真定道三県で青年訓練所卒業生を中心に組織された武装青年組織である、剿《そう》共青年先鋒隊について見てみよう。これを取り上げた『新民報』の記事では「治安強化運動戦線の前途に大いに期待」(49)というくらいの説明しかないのだが、治安強化運動とは、臨時政府を継承した華北政務委員会が発動し、日本軍が実施した共産党に対する掃討作戦のことである。一九四〇年三月から一九四二年十二月までの間に五回行っており、中国の一般民衆を含めて犠牲者を出した一方、日本占領地区内では思想宣伝工作を集中的に実施した。そして新民会もこれに協力した。新民会の機関誌『新民運動』には、この剿共青年先鋒隊に関する資料が新民会真定道辦《べん》事処の署名で掲載されているのだが、そこで「貧民無頼漢《ぶらいかん》等通匪《ひ》の可能性を、《ママ》有する者の監視」を剿共青年先鋒隊の情報工作のひとつとして位置づけている。(50)ここで「通匪の可能性」、即ち共産党に内通している可能性のある者として「貧民無頼漢等」を挙げていることに注目したい。

一九四一年下半期の新民会の工作方針として、次のような内容が提示された。

分会組織及指導の重点構成は、第一に敵地下勢力に対し又攻勢を取るための拠点村落又は地区に置き、特に敵地下工作が現に進攻せんとしつつある地区は、全力を挙げて分会の政治的組織的防塁を構築すべし。その反共意欲喚起の主要題目は、人命財産に対するテロの防衛、穀物金銭徴発の防遏《あつ》たるべく、特に富裕なる子弟に対して、速やかに反共政治訓練を施し、之を武装自衛団に編成し、近傍《ぼう》村落に於《お》ける通匪可能性ある貧民無頼漢、青年インテリ、敵地区と縁籍関係ある者、その他に対する督察、通匪者、地下工作員の摘発、牒《ママ》報（引用者注：正しくは「諜《ちょう》報」だと思われる）活動に集中すべし。(51)

ここでも同じく「通匪可能性」のある者と言えば「貧民無頼漢」や「青年インテリ」が挙げられていることに加えて、注目したいのが「富裕なる子弟」を「武装自衛団」に編成して「通匪可能性」のある者の摘発に当たらせようとしていることである。また、同工作方針では続けて「就中《なかんずく》小学校教員等インテリ分子を獲得すべし。但し接敵地区に於《おい》ては督察の対象たるべし」(52)とも述べている。このほか津海道辦《べん》事処の署名で『新民運動』に掲載された論稿でも、

郷村に於ける小学校教員の動向は我等の工作に至大な影響を持つ、其故に八路《はちろ》軍でさえ小学校教員の獲得に力を注ぐのだ、従って接敵地区の教員は通匪の嫌疑の下に特察の対象となるが比較的治安の確保されている処では凡《あら》ゆる努力を傾けて学校教員を獲得し絶えず之と接触を保って、その思想動向を注視すると共に之を我等の側に誘導して然る後逆にいつも民衆特に青年層への精鋭的主動の役割を果さしめねばならぬ。(53)

と、同様の見方が示されている。小学校教員は味方に取り込もうとする対象であると同時に、警戒対象でもあった。

新民会の全体聯合協議会でも、『新民運動』掲載の記録によると、教育に関する議論の中で、「現在共産思想をはじめ邪説が横行し、無知文盲の農民はこれに悪化されるおそれなしとされぬ」(54)との発言が見られる。続けて『新民運動』を見ていくと、河北省元氏県における「青年団浄化粛正作業」なるものについて論じられている。既に入団させた青年を、後に条件に合わないといって退団処分にしたというのだが、ここでは八箇村の青年団員二百七十四人中九十二人を退団させたという。この論稿を執筆した宮崎菊次は、退団させた青年について、「素質性格低劣にして新民青年団員としてふさわしからぬ者」と「貧困にして雇役等のために、青年団員としての、特に自衛情報任務の随時随所の機敏な活動奉仕が、家庭上の大きな負担苦痛となる者」の二つを挙げている。(55)

後者の理由である貧困層の青年団員についてであるが、宮崎は青年団について、その前に次のようなことも述べている。

青年団幹部を中核とする指導勢力も前述の分会指導勢力よりもずっとより多く中農層に重心が存るであろう事は、青年層の指導力は、伝統的又階級的勢力から離れても成立し得る一般的傾向から推して結論され得

る。併《しか》し決して貧農層にその重点は在り得ないであろう。貧農の子弟は労働のために活動力を拘束されるからである。(56)

これだけを見れば、単に貧困層の青年の置かれた生活苦を考慮した措置にも見えるが、宮崎は、

除斥された極貧農青年は一応会の組織的影響から遠ざかるのであるが、この極貧農の青年こそ共産党の牽引に対して尤《もっと》も抵抗力の無い階層である。(57)

とも敢えて付記している。貧困層の青年が共産党の抗日宣伝の影響を受けやすく、警戒している様子がここからも読み取れる。

一九四一年の下半期工作方針で、新民会は「各主要都市の商業分会及その青年団には敵匪物資ルートの発見摘発の任務を課すべし」(58)という工作方針を掲げている。青年団に「敵匪」の地下工作防止の役割を課していた。したがって、青年団の構成員となる青年が、共産党へ容易に寝返る青年であってはならなかったはずである。

中心に据えるべき青年は

更に注目すべきは、青年団は地主、富農の子弟を中心にすべきだという方針である。これは前章の最後に触れたことだが、共産党の地下工作への対策としてこうした階層の青年を中心に組織化するという意味で言われている。新民会の工作方針には、

共匪摘抉《けつ》の工作は新民青年団の反共政治訓練の実習として実行せしめよ。新民青年団は中層以上を組織し、当面地主及び富農の子弟を以て中核乃至指導者とすべし。

地下共匪摘発のために特別に秘密専任者を置くべし。特に地主の子弟たるを要す。(59)

とある。新民会としては、共産党に対抗するため、地下工作を進める共産党側の味方についてしまわない青年を選ぶ必要があり、その役割を見込める階層とは地主や富農だという認識だったのであろう。他にも、先に続いて宮崎菊次が共産党の地下工作を防ぐための特察工作について論ずる中で、

村落内部の地下工作に対する特察機能は、十二分に政治的意識的に訓練された新民青年団より他に之を成功的に全面的に――部分的には憲兵の密偵で可能であろうが――担当し得るものは無い。

とした上で、「数の多い村落の青年団のうちには、富農及《ママ》至（引用者注：正しくは「乃至」か）地主の子弟中から特察隊を編成」[60]するのが良いという記述が見られる。

宮崎は更に次のように述べている。

> 貧農層は、共産党に対する限りその本質上最大の弱点であり、随《したが》って敵党の攻撃の目標であるからである。（中略）
>
> 反対に貧農層を基礎とした場合は、或《あ》る種の能動性は確保されるであろうが、村落を大衆的に率いる事は極めて困難であり、又敵の政治的謀略にその弱点を曝《さら》すであろう。（中略）
>
> 然るに中農層は、村落にその範囲を限定するならば、既に村落の勢力関係に重要な若《も》しくは決定的な比重を占めている場合が多く、又封建的勢力と特別に反発するものでなく、多くの協同体を示して居り、又貧農に対しても之を疎外するものでない。[61]

寺神戸《てらかんべ》茂[62]は『新民運動』で、新民会のテーゼにも、分会は「吾等《われら》は華北農民の多数を占め将来華北農業発展の主要担当者たる自作中農を政治的基幹部隊とし、それに依拠する」[63]と規定しているという。これに関して、新民会と共産党との言わば民心獲得競争の主たる舞台が農村になるとした上で、次のようにも述べる。

> 我々は、中国共産党の農村に於ける政治的立場は、その本来の指導原理に立脚して貧農階級の上に置き、土地革命を目標としつつある事は既述した通りである。併し乍《なが》ら、新民会は、共産主義と同一の土地革命を農業綱領とはし得ない。それと同時に、資本主義的方向も亦《また》会の本質と相容れない。即ち新民会は、資本、共産両主義を止揚する、という運動の二重的方向を堅持するのである。
>
> その社会的基礎を新テーゼは自作中農の上に決定した。[64]

これに関して確認しておくべきなのは、津海道辦事処の署名で『新民運動』に掲載された論稿ではこの点につき次のような見解を述べていることである。

民国三十年度組織重点指導要綱に「自作中農を政治的基幹部隊として我等はそれに依拠する」と記されている事に関してそれが恰《あたか》も中共が貧農を基礎として立っているのに対し、会（引用者注：新民会のこと）が中農を基礎として立つと言う会の階級性を規定するものとする意見を持つ者がある、然《しか》し乍ら此《この》見解は該指導要綱の熟読不足に由来する誤れる見解であろう、会は特定の階級的基礎の上に立つのではなく飽く迄《まで》全体としての民衆の基礎の上に換言すれば国民組織の体系の上に立つのを理想とするのだ。（中略）

「自作中農を政治的基幹部隊としてそれに依拠する」とは自作中農が歴史的に又現実の経験として政治的能動性を豊富に有し強靭《じん》なる組織的力を具え旧勢力、又は貧農との関係に於て円滑なるものを有して居り村落大衆を起動せしむる有利なる槓杆《こうかん》としての性能を具有しているが故《ゆえ》に我々は之に依拠する事によって富農地主や貧農を我等の側に獲得し得、従って分会の自然村落内に於《お》ける大衆性を獲得し得るに至るものなる事を指示するに他ならない。(65)

これらの論稿を見ると、貧農層が共産党の影響を受けやすいという懸念について論じているが、新民会は貧農層を排除するのではなく、ゆくゆくは貧農層も味方に引き入れようとしていることにも留意する必要がある。

だが、そうは言ってもやはり貧困層が共産党に内通し得るという疑念が払拭しきれないことも読み取れる。寺神戸は共産党が農民を味方につけていくのに対抗して、「新民会の意図する政治的方向に、具体的に青年を動員する」必要を説く中で、青年の自衛組織の武装問題についても、

此《こ》の組織に於て、特殊の条件として、土地と家族を有し村落に於ける自立的耕作農民である事が武装し得る範囲と規定され限定されねばならぬ。

此の限界は当分厳密に守られねばならぬ。それ以外の者は敵対勢力への転化の危険を予想せしめ得るからである。(66)

という。

共産党の抗日根拠地では、一九三九年から一九四〇年頃にかけて、共産党による地主や富農に対する攻撃が激化した。その結果、多くの地主や富農が抗日根拠地から日本占領地区へ逃亡したり、日本軍に投降して日本側に協力したりする事態になったという。(67)日本占領下における地主や富

農を反共工作の中心的な担い手とすべき存在として着目された背景については、この点も踏まえる必要があろう。

しかし、もうひとつ考えるべきは、地主や富農の子弟を中心に取り込むという方針が、新民会にとってそもそも最善の策であったかという点である。新民会職員の谷村正二は回想録で、赴任地である河北省元氏県で職員として採用した現地青年について、「六名の優秀な現地青年を採用することができた」ことを成果として捉えつつも、

> 但し、これらの青年の全部が地主乃至富農の子弟であったことが、私達の工作の宿命と云《い》うものではないかと、遠く去って帰らない日を偲びつつ思い出すことです。(68)

と述べている。ここに書かれている「私達の工作の宿命」という表現に込められた思いは明確には読み取れないが、およそ多様な立場の青年を取り込みたくとも限界があったと言いたいのであろう。

三．青年総動員へ

新民青少年団へと発展

これまで見てきたように、新民会は青年たちを動員するにあたって、共産党や国民党の影響に注意を払って青年を選別していた。しかし、実際の動員はその方針通りに展開したわけではなかった。

新民会の青年動員工作は、組織化の拡大へ、より広範囲の階層の青年を組織に組み込む方針へと移行していった。青年訓練所の訓練生の受け入れも、徐々にその対象を広げている。

一九四〇年八月二十日の『新民会報』に掲載された「訓練部関係指示事項」を見ると、青年訓練所は非識字者や女性もその訓練対象へと門戸を拡大した。まず「従来〇〇県青年訓練所とありしを〇〇県訓練所と改称す。何となれば爾今《じこん》訓練所に於《お》ける合宿訓練対象を青年に限定せざればなり」とした上で、訓練対象を「一、青年（分中卒、小卒、不識字三種）」、「二、婦女（分識字、不識字之両種）」、「三、少年（分識字、不識字之両種）」、「四、少女（分識字、不識字之両種）」、「五、教員」、「六、郷村長及び郷村吏員」、「七、保甲《ほこう》長及び自衛団員」、「八、分会員或はその子弟」に拡大

している。そして国語教育も「特に不識字者に対し必要なり」として訓練内容に加えている。(69) これまで見てきた一定の学歴を条件とした青年訓練所の募集規定と比べると、大きく変化している。

　青年団と少年団にも、組織対象の拡大が見られた。地方でも、新民会河北省総会では指導要綱で団員を増やすため、一九四一年から「凡《およ》そ十五歳以上二十五歳以下の成年男子は全て新民青年団に登録する」と、省単位で青年団員として現地の青年たちを全員登録し、(70) 山西省では省で青少年団の一元化する動きが見え始めていた。(71)

　華北全域での大きな動きとしては、一九四二年十月から同年十二月まで行われた第五次治安強化運動の一環として、一九四二年十一月に新民青少年団が成立したことである。華北政務委員会は第五次治安強化運動にあたって「各階級の青少年男女を主要な工作対象とする」(72)と定めていた。その前段階でも既に華北政務委員会と北支那《きたしな》方面軍は双方とも、「民衆組織の拡大強化（合作社の拡充強化、青少年団、婦女会、労工協会等の拡充訓練）」(73)と、青少年団の訓練を拡充する計画を打ち出していた。

　新民青少年団は、日本占領下華北全体で統一した青年組織として成立したものである。農村では地域別に、都市では学校別、地域別、職域別、職業別のいずれかで編成された。(74) 新民青少年団の設置に伴い、青年運動を統括する機関として新民会中央総会に統監部を設置し、統監は新民会会長、副統監は新民会副会長と華北政務委員会教育総署督弁、そして中央統監部の最高顧問は新民会の最高顧問が兼任した。(75) そして「精神訓練」、「生活訓練」、「奉仕訓練」、「国防訓練」などを進め、(76) 青年たちを動員できる体制を築こうとしたものである。『新民運動』では、これは「国民総動員体制の確立を促進せしめんとするもの」だと説明し、(77) 新民青少年団の「青少年運動指導要綱」の指導目標のひとつにも、「青少年運動の経済活動は各々其《そ》の本位に基く勤労奉公精神の発揚、節約増産の実践以《もっ》て新経済体制建設の助成に在り」というものがある。(78) 労働動員を目的に組織化した側面も見て取れる。

　新民青少年団は、『新民会報』掲載の「中華民国新民青少年団組織規則」によると、日本語と中国語の両方が併記されているのだが、(79) 日本語では「新民青少年団々員は満十二歳より十五歳迄の中華民国の少年とす（引用者注：正しくは「新民少年団々員」か）」、「新民青少年団々員は満十六歳より二十八歳迄の中華民国青年とす（引用者注：正しくは「新民青年団々員」か）」と書かれており、該当する年齢の青年全員が加入するという表現は見当たらない。これに対して中国語では「凡年満十二歳至十五歳之中華民国少年均為新民少年団団員」、「凡年満十六歳至二十八歳之中華民国青年均為新民青年団々員」であり、「均」の文字が入っているため、全員を団員にするものとも読み取れる。[80] これを見る限り、村長や有力者による推薦や保証などを経て団員になるといった規定はしていない。つまり、実際に全員加入させたとまでは確定できないにしても、現地の青少年全員を一律に加入させることができるように変わっているのである。新民青少年団が結成された翌月の『新民運動』掲載の「会運動基本方針」には、「青少年団体は全ての青少年を対象とし、組織、訓練に分ち以て動員体制を完成せんとす[81]」とある。

だが、『新民運動』に掲載された「新民青少年団結成計画書」には、上記のものとはやや異なる規定が見える。同計画書にある「新民青年団本則」では、「青年団員は中華民国国民にして本団の目的達成に邁《まい》進せんとする概ね十七歳乃至《ないし》廿五《にじゅうご》歳の男子にして所定の入団手続を為したる者を以て構成す[82]」と、対象年齢も上記の『新民会報』の記載内容と異なる上、入団には一定条件を設けているかのように思わせる規定があり、加えて「青年団に入団せんとするものは所定の入団願を団長に提出し認可を受くべし」、「団員にして退団又は転団せんとするものは団長に退団願又は転団届を提出すべし」などともあり、新民会側から青年たちを組織に強制的に組み込もうとしているようには見えない。[83] これは新民少年団についても同様で、同計画書にある「新民少年団本則」には「少年団は概ね十二歳乃至十六歳の男子にして所定の入団手続を為したる者を以て構成す[84]」、そして「新民少年団本則施行細則」には、「少年団に入団せんとする者は保護者連書の上所定の入団願を団長に提出すべし」、「団員にして退団又は転団せんとする者は保護者連書の上団長に退団願又は転団届を提出すべし」などの規定が見える。[85] 但し、学校単位で組織する青年団については、「本団は北京特別市○○学校に在学する全学生（生徒）を以て組織す[86]」、同じく少年団についても「本団は○○学校に在籍する第○学年以上の全学生（児童）を以て之を組織す、（本団は○○学校に在籍する全学生（児童）を以て之を組織す）学生（児童）は入学又は進級を以て入団し卒業又は退学を以て退団するものとす[87]」とあり、学校では強制一律加入の方式を採っていたようである。

このほか、「新民青少年団結成計画書」は、新民青少年団は、地主や富農を中心とするという表現ではないが、富裕層を中心としつつ、徐々に貧困層へと対象を広げていく方針を示している。同計画書の中の「新民青少年団暫《ざん》行訓練並ニ指導要綱」を見ると、訓練に関する注意事項として「訓練の各項目は之を劃一《かくいつ》的に全団員に授くることを避け、団員の日常生活に即応して適宜訓練項目を選定し最も卑近にして且《かつ》実際的なる方法より着手して漸次《ぜんじ》訓練を組織化系統化すると共に、之を青年塾に帰一せしめ全団員に施す如《ごと》く工夫するものとす」[88]として、その例として「識字訓練を為す場合比較的生活に余裕ある富裕者の青年に対して先《ま》づ行い、其の活動によりて漸次之を全般に及ぼす如く、特別に貧困者の青年に負担を掛けるが如きことを避くるが如し」、「生活困難者に対しては現に生活困難を救済するが如き副業訓練の如し」[89]などを挙げている。以上のように、強制一律加入であったか否かには疑問があるものの、貧困層の青年たちの組織化については、まず生活困難が解決してからだとしつつも、組織化の対象から除外しようとはしていない。

だが、『新民報』によれば、一九四四年一月に前年の成果として、

> 各地の青少年は階層、地域、職業を分かたず、学校の青少年か、農工商の青少年かも関係なく、日常訓練のほか、随時緊急動員、労働奉仕、観閲も行い、その精神はますます奮い立っている。現在までで青少年団（引用者注：正しくは「青年団」か）は六万三一八二、人数は五一万七八一七人、少年団は一万五三七七、人数は三〇万四一五八人、少女団は二〇五二、人数は八万八七二五人、女子青年団は四八、人数は二四九二人、婦女会は一一四二、人数は一三万六五四三人に達している。[90]

と、人数が書かれている。一億人と言われる日本占領下華北の人口のうち、この合計人数で全ての若年層を網羅していたとは思えない。実際に新民青少年団に引き入れられた青年は、まだ限定的だったのではないか。

階層を分かたず団結せよ

とはいえ、階層に関係なく大同団結せよといったスローガンが、日中戦争末期に近づくにつれ、盛んに打ち出されるようになった。一九四三年十二月の『新民報』は、

> 華北の青少年運動は去年十二月八日の新民青少年団の結成から新段階に入った。新段階の青少年運動は、区域、性別、職業、党派を分かたず、全ては国家観念の昂《こう》揚と民族意識の誤りを正すことを前提とするのだ。[91]

と、また、

今後華北一億の民衆は、大東亜戦争三年目が勝利の年となることを信じて団結一致し、全華北で国民運動を展開しなければならない。都市と農村、青年と老人を分かたず皆動員し、戦時下の国民の責任を分担しなければならない。[92]

とあり、更に、

全華北の青少年は、階層、地域、職業を分かたず、学校の青少年であれ、農業青年、工業青年、商業青年であれ、皆会の運動の統一した全体の立場に立って邁《まい》進している。[93]

などとも論じられている。

新民会宣伝局長などの要職を務めた陳宰平[94]も、一九四四年八月の『華北新報』で、

中国の革新運動は、党派、階級、職業、地域、様々な偏見を排除しなければならず、大同団結の精神に基づき、対外的には全民族の利益を代表し、対内的には全国民の利益を代表し、このようにして初めて新中国建設の任務を果たすことができる。[95]

と述べている。ここには、様々な立場の青年たちを、その立場の差異を越えて一律に動員しようという方針への転換が見られる。

一九四三年の新民会の運動基本方針では、「国民大衆を指導し、建国意識をもって、一切の党派意識、階級意識、封建意識を克服し、建国路線に向かって邁進する」[96]とあり、続けて「青少年運動は都市と農村の各階層で普遍的に展開し、会運動を推進する主力とする」[97]という。一九四五年になると新民会の工作方針は、「青少年工作の重点は、興亜総奮起運動[98]を継続することにあり、都市から農村へ自衛を中心に進展させ、農村青少年団をしっかりと結成する」[99]とある。都市と農村の区別も取り払って青年運動を広げようというのである。

こうした青年動員の方式の変化の背景に何があったのであろうか。第1章で、この時期から新民会が「国民組織」を目指して組織を拡大し、会員数を増やしていったことに触れたが、新民青少年団の成立をはじめとする一連の青年動員にも、それが反映していよう。だがもう一方で考える必要があるのは、これは新民会にとって組織の基盤を固め、組織を拡大することに成功したということなのかどうかで

ある。青年訓練所にせよ青年団にせよ、元々規定を設けて条件に合う青年を選抜して教育する仕組みにしていたとはいえ、そもそもその規定は機能していたのかという現実の問題もあろう。こうした問題に目を向けることで、組織の拡大の実態ももう少し見えてくるかも知れない。次章では、動員される側の青年たちが新民会をどう見ていたかという視点を含めながら、青年動員の実態に更に迫っていきたい。

---

(1) 防衛庁防衛研修所戦史室『北支の治安戦』第二巻、朝雲新聞社、一九七一年、一七五頁。
(2) 志摩修吾「如何にして香河県、通県の武装自衛団は結成されたか」『新民運動』第二巻第八号、一九四一年八月、五〇頁。
(3) 岡田春生編『新民会外史』後編、五稜出版社、一九八七年、一七八、三一四頁。宮崎菊次は同志社大学在学時に京都学連事件で検挙される。日本共産党に入党し、三・一五事件でも検挙される。出獄後、一九四〇年に中国へ渡り、新民会中央総会組織部参事。京都学連事件と三・一五事件による宮崎菊次の逮捕については岡本康『革新京都の先駆者たち』つむぎ出版、二〇〇八年、二一七頁と、奥平康弘『治安維持法小史』筑摩書房、一九七七年、七三頁を参照。また、伊藤晃『転向と天皇制』勁草書房、一九九五年、三一二頁が、転向左翼の新民会員として名前を挙げている。近代日本社会運動史人物大事典編集委員会編『近代日本社会運動史人物大事典』第四巻、日外アソシエーツ、一九九七年、四七三—四七四頁にも人物説明がある。広中一成『ニセチャイナ』社会評論社、二〇一三年、三一七頁でも言及している。
(4) 宮崎菊次「工作雑感（一）」『新民運動』第二巻第七号、一九四一年七月、四二—四三頁。
(5) 北支那派遣憲兵隊教習隊『剿共実務教案』上巻（中国共産党）、一九四二年、一四八—一四九頁。
(6) 李先賢「回憶衛西工委及四県工委的対敵闘争」張玉鵬、張文傑主編『冀魯豫辺区敵軍工作』河南人民出版社、一九九五年、四四三頁。
(7) 王平「晋察冀辺区軍民反〝掃蕩〟反〝蚕食〟反〝封鎖〟闘争」『晋察冀抗日根拠地』史料叢書編審委員会、中央檔案館編『晋察冀抗日根拠地』第二冊（回憶録選編）、中共党史資料出版社、一九九一年、三一五頁。張経五「折散敵偽叛頑向我聯合進攻的一例」、前掲『冀魯豫辺区敵軍工作』四一一頁。解宝成「憶高唐〝成豊車行〟秘密情報聯絡站」同、五三九—五四〇頁。
(8) 甲集団参謀部『剿共指針』第二巻、一九四四年、五三頁、「第二編　作戦警備／附録第三　敵地区に於ける掃蕩実施要領」ＪＡＣＡＲ（アジア歴史資料センター）Ref. C13070346100、第七画像目（防衛省防衛研究所）。
(9) 一九四一年から内部発行されていた雑誌で、前出の一九四四年の同名資料も日本軍の内部資料であるが、それとは別物。
(10) 「冀東地方に現れたる敵の所謂偽軍偽組織工作」、『剿共指針』第七号、一九四二年一月一日、二三—二四頁。
(11) 李哲人「敵占区工作経験」、『共産党人』第一四期、一九四一年一月、二九頁。
(12) 申芝蘭「青年工作与党的領導」一九三九年九月、山西省檔案館編『太行党史資料彙編』二、山西人民出版社、一九八九年、五三三頁。
(13) 川田友之編『解説新民主義』大陸社、一九三八年、「共産山西の徹底粛清」頁数なし。
(14) 「中共中央北方局、第十八集団軍野戦政治部関於冬季政治攻勢的指示」一九四二年十月九日『中共中央北方局』資料叢書編審委員会編『中共中央北方局』抗日戦争時期巻（上冊）中共党史出版社、一九九九年、四五〇頁。
(15) 「中共中央関於城市工作的指示」前掲『冀魯豫辺区敵軍工作』五四頁。
(16) 馬東「戦闘在敵人心臓」、前掲『冀魯豫辺区敵軍工作』三二八頁。
(17) 濮陽県委党史辦公室「濮陽敵偽軍工作綜述」、前掲『冀魯豫辺区敵軍工作』六五二頁。

(18)同右、六五四頁。
(19)同右、六五四―六五五頁。
(20)同右、六五二―六五三頁。
(21)政協泰安市委員会、政協泰安市郊区委員会編『崔子明』山東省新聞出版社、一九九五年、一九三頁。
(22)楊大倫「魯西北的敵偽軍工作」、前掲『冀魯豫辺区敵軍工作』二六八頁。
(23)共産党の八路軍の捕虜となった日本兵らによる組織で、共産党の下で対日本軍工作を行った。このような中国において日本兵らが展開した反戦運動については、藤原彰、姫田光義編（一九九九）など参照。同書は関連文献も紹介している。
(24)楊大倫「魯西北的敵偽軍工作」、前掲『冀魯豫辺区敵軍工作』二六八頁。
(25)馬東「戦闘在敵人心臓」、前掲『冀魯豫辺区敵軍工作』三二八頁。
(26)同右、三二七―三二八頁。
(27)「敵地下工作の一例」『剿共指針』第一号、一九四一年六月十五日、一五―一六頁。
(28)中央訓練処第二次綜合訓練第四区隊「臨晋県靖郷新民隊に就て（特別自衛隊）」『新民運動』第二巻第四号、一九四一年四月、一一五頁。
(29)前掲『新民会青年訓練所要綱』一七頁。
(30)同右。
(31)「各地簡訊」『新民報』（北京）一九三九年十月二十二日、六面。
(32)「訓練部関係指示事項」『新民会報』第七二号、一九四〇年八月二十日、五一頁。
(33)新民会中央指導部『新民会工作大綱』一九三九年、六二頁。
(34)北支那派遣憲兵隊教習隊『剿共実務教案』上巻（中国共産党）、一九四二年、一五一頁。
(35)同右、一五二―一五三頁。
(36)北支那派遣憲兵隊教習隊『剿共実務教案』下巻（剿共警務実務）、一九四二年、一一頁。同様の主旨の記述が『剿共指針』にも見られる。甲集団参謀部『剿共指針』第二巻、一九四四年、九六―九七頁、「第三編　対共情報（一）」ＪＡＣＡＲ（アジア歴史資料センター）Ref. C13070346200、第三一―三二画像目（防衛省防衛研究所）。
(37)前掲『剿共実務教案』下巻（剿共警務実務）、四七―四八頁。
(38)山口重次「日本帝国主義の崩壊」『満洲と日本人』第二号、一九七六年一月、二〇六頁。前掲岡田前編、一九八六年、一七頁にも抄録。
(39)圭海「回顧一年来北京青年之運動（続）　現時教育宗旨已加革新　学生運動至無発生余地」『新民報』（北京）一九四〇年二月五日、一面。
(40)同右、「教育部昨訓令所属　厳禁職教員学生参加政治活動　宜潜心学業不遑他求」『新民報』（北京）一九三九年十二月十四日、三面。
(41)興亜院華北連絡部『河北省県政状況調査報告』一九四〇年、一二四―一二五頁。
(42)山本真「一九三〇年代前半、河北省定県における県行政制度改革と民衆組織化の試み」『歴史学研究』第七六三号、二〇〇二年六月、二四―二五頁。平民教育運動については新保敦子（一九八四）、山本真（二〇〇三）なども参照。
(43)「新民会田中科長視察静海　勗勉青年学員」『新民報』（北京）一九三八年六月二十九日、六面。
(44)「新民会呉橋県指部　去年度工作総報告」『新民報』（北京）一九四〇年一月十四日、六面。
(45)「元氏県指導部工作要領」『新民会報』第四三号、一九三九年十一月一日、一一頁。
(46)「河北省指導部十月上旬工作摘要」『新民会報』第一五号、一九三八年十一月一日、三頁。
(47)「第一回青訓主務者連絡会議」『新民会報』第二五号、一九三九年四月一日、八頁。
(48)同右。
(49)「冀匪区青年紛紛投誠　真定道三県組成剿共青年隊」『新民報』（北京）一九四一年十一月二十八日、一面。
(50)新民会真定道辦事処「剿共青年先鋒隊要綱」『新民運動』第三巻第五号、一九四二年五月、九五頁。
(51)「民国三十年度下半期工作一般方針」『新民会報』第一五四号、一九四一年七月二十二日、一一二頁。
(52)同右、二頁。
(53)津海道辦事処「農村分会の改編」『新民運動』第二巻第九号、一九四一年九月、六一頁。
(54)落合久生「第一回全聯を省る」『新民運動』第二巻第二号、一九四一年二月、二七頁。落合久生は戦前、日本で大衆党系農村社会運動に関わり、堺利彦農民労働学校主事を務めた。一九三四年、満洲へ渡る。訳書に『支那に於けるソヴィエット』(新民会中央総会弘報室、一九四一年)など。近代日本社会運動史人物大事典編集委員会編『近代日本社会運動史人物大事典』第一巻、日外アソシエーツ、一九九七年、七九八頁にも人物解説がある。堺利彦農民労働学校主事を務めたことについては、林尚男『評伝堺利彦』オリジナル出版センター、一九八七年、三三三頁参照。前掲広中、二〇一三年、三二七頁では聯合協議会を実行した人物として語られている。
(55)宮崎菊次「農民分会は如何にして組織さるべきか」『新民運動』第二巻第五号、一九四一年五月、一八―一九頁。
(56)同右、一三―一四頁。
(57)同右、一九―二〇頁。
(58)「民国三十年度下半期工作一般方針」『新民会報』第一五四号、一九四一年七月二十二日、六頁。
(59)同右。第2章注58の通り、この時期の『新民会報』は日本語と中国語を併記する形をとっているが、「新民青年団は中層以上を組織し」の部分が中国語表記では「新民青年団、以中等知識分子組織之」となっており、また「当面地主及び富農の子弟を以て中核乃至指導者とすべし」の部分が「須以大地主及富農之子弟為中堅指導者」となっており、若干表現が異なる。
(60)宮崎菊次「農村分会は如何にして組織さるべきか」『新民運動』第二巻第六号、一九四一年六月、四〇頁。
(61)同右、三三―三四頁。
(62)新民会では新民会中央訓練所に勤務。日本共産党員で、全国農民組合総本部茨城県連合会で活動し、一九三五年、治安維持法違反で起訴された経験を持つ。前掲伊藤晃、一九九五年、三一二頁が、転向左翼の新民会員として名前を挙げている。近代日本社会運動史人物大事典編集委員会編『近代日本社会運動史人物大事典』第三巻、日外アソシエーツ、一九九七年、五〇九頁にも人物解説がある。前掲広中、二〇一三年、三二七頁でも言及している。
(63)寺神戸茂「農民動員の基本的問題」『新民運動』第二巻第六号、一九四一年六月、五頁。
(64)同右、一三頁。
(65)津海道辦事処「農村分会の改編」『新民運動』第二巻第九号、一九四一年九月、五六―五七頁。
(66)寺神戸茂「農民動員の基本的問題」『新民運動』第二巻第六号、一九四一年六月、二四頁。
(67)馬場毅『近代中国華北民衆と紅槍会』汲古書院、二〇〇一年、三〇二―三〇三頁。
(68)谷村正二「河北省元氏県の思い出」、前掲岡田前編、一九八六年、二一七頁。
(69)「訓練部関係指示事項」『新民会報』第七二号、一九四〇年八月二十日、四九―五〇頁。
(70)「冀強化新民青年団　統一組織加緊訓練」『新民報』(北京)一九四一年一月二十四日、二面。
(71)「山西省的新民会工作」『新民報』(北京)一九四一年十二月十五日、三面。
(72)「華北政委会第五次〝強化治安運動〟実施綱要」一九四二年八月十七日、章伯鋒、庄建平主編『抗日戦争』第六巻、四川大学出版社、一九九六年、五三〇頁。
(73)北支那方面軍参謀部第四課「『治安強化運動』実施計画」一九四一年二月十五日、防衛庁防衛研修所戦史室『北支の治安戦』第一巻、朝雲新聞社、一九六八年、四九五頁。「華北政委会〝治安強化運動〟実施及宣伝計劃」一九四一年三月十一日、前掲『抗日戦争』第六巻、四七一頁も同内容。
(74)「青少年運動新発足の意義」『新民運動』第三巻第一一号、一九四二年十一月、七、九頁。
(75)同右、七、一二―一三頁。

(76)「青少年運動指導要綱」『新民会報』第二〇五号、一九四二年十月二十日、三頁。「青少年運動新発足の意義」『新民運動』第三巻第一一号、一九四二年十一月、七、一〇頁。
(77)「青少年運動新発足の意義」『新民運動』第三巻第一一号、一九四二年十一月、八頁。
(78)同右。
(79)第2章注58参照。
(80)「中華民国新民青少年団組織規則」『新民会報』第二〇九号、一九四二年十一月三十日、二頁。王強（二〇〇六）はこの規定を引用する際に、「均」を「全部」に書き改めており、日本占領下華北の全ての小中学生を新民青少年団に編入したと述べている。王強『漢奸組織新民会』天津社会科学院出版社、二〇〇六年、一〇七、一七一頁。
(81)「会運動基本方針」『新民運動』第三巻第一二号、一九四二年十二月、二三頁。
(82)「新民青少年団結成計画書」『新民運動』第三巻第一一号、一九四二年十一月、八八頁。
(83)同右、九〇頁。
(84)同右、九七頁。
(85)同右、九九頁。
(86)同右、九四頁。
(87)同右、一〇〇頁。
(88)青年塾は、「青年団の訓練並に動員の中心拠点たらしめ」るものだという。精神訓練を行うための道場や娯楽室、野外集会ができる場所や小運動場を持つ施設を建設し、これに充てることが望まれた。同右、一〇五、一〇八頁。
(89)「新民青少年団結成計画書」『新民運動』第三巻第一一号、一九四二年十一月、一〇六頁。
(90)「戦時国民体制完成　団結奮闘共争勝利　一年来之華北国民組織」『新民報』（北京）一九四四年一月一日、七面。
(91)巴古「大東亜青少年総進軍」『新民報』（北京）一九四三年十二月十八日、四面。続いて、かつての民族意識は誤っていたと述べている。
(92)「華北一億民衆総蹶起　分担戦時下国民之責任」『新民報』（北京）一九四三年十二月二十四日、一面。
(93)「一年来的新民運動（二）」『新民報』（北京）一九四三年十二月二十九日、二面。
(94)肩書きは「喚起青年層自覚奮起　新民会宣伝局陳宰平局長播講」『新民報』（北京）一九四三年十二月十七日、二面などより。
(95)陳宰平「対新民青少年幹部訓練的期望」『華北新報』一九四四年八月五日、三面。
(96)「会運動基本方針」『新民会報』第二四五号、一九四三年十二月一日、一頁。
(97)同右、二頁。
(98)興亜総奮起運動の内容については、「新民青少年団実践興亜総奮起運動実施辦法」『新民会報』第二八一号、一九四四年十二月二十一日、六頁より確認できる。運動目標として「（一）興亜必成の信念を高揚させる」、「（二）生産増加」、「（三）国土防衛訓練」、「（四）決戦生活の徹底実践」を挙げている。
(99)「新民会三十四年度工作計画大綱」『新民会報』第二八五号、一九四五年二月十一日、五頁。

第4章　青年動員の実態、青年たちの声

新民会は、どのような青年を、どのように組織化、動員しようとしたかをこれまで見てきた。本章では、青年動員の実態、動員される側である青年たちの受け止め方について考えていきたい。

青年たちが何を思っていたか。それをいかに資料から読み取るか。青年たち自身が話したり書いたりした言葉は、例えば新民青年運動実施委員会の弁論大会や作文コンテスト、青年訓練所の卒業文集や卒業式でのスピーチなど、残っていないわけではない。これらとて決して無価値ではないが、統制下での言論であることを踏まえる必要があり、青年たちの正直な声として素直に受け取れるものではない。

そこで、本章では特に新民会機関誌『新民運動』などに掲載されている、青年運動を進めていく上で指導者層が著した論説に着目したい。これらの資料は新民会員が内部で情報と問題意識を共有するための刊行物であり、対外宣伝物ではないので、現実に直面していた問題について率直な議論をしていると考えられる。ここから、新民会の青年動員に対して青年たちがどのような反応を示していたか、言わば青年たちの反応が新民会の指導者層をどう困らせていたかを読み取ることができよう。そこから青年動員の実態に迫ってみたい。併せて本章では、軍事動員に関わる問題を軸にして、青年動員のあり方の変遷についても描き出したい[1]。また最後に、青年たちの反応や青年訓練指導者の姿に迫ることができる個別具体的な事例として、暑期青年団という活動を取り上げる。

一．青年動員に対する青年たちの反応

青年訓練所職員の振る舞い

「新民会中央青年訓練所職員服務規程」には、「専任職員

（主事指導員助理員）は生徒と起居を共にし日夜之《これ》が直接指導の任に当るべし」(2)とある。訓練生の団体生活を、指導者も共にしたのである。その上で、「新民会中央青年訓練所実施大綱」を見ると、

　所定の訓練科目の外《ほか》日常の起居を通し規律的生活を営ましめ団体的精神的訓練に重点を置く内務教育を施すこと重要にして訓練の成否は概ねこの起居の間に於《お》ける指導者の思想的精神的人格的薫陶陶冶の如何《いかん》に決し之が為め指導員及助理員の充分なる留意努力を必要とす。(3)

とあるように、訓練生と生活を共にする指導者の人格を通して訓練生を感化することが期待されていた。

　ところが実態はどうだったか。広中一成（二〇一三）収録のインタビューに答えた元新民会職員の岡田春生は、新民会機関誌『新民運動』にも登場する。かつて岡田は、新民会青年訓練所の主事を務めていた。岡田は『新民運動』誌上で、青年訓練所の職員の態度について不満を吐露している。ここで叙述されているような状況が一部だけのことだったのか、はたまた氷山の一角だったのかは定かではないが、岡田が当時書き残した実態を見てみよう。なお、ここで取り上げるのは一九四一年七月発行の『新民運動』に掲載された論稿である。岡田は、初めに「昨年三月統合（引用者注：一九四〇年三月の新民会と宣撫《せんぶ》班の統合のこと）によって、会（引用者注：新民会）はその面積に於《おい》て数倍した。しかしその実質に於ては、そのレベルに於ては数段低下したことは否定出来ぬ。殊《こと》に従来会の表看板であった青訓も今は各県の成す所を見ると乱七八槽《ルァンチーパーツァオー》（引用者注：中国語でめちゃくちゃの意味）である」(4)と述べており、新民会と宣撫班の統合に新民会職員の質の低下の一因を求めている。(5)

　岡田は青年訓練所の指導者のことを、

　訓練は会工作中最も重要なものの一であるという事を忘れて、ややもすればこれを軽視し、各事務局に於て無用な人間、余剰の人間、最も優秀ならざる人間をして之に当らしめ、殆《ほとん》ど放りっぱなしであり、でたらめや、いい加減なこと許《ばか》りやって居り、そしてやりっ放しである。(6)

と憤る。更に「今日訓練処の処長は不要な人を祭り上げるポストであり、訓練処の職員は言わばはきだめである。かかることを思えば天を仰いで歎息せざるを得ない」(7)とまで青年訓練所職員の人選のあり方を批判している。

岡田が憤る指導者の質の劣化の例を、いくつか見てみよう。

凡《およ》そ生徒と起居を共にして神聖なる訓練を行う人間に一点の腐敗も許されない。或《あ》る青訓の指導員が筆者に語って言うには、「○○の青訓では、職員が麻雀《マージャン》をやって生徒に手伝わせていたということですよ。そんな職員は生徒を率い「襲撃して叩き潰すんですねえ。」（引用者注：鍵括弧のつけ方は原文のママ）と言ったのであるが、これには筆者も全然同感だった。[8]

このほか、日本人職員の中国人職員に対する横暴な態度に対する非難もある。

又訓練処のボーイは、あく迄《まで》訓練処のボーイであって、自身のボーイではないのであるから、自分個人の用には使わぬように心掛けるべきである。

又職員に対しては、かかることは最も厳重に注意されねばならぬ。

職員は各自の職責により、之を公事に於て用いるのはよいが、之を個人の用に用い、又その分担せる職務を混同することは戒めねばならぬ。

或る日系職員が、華系の部員に対し[9]「オイ、お茶を持って来い」と言って「私はボーイではありません」と断られ「何を！　この野郎生気《ママ》なッ（引用者注：正しくは「生意気なッ」か）」と怒ったそうであるが。かかる徒輩は非常識も甚《はなは》しく、特に支那《しな》の風習に対する認識が欠除《ママ》（引用者注：正しくは「欠如」か）している。到底会務職員の資格は無いのである。[10]

初めに挙げた「新民会中央青年訓練所職員服務規程」には「専任職員（主事指導員助理員）」[11]という表記が見られるが、岡田が用いる「職員」という表現が、訓練生と起居を共にする「指導員」のことか、それとは異なる立場の職員のことを語っているのかは確定できない。だが、訓練生を預かり、訓練生が日々目にする職員の態度が訓練生に及ぼす影響、特に彼らの対日認識に及ぼす影響は一定程度あったと考えて良いだろう。

形骸化する青年訓練

以下に挙げるのは『新民会青年訓練所要綱』に記載された、言わば青年訓練所の理想である。

指導者は常に青年をして青年の為に国家を建設するものに非《あら》ずして、青年を国家の為に基礎付けるものなることを教うべきである。即ち国家の為に自己を完成せんとするものである事を明記《ママ》（引用者注：正しくは「銘記」か）さし各青年達は将来国家の世話を受けず、逆に国家の面倒を見るの覚悟を持たしめねばならぬ。

青年は各々国家の保護を欲せず、却って自ら国家を支持する事を自らの使命と感ぜしむるべく訓練せな《ママ》ければならす《ママ》。

斯《か》かる訓練こそ、青年は又青年として日々新たに自己の精神の中に新国家が建設されて行くことを体験するのである。現今の情勢に於ては特に鉄の規律と訓練の上に兵士的土民（新民青年組織体の中堅構成分子）を訓練することが青年訓練の主要目的である。(12)

青年たちは自己を犠牲にして国家に尽くし、国家を支えよ、ということである。

だが、それに反して新民会から逃げ回る青年たちの姿や、強《したた》かに生き抜こうとする青年たちの姿が、様々な資料から見えてくる。

新民会が青年向けに発行していた中国語雑誌『新民青年』を見ると、中国人も青年訓練所について次のように書いている。

まず青訓生はどこから来ているかを調べると、県の都市と郷村、食べていくことに困難を抱えた少数の者が進んで入所した以外は、ほとんどやむを得ず入所したものである。その原因を突き詰めると、都市の青年の多くは家に資産がなく、人に使われて仕事をして暮らしている。一旦入所させられると、家の経済状況が気になる。郷村の場合は治安の関係だ。共匪《ひ》の阻害に遭い、誰も来ようとしない。それで仕方なくなり迫られて、来ざるを得ず、多くは多額の金で雇ってきた受訓者である。気持ちは離れ、受訓は危険な道だと思っている。どうして受訓の真の意義を理解できようか。(13)

前章までに、資産のある者を青年訓練所の入所や青年団の入団条件にしたり、その中心にしたりする方針もあることを見てきたが、生活への不安のない者を受訓に専念させたいとの思惑もあったのだろうか。

『中華民国新民会大観』には次のように記されている。

尚《な》お会が各地に青年訓練所を設立せる当時に於ては生徒を募集せしも、若《も》し入所せば、徴発されて戦場に送らるるにあらずやとの懸念を抱きて入所を希望するもの無く、或る訓練所の如《ごと》きは、半ば強制的に之《こ》れを募集せる事ありしが今日に於ては会諸般の工作漸《ようや》くその効を奏し、安心して之に参加するのみならず自ら進んで入所を希望し、更に訓練所を卒業することが青年の履歴に箔を付け又は就職の一つの必須条件となれるが如き観を呈するに至りたるは誠に急速なる変化と言わざるを得ず。[14]

改善されたという文脈で語っているものだが、ここからは青年訓練所の運営に生じていた三つの問題点を抽出できる。他の資料と併せて順に見ていこう。

戦場に送られるから嫌だ

新民会は、青年訓練所の軍事訓練について、徴兵や戦地に赴く直接的戦闘員の養成とは区別して説明していた。『新民会報』掲載の「新民会中央青年訓練所実施大綱」には次のように記述して、前提としては軍事訓練が自衛目的であることを強調している。

教練の目的は直接戦闘員を作るに非ずして地方青年の身心の鍛練秩序ある生活活気横溢《おういつ》の青年を作り引いては治安機関直接戦闘員への協力援助後方守備等に任じ地方郷村の自治自衛に資するにあり。[15]

『新民会青年訓練所要綱』にも以下のような類似の記述がある。

教練の目的は直接戦闘員を作るに非ずして郷村青年の心身の鍛錬、秩序ある生活、活気横溢の青年を作り、延《ひ》いては治安機関直接戦闘員への協力援助、後方守備等に任じ、地方郷村の自治自衛に資するを第一義的目的とするも、時に直接戦闘員に替り、自ら自村の守備に当らしむる事あるを予想するものなり。[16]

前者の『新民会報』の発行は一九三八年六月、それに対して後者は一九三九年のものである。引用文最後に追加された部分の意図は確定できないが、時間の経過とともに訓練を受けた青年たちを直接戦闘員に少し近づける必要が生じてきたという意味であろうか。

いずれにせよ、青年訓練所に入所すると直接戦闘員として戦場へ動員されるとの懸念が、青年たちの入所を阻んでいた側面がある。『新民週刊』を見ると、中央訓練所企画

主任の韓鎮[17]が、

　青年訓練所が成立した当初、各地にデマが蔓延し、青年訓練生は友邦（引用者注：日本のこと）の軍隊を補充するためのものだとか、青年訓練生は前線に出て戦うのだとか、噂が飛び交って一般青年たちは入所し受訓することを恐れていたが、後に本会の同僚が再三説明して、漸く大方の理解を得られた。だが依然として少数の青年は、匪団（引用者注：共産党のことであろう）の宣伝を鵜呑みにし、現実の情勢を理解することなく遠く匪区（引用者注：共産党の抗日根拠地のことであろう）へと逃げ去っている。[18]

と述べている。デマを流され、新民会がその「誤解」を解くという、共産党との宣伝合戦の様子も見えてくる。

買収して入所させる

　先に見た『中華民国新民会大観』には、入所者を確保するために「半ば強制的に」「募集」という言葉が見える。次にこの問題について更に見てみたい。新民会中央訓練所の講義集『理論ト実践』に収録されている新民会職員、井上太郎[19]の講義を見てみよう。井上は、青年訓練に大切なのは量より質だと主張し、次のようなことを述べている。

　県長から区長、区長から村長へ命令が伝達され、村長が苦しい思いをして割当数の青年を訓練処に推選して来るような訓練生募集法は甚だ官僚的、非現実的（非戦闘的）であって、我々は之を排折《ママ》（引用者注：正しくは「排斥」であろう）する。県長、区長、村長の面子《メンツ》を立てる意味から一応の交渉と斡旋《あっせん》依頼は認めるが、それ以前に我々は裏面的に各地の青年調査をし、入処（引用者注：「入所」に同じ）せしむべき青年を決定しておく必要がある。村長からの推選者の中に我々の選んだ青年があればそれを採り、然《しか》らざる者は何等かの理由（例えば入処試験の成績）に依って入処せしめない。他の工作に就いても言えることであるが、我々は裏面工作、即ち秘密なる調査、連絡、闘争をもっと活用し、民衆の内部に総会の鏡を掛けなければならない。

　訓練するに当って人員の量に功績的誇りを持つことは禁止する。例えば一期を三ヶ月として一期に必ずしも五十人を訓練しなければならないことはない。土地の事情に依り、之こそ我が陣営で働き得ると云《い》う見透しのつく青年が三十人いたら三十人、二十人なら二十人、一人だったら一人でも好い。要は形式的な量の訓練に捕われず、精鋭的な質の訓練であることに注意されたい。[20]

既に第2章で見た青年訓練所の要綱の規定にあるように、青年訓練所へ入所させる青年の人数を行政が割り当てていたのだが、適切な入所生を定員まで集めるのは、なかなか苦労するものだったらしい。

『新民運動』に掲載された新民会冀《き》南道辦《べん》事処の志摩勝巳の次の報告は生々しい。

現在の状勢では県城或は軍隊駐屯地より遠隔地の青年を教育する事は困難である、日本軍が駐屯以来各県では青訓を行い県城或は日本軍駐屯地に近い村落に於《お》ける人並の頭脳、体格を有する青年は一通り青訓を修了して居る。現在は其《そ》の地点から次第に遠方の青年を入所せしめねばならなくなった。然《しか》し冀南道に於ては、二、三の県を除いては生徒の募集はさして困難ではない様であるが、県城を去る遠方の部落の者を短期訓練して果して我々の予期する様な効果があるかどうか、考えて見り《ママ》必要があると思う。

連絡村でも敵の工作員の頻繁に来る部落では青訓に来れば其の家族は敵に、いためられるし、訓練生が帰家すれば「お前は日本軍の教練を受けて来たのだから兵隊になるには持って来いだ。」と云ってよく敵に拉致されたことを聞いて居る。

従って遠方の部落では青訓に来るのを極度に恐れ、村長が県城内或は県城に近い村の者を買収して青訓に送るのが多数見受けられる。

買《ママ》収された者には訓練を行う価値のない者も居るし、以前巳《すで》に訓練を受けた者も居る。又其れを職業にして隣接県を飛び歩いて居た者もある。

此《こ》れは或に《ママ》程度は戸口調査簿に依って替え玉を防止出来るが遠い部落の者は仲々理屈通りには行かない。

青訓を必死に逃れ様とする遠隔の部落の青年を引張って来て訓練しても、彼等には常に家族の安否や、帰家後の自分の身の心配があるから聞く講義も、受ける教練も決して身に付かない。[21]

青年たちが青年訓練所を忌避する背景に、「敵」（共産党のことであろう）に狙われて拉致されることがあるという。兵隊にするために有用だというほか、志摩の述べる最後の部分からは、家族やその後の自分の身を案ずるのは、「漢《かん》奸《かん》」として共産党から狙われることへの恐れもあったのだろう。このような状況にあって、入所者を集める責任を負う村長が「買収」などの不正行為、強制手段に拠らなければ青年を集められなかった。そして中にはこの状況を利用して「買収」されることを商売にしてしまうという青年まで出てきていたのである。

同じく『新民会報』にある、新民会泰安県指導部主事の江村定保の報告も見てみよう。これもまた訓練生の買収、そしてそれを逆手に取った商売である。

特に青訓等の如きは民度低き農村の事とて最初は勿《もち》論《ろん》二期三期と其の数こそ減ずるとは云え指定せる部落より希望者を得られず相当の謝礼を出して雇い入れたる者を短期訓練所に送る等の事あり或は、之を目当に各地訓練所を転々し訓練生商売を為す等の笑えぬナンセンス等を経験せるも漸次《ぜんじ》当方の真意も了解され斯様《かよう》なる問題も解消するが、そこに達するまでの指導担当者の精神的苦痛と忍耐を要求されること実に大なるものがあるのである。(22)

前章までに見たように、青年訓練所の入所者には条件があり、審査を経て入所させることを規定していたはずである。ところがこうした日本人職員が語るのは、入所者を確保するために買収が横行し、そして新民会側から見て「訓練を行う価値のない」青年が無理やり入所させられていた実態である。入所のための審査など、すっかり形骸化していたと言えよう。

なお、第2章で燕京《えんけい》道弁事処の志摩修吾が『新民運動』で青年訓練所の経費を農村に負担させている問題について述べていた論稿を取り上げたが、もう少し後まで引用すると次のような内容である。

現在郷村の負担は逐年増加し青年訓練所の如きも細心の注意を払わなければ莫大な経費を郷村に負わしめ遂には民衆の怨嗟《えんさ》を受くる結果にもなると考えられるので生徒も従前の訓練に於いて行われた如く各郷より労役的に雇われ来る事を絶対に禁止しその代り出来る丈《だけ》農閑期を利用し且《かつ》又訓練の効果が自ら認められる如く訓練日訓練方法にも考慮工夫し訓練を受くる事に喜びを感じ誇を感ずる様にならしむ可《べ》く努力して居る。(23)

青年でさえもない

もはや何でもありだった実態を語った記録が、一九三九年の新民会中央訓練所の卒業文集に残っている。ここに掲載された生徒たちの作文は、全体を通して見ると、訓練生たちが儒教道徳、日華提携、反共イデオロギーといった、青年訓練所の教育を素直に体得したことを書き記した、言わば「無難」な内容のものが殆どである。だがその中に、訓練生募集に関する生々しい実態を暴露した作文がある。この筆者は地方の青年訓練所で職員を務めた後、中央訓練所に入所した青年である。[24]

民国二十七年（引用者注：一九三八年）六月、新民会香河県指導部に着任した。その時に訓練所を設立し、各郷長に優秀な青年を選んで訓練所に送り、受訓させるよう通知した。しかし一般の農村の青年には何のことか分からない。更には郷長も無責任にその場しのぎをするだけなので、結局貧民や無業者ばかりが受訓することになった。特に可笑《おか》しかったのは、四十歳を過ぎた老青年を二十歳の青年だと偽ったり、十歳の子供を二十歳の青年だということにしたりすることもあった。ほとんどは読み書きもできず、わずか十分の三強くらいだろうか。その時は百六十人余りを選び、四箇所に分けて訓練を行った。[25]

何と、年齢詐称までまかり通っている始末である。しかもかなり無理がある。受け入れる側の青年訓練所も、郷長のいい加減さを黙認状態だったのであろう。また、卒業文集に敢えて書いて残すということは、これはもはや青年訓練所の名誉のために隠すような事態ではなく、ごくありふれた現象だったということであろうか。

もう少し続きを見てみると、買収に関する記述も出てくる。

現在、農村の組織は混乱しており、最新の時事を理解している者はいない。私が気づいたのは、一、二期目の青訓生は郷長に雇われて受訓した者が多く、真に優秀な者は来ようとしない。雇われて来た者は無知で、我々は良心と全身全霊の熱意をもってこうした愚か者たちを訓練したところ、成果はあった。これにより県全体に新民会が農村と社会の復興のためにあるのだと知られるところとなり、三期目には真に優秀な者が試験を受けに来た。入所前に広告では、卒業後に新民会が採用するか、職業紹介をすると書いてあったのだが、卒業後に結局できなかったので、四期目に来る者は減った。[26]

ここに職業紹介に関する言及がある。最後に検討したいのはこの問題である。

就職に有利だから

『中華民国新民会大観』でも述べられていたが、漸く自発的な入所者を獲得できたとは言うものの、それも就職のための箔が付くとの利点があったからである。『理論ト実践』では、新民会中央訓練所に勤務した寺神戸《てらかんべ》茂が、青年訓練所が本来の目的である農村の中堅の育成が果たせていないことを論じている。

> 従来の訓練処はその大半が就職の斡旋機関であるが如き観を呈示していたことは否定し得ない傾向であった。しかも、彼等の勤労精神の素朴性が否められ喪失して了《しま》う様な状態であった。之れは正しく批判されねばならぬ。
>
> その最大の原因は、最初詮衡《せんこう》に当って慎重な態度を執らなかった事《マ》あ《マ》る。
>
> 勿論、詮衡の条件は、大体に於て一致し居り、優秀なる者として健康体である事、識字者である事等を挙げるのであるが、特に重要な条件として絶対に就職の斡旋は為さない、農村青年は再び帰村して村の中堅分子として働くのである、という事の強調が極めて軽視され、閑却されている。
>
> 此れは訓練後に於ける青年の心構を決定する重要な点で、決定的態度を採らざりし為めに種々の問題を惹起《じゃっき》する事がある故留意すべきである。
>
> 勿論、指導者の考慮の裡《うち》に、優秀なる分子を将来、新民会、県警備隊、工場等の活動的地位に採用する事が有るとするも、それは家庭の状況、本人の希望等に依って訓練後の成績に応じて決定さる可《べ》きものである。故《ゆえ》に、詮衡に際しては、学力、言語、態度等は固《もと》より、家庭状況、耕作状況等を綿密に調査する事が必要である。(27)

第2章で見たように、青年訓練所の卒業生には臨時政府の官吏、新民会の職員、警察、また工場などに就職先が開かれていた。但しそれはあくまでも訓練中の成績次第とするのが本来であったにもかかわらず、実情は入所者募集の段階で既にそうした就職先を保障することになっていた。青年たちにとっては、こうした就職先の斡旋こそが、青年訓練所に入所する動機だったというのである。

なお、前章までに青年訓練所入所の条件として、家業のことや土地所有者とすることなどを挙げていることに言及したが、寺神戸が右の論稿で最後に述べている部分から考えるに、その理由には、卒業後に就職斡旋を望まず、確実に農村に帰る青年を入所させる意図も含まれていたという見方もできよう。

『新民会報』を見ると、指導科から早くも一九三八年九月の段階で次のような指示が出ている。

> 県青年訓練は訓練生の就職を前提として実施したるものに非ざるは今更贅述《ぜい》を要せずも尚《なお》斯くの如き観念を以《もっ》て入所せるもの少からず仍《より》て訓練生の募集を為すときはよく之が趣旨を一般に徹底せしめ且訓練中訓練生に此の点を特に納得し得る様十分に訓練所設置の趣旨を理解徹底せしめられたし。[28]

だがその後も、『新民会報』で河北省の石門市指導部は青年訓練所の役割のひとつとして「卒業生の職業紹介[29]」を明記しており、卒業生の就職斡旋を行うことはなかなか変えられない前提であったようである。

『新民会報』でも、河北省の青県総会では「現下の青訓事業は人と場所の数目より見て確かに驚くべき成績あるも、併《しか》し其の効果は必ずしも所期の域に達して居らず、その基因する所は所謂《いわゆる》大多数の受訓生の心理は俸結主義《ママ》（引用者注：正しくは「俸給主義」であろう）にして農村改善、民衆指導の本旨に悖《もと》っている、之に対しては充分に改革策を講ずべきである[30]」と、同じく房山県総会では、「農村に於ける真に有為の者を選択し受訓後地方復興の指導者たるべき見込みあるものを入所せしめ官吏慾《よく》のある者は斥《しりぞ》くべきである[31]」と報告されており、理念と乖離した実態に新民会も頭を抱えていた様子が窺《うかが》える。

その背景として指摘できるのは、当時の深刻な就職難や失業問題であろう。「新民会首都指導部成立宣言」でも、新民会の活動方針として「失業の青年人材には力を尽して救済の方法に力《つと》め、共同して新中国建設工作に力を合わせんとす[32]」と提唱しており、青年の失業対策はこうした社会状況にあって新民会が重要課題と位置づけるものであった。青年訓練所が青年の職業能力育成に力を入れること自体は、新民会の自認する社会的責任とは矛盾しないはずである。しかし、青年たちから見れば、青年訓練は就職のため以上のものにはなり得なかったということであろう。

そして、農村に帰りたくないという青年たちの希望も背景にあったようである。『新民報』によれば、例えば河北省の南皮県では青年訓練所卒業生百三十人中、四十四人が農業に従事しているというが、「しかし郷村生活をしたがらない者もいて、県を離れて他所へ行くか、或いは各県総会に職業紹介を頼んでも叶わず、不満を引き起こしている」という。(33)

青年団でも

次に挙げるのは河南省開封市の新民会指導部の報告である。青年団の訓練に重点を置き始めたとの報告だが、次のように嘆き、いよいよ強制手段に出たとのことである。

然るに訓練開始後団員の集合するもの日に減少し一週日を出でずして皆無となりたり、斯くの如きは一つに現中国青年層の無自覚、無反省による団体精神の欠除《ママ》（引用者：正しくは「欠如」か）に基くものなるが特に遺憾なりしは青訓卒業生、中系青年職員（引用者注：中国人青年職員のこと）の本工作に対する積極性の皆無なり。

（中略）

之が為指導部としては開封市内優秀なる青年を指名し之等は必ず青年団員として服務すべく強制的に団員の募集を開始したり、而《しこう》して第三期青訓も本月二十一日卒業せるを以て団員中に之を加え九月二十五日を期し強力なる訓練を開始すべく準備を進めつつあり。(34)

二、軍事動員へ傾斜する青年動員

卒業したら軍隊へ？

新民会の青年訓練所で行う軍事訓練は、兵士として戦場へ動員するためのものだと青年たちは思い、青年訓練所への入所を忌避した。この問題を出発点に、ここからは新民会による青年たちの軍事動員について考えてみよう。特に一九四〇年以降の動向を見ると、新民会は軍事動員を強化し、青年訓練所や青年団の性質も変容していく。

日本占領当時の華北に生きた中国人の体験をまとめた回想録『北京の日の丸』（中国人民政治協商会議北京市委員会文史資料研究委員会編『日偽統治下的北平』（一九八七）からの抄訳）に、新民会青年訓練所について次のような回想が見える。

太平洋戦争が勃発すると、新民会は、「我々の誠意を示す」ために、「参戦を実行するべきで、我々の青年、壮年を訓練して参戦実行の準備をし、将来呼びかけがあればただちに行くべきだ」とわめきたてた。そこで、各級青訓所の訓練は軍事課程を主内容として、傀儡《かいらい》軍を組織する準備をした。青訓生から傀儡軍への移行は、家庭生活から野営生活へ、普段着から軍服へ、木銃から本物の銃へ、運動場の訓練から実際の戦場参観そして参戦へ、という移行であった。また多くの地区の青訓生が日本人に引率されて、村落包囲、抗日活動員逮捕の実地演習をした。(35)

そもそも、新民会は初期段階で、青年訓練所はあくまでも郷村自衛のための訓練に徹することを強調し、訓練生を直接戦闘員として養成するものではないと説明していた。新民会は、青年訓練所が徴兵のための機関だというのは共産党が流した「デマ」だと否定していたことも、既に見た通りである。

一方で、臨時政府の「国軍」に相当する治安軍が一九三九年に組織された。現地の青年たちを兵士として集めて軍を組織していたわけであるから、新民会の活動ではないにしても、現地の青年たちが直接戦闘員となること自体は、この時点で既にあったということになる。しかし、その治安軍の新兵の募集にあたって臨時政府が公布した要綱には、「今回の募兵は現在実施している青年訓練とは無関係である」(36)と敢えて注記している。

ところが実際には、青年訓練所の卒業生を兵士として臨時政府の「国軍」たる治安軍に入隊させている。『新民報』に掲載されている治安軍設置当初の新兵募集要項の中にも、「青年訓練所受訓修了者をできるだけ優先して採用する」(37)とある。その後一九四一年の新兵募集要項にも、「青年訓練を受けた者であればなお良い」(38)と出てくる。また一九三九年九月に戻るが、新兵募集に関して報じる『新民報』では他にも、

躍進そしてまた躍進、一時も弛《たゆ》むことのない中華民国臨時政府は、治安維持が急務であることに鑑み、各地の治安を強化するために、優秀な軍隊を組織することを決定した。この軍隊は実際に治安維持の成果をあげるため、各地で選抜した現地の優良な中国人民で編制に着手することにしている。河北省所属の各機関は、現在既に命令を受け、各地に駐屯する友軍と協力し、青年訓練所卒業生及び良家の子弟を集め、今後東亜新秩序運動を建設することを目的に、各地でそれぞれ青年中堅を選抜した。今月と十月末に選抜募集された兵士は保定に送られ、更に厳格な試験を経て選抜し、後方にて厳格な訓練を行う。(39)

と記載されており、加えて、

臨時政府治安部は、十一月に治安軍を編成し、新兵一万三千人を募集する。この新兵は、青年訓練を経た良民の子弟で真に日本を理解しており、東亜新秩序建設を欲する者で、且つ新中国の治安を確保せんと欲する者を選抜する。[40]

とも報じられている。

ただ注意すべきは、ここまでの例に見える青年訓練所とは新民会のものなのかどうか、明確に記述されていない。実は日本占領下華北には、日本軍など他の主体が運営する青年訓練所もあった。[41] 一九三九年七月の『新民会報』に掲載された北京市の北郊実験区の現地視察報告に、次のような記述が見られる。

実験区としては区内外の北郊青年の訓練に力を注いで居る。然《しか》し軍にて会（引用者注：新民会）とは別に青年訓練所を設けて居るため入所生の素質は漸次《ぜんじ》に低下しつつある様である。（中略）近く青訓卒業生を以《もっ》て青年団を結成すべく準備を進めて居るが出来得れば軍部の青訓卒業生と一体となり、より強力なる一元的な青年団組織をなす様希望し度《た》いものである。[42]

一九四〇年の『新民会報』にも、「軍」の経営による「短期初歩青年訓練」の存在が確認できる。

県内優秀青年層を東亜及び新中国建設の郷村自治運動の起動たらしめるために県指導部の青年訓練所を速やかに確立し軍の経営せる少年団及び短期初歩青年訓練と道指導部の高級政治的訓練所との合理的段階的関係を設定する、随《したが》って軍経営のものにしても新民主義を以て訓練の基礎たらしむる如《ごと》く支援する。[43]

同様のことが『新民運動』の次のような記述からも指摘できる。

北京四郊の青年団運動に対しては三つの機関が殆《ほとん》ど相競う状態に於《お》いて実施されて居る。一は軍と警察局共同の短期青年訓練所を通じた青年団であり二は華北交通（引用者注：華北交通株式会社。代表的な日本の国策会社）に於て成されて《ママ》鉄路愛護村（引用者注：鉄道防衛のために鉄道沿線の村を組織化したもの）の青年団運動、三、《ママ》は新民会である。此《こ》の三つの機関が各々我こそはとばかりの競争状態を示し、各々がその目的に於て一致しているから不思議な事である。

即主観的には善意志ではあれ其の対象である青年層に於ては、何《いず》れを選び何れを以て主とするや去就《きょしゅう》に迷い甚《はなは》だ迷惑な話であろう。[44]

したがって、新民会の青年訓練所卒業生が治安軍に入隊したのかは、軍経営の青年訓練所の存在に留意しながら検討しないといけないのだが、次の『新民会報』や『新民報』の記録は、新民会の指導部からの活動報告であり、確実に新民会の青年訓練所卒業生が治安軍に兵士として応募したものと判断して良かろう。河北省の新民会涿《たく》県指導部の工作報告によれば、「青訓第二期卒業生の動向」として、「軍隊、警察隊志願者多きこと」、「臨時政府新兵募集に第一期生三名第二期生六名応募し採用せられたり」[45]とある。また、河北省の新民会青県指導部による工作報告の「治安軍募集」の項目に、次のように書かれている。

当部と当地の駐屯軍と県政連絡員（引用者注：県政に対する内面指導を担当した日本人）[46]が治安軍募集事項を処理し、十月十五日までに本部で青年訓練所卒業生十名を募集し、検査に合格した。募集期間は九月十五日から十月十五日までで、募兵事務所には当部の青年訓練所を利用する。[47]

青年を「武装化」せよ

そもそも、青年訓練所卒業生には匪《ひ》賊からの郷村自衛の役割を求められていた。自衛団の中心的構成員となる以上、青年たちが組み込まれるのが「武装組織」であることに変わりはない。日本占領下華北の青年たちは、直接戦闘員として戦場に赴くものではなくとも、自衛のために直接戦闘員に代わりうる任務を与えられており、青年たちの「武装化」は既に行われていたと言える。

ところが、特に一九四〇年以降には、青年たちの「武装化」を進めよという議論が盛んになる。前章で寺神戸《てらかんべ》茂も少しこのことに触れていたが、[48]例えば新民会副会長の安藤紀三郎の講演にも、「会運動並に工作の重点は専ら之《これ》を共産党、共産軍の撲滅に置き（中略）着々成果を挙げつつあります」とした上で、新民会の工作として「婦女会、少女会、青少年団等の訓練指導或は武装化」などを目指すと出てくる。[49]他にも八路《はちろ》軍対策として青年訓練所や新民青年団

の武装化に言及される。(50)

『新民運動』にある志摩修吾の報告を見ると、河北省の香河県では、「県内の警備力を見る時に決して十分なりとは考えられない。此の不足を補う為に県内の重要地点に武装青年団を計画し組織しはじめたのである」という。ここでいう武装青年団は、県が管轄する警備隊とは別組織で、

> 県治安の確保は県警備隊及警察力に依存する事を第一義とする。然し我県の警備力は決して十分とは言い得ない。二百、三百の匪団が襲撃して来た場合には全県の警備力を動員して之に当らねばならない其の場合県内の何処《どこ》かに必ず警備力の欠陥を生ず、此の次《ママ》陥を埋める方法として武装青年団を組織する事としたのである。

というもので、即ち警備隊の補助的な役割を担うものである。その武装青年団員は「団員は青年訓練生又は青年訓練所卒業生を本体として不足分を青年団員中より補う」(51)という。だが武装組織を結成しても、彼らに持たせる銃が不足しているという問題も指摘している。(52)全体聯合協議会でも「青年団の武装化を実施し以て防共陣容を整備するの件」が提案されながら、武器不足の問題に次のように触れている。

> 新民会の各地に於ける青年団員が素質良好で好成績を収めつつあるは農村自衛の見地より実に力強いところである。
>
> 然し惜しいかな武器欠乏のため共匪に対抗した場合充分の実力を発揮できないのか遺憾《ママ》である。青年層を武装化せしめ匪襲の防御に徹底を期し得たならば華北の治安は愈々《いよいよ》強化されるものと考える。(53)

こうした中、青年訓練所に求められる役割も変わってくる。志摩は通《つう》県に関する報告で、青年訓練所に対する農民の不満は、青年訓練所が武装組織を担う青年を育成していないことにもあると指摘する。武器不足ゆえか、新民会内の武装反対論ゆえか、青年たちに武器を与えられない現状にも言及しつつ、次のようなことを述べている。

> 民衆工作に於《お》くて《ママ》絶対的に必要な事は民心を把握する事に在る純思想的教化平和時に於けるが如き指導訓練は動《やや》もすれば口頭弾《ママ》（引用者注：正しくは「口頭禅」であろう）的官僚的流弊に陥り余りに上品に過ぎ現状に於いて百姓の心を捉える事は困難である。

例えば訓練所に於ける青年訓練にせよ訓練する方では極めて真なるも青年を送る方では高邁《まい》なる理想は全然解らず義務的に送り訓練を受くる者亦《また》職業に有り就かんが為或は郷村より手当を貰《もら》い来る者等多く青年団組織訓練にしても極めて消極的にして活溌性に乏しく一言せば民衆が自分達の村の為と言う事がどうしても理解出来ず中国の為とは念頭だに浮べ得ず。只《ただ》新民会の為或は守備隊のと云《い》う観念の抜け切らぬが如きである《ママ》」。此は農民の希望が武器と其の武器を持って直ちに立ち得る訓練と云う誠に切実極まるものなるに対し訓練はしても之を直ちに活用す可《べ》く武器を与えぬ為現実に於いて農民の求めて已《や》まぬ訓練の効果は具現されず農民の頭からは何時迄《いつまで》経っても他人様流儀の考え方が抜け切らぬので有る。[54]

だがこの前から、青年訓練所の訓練も、日本軍の援助を受けて、教化訓練より軍事訓練を重視するように変化していったという報告も見られる。

従来の新民青年訓練をして為さる教化修養団体たらしめず行動力ある突撃隊として郷村自衛の第一線に動員せしむる方向に進ませねばならぬことが痛感され已《すで》に多数の地方に於て軍の好意ある援助を得て具体化されつつある。[55]

『理論ト実践』に収録された井上太郎の講義でも次のように述べている。

武装隊は青年層を中心にすることは当然である。故《ゆえ》に彼等は青年団員として登録されている者である。ここに兵役制度のない現在の華北に於ける壮丁《そうてい》の任務が青年団員として治安のために武装し、或は武装せずともその他の方法で治安確保のために自己を提洪《ママ》（引用者注：正しくは「提供」であろう）すると言う全体主体主義への接近を示すのである。青年団の任務は旗を立て行軍し体操し青年団歌を歌うことではない。それ等は総て彼等に力と熱を与える手段に過ぎない。要は彼等が動員された場合果して戦闘力を発揮し得るか否かに依って、訓練の実績と指導効果と団旗の名誉が発揮出来るのである。[56]

実は日本の対華北占領統治では、現地民衆の武装化を極力避ける傾向にあった。[57]治安軍は一九三九年十月に第一期の編制がなされるが、臨時政府は成立当初、国軍は設置しない方針であった。[58]また、保甲《ほこう》自衛団の武器についても、「自衛団の用いる銃器は、警察分局が検査烙《らく》印をし、登録する」[59]と規定されているように、管理が厳重であった。青年訓練所の軍事訓練で使用したものは、井上太郎が視察報告で「現在の青訓生は木製銃を持って居る」[60]と述べているほか、新民会中央訓練所訓練主任であった横山銕《てつ》三も「軍事訓練は毎日午後三時間、軍から少尉を長とする下士官の一団が来て、びっしりやった。但し木銃であった」と回想しており、

筆者（引用者注：横山）は一期の卒業生数名をつれて、宛《えん》平県は長辛店で、県青訓一期生約七十名の指導者養成を担当した。同地は城壁がなくて、遠く銃声を聞く夜は一同は不安な気になった。それもあり、年来の持論である青訓に三八《さんぱちじゅう》銃貸与を度々中央指導部に申し出たが、軍の反対で蹴られ、矛盾を感じた。[61]

という。

このように現地民衆に武器を持たせることに慎重であったのは、武装した民衆に反乱を起こされたり、国民党や共産党に協力されたりすることを危惧したからでもあろう。新民会でもこのような議論があり、例えば寺神戸茂は、農村の自衛組織の武装化に関わる困難について、次のように説明している。

その第一は、武装力が敵対勢力の抗戦力に利用されはしないかという危険性である、この危険性は、民衆の持つ政治的情勢に対する危険の念より発生するのであるが、それを卒《マ》直《マ》に聡明に洞察する事をなし得ずして機械的に考える事は大きな誤算を犯すであろう。[62]

また落合久生《ひさお》は新民会の分会の武装について論じているが、そうした危惧から次のように制限すべきだと説く。

此分会の武装は、社会的生産関係に於いてその不動性が確証され得る如《マ》き《マ》分会員のみの武装でなければならぬ。

でないならば、分会の銃を取って逃げる様なものも出て来るであろう。土地を持たず（必ずしも所有を意味しない）妻子や家のない者は、分会員と雖《いえど》も明に武装員としては欠格者でなければならぬ。[63]

だが一方で落合久生は、共産党との戦いに関わって次のようなことも述べている。

後最《ママ》重大にな《ママ》一つの考え方を反駁しておく。それは会内部にある武装反対論で《ママ》　之《ママ》は武装なき自衛とも言う可きものであり、武力を持たすと新民会の側が負けるのだと主張する人の考え方の批判である。(64)

ここから窺《うかが》えるように、新民会には武装化反対論も存在していたようである。

しかし治安状況の悪化に伴い、その対策は日本軍だけでは手に負えず現地民衆に依存せざるを得なくなり、現地民衆の武装化が図られるようになった(65)。現地民衆を徴兵する国軍としての治安軍も一九三九年に設置されたことは、既述の通りである。

なお、第二回全体聯合協議会でも青年団の武装化について議論されている。河北省聯合協議会からの提案で、

新民会は各地で青年団を結成し、団員の素質は良く、訓練も着実で、郷村自衛の基本分子となっている。保定道武装青年団の観閲の成績を見よ。燕京《えんけい》冀《き》東津海各道の青年団が共匪に対抗する姿を見よ。これらが証明している。惜しむらくは武器が不足していることで、実力が弱いと痛感する。もしこれら青年健児に等しく武装化させ、有産階級の青年に匪衆を抑えさせれば、必ず相応の成功を収め、防共の砦をしっかりと築き、地方の治安を維持するための頼れる力となろう(66)。

という。前章でも見た通り、ここでも有産階級の青年をわざわざ持ち出しているのだが、「華北最高当局が武装青年団の実施法令の発布すること」に加え、「新民会に各地の部隊と連携してもらい、県公署に何とかして武器を補充してもらう」ことを提案したものである(67)。

一九四二年二月発行の雑誌『興亜教育』では、新民会中央委員会設計部次長の波多江種一(68)が、共産党が新民会に武力がないことに着目し、新民会関係者を襲撃して多数の犠牲者を出し、民衆に恐怖を覚えさせ、民衆が新民会から離反していっていると述べている。その中で波多江は次のように論じているが、ここから青年団がこの時点で銃を与えられて「武装化」されていたことが分かる。

結局テロに対してはテロ、武力に対しては武力で行かなければ住民はこちらに附かないという結論に達したので、本年初より新民会も一斉に武装することに致した。農村の青年団も銃を以て起ち、自衛団にも銃を配給する、新民会の職員も武装するというような風に

致して、大体其の成績を挙げて居るのである。(69)

青年団を武装自衛団に

一九三九年十二月に出された新民会首都指導部の「四郊重要工作方針大綱」には、次のように書かれている。

青訓卒業生を主体とする青年団組織を新編成し此の組織体の活動力を現行保甲《ほこう》機能に統合集中せしめ青年団即ち自衛団と不可分一団のものとし郷村の自主自衛力を強化すると共に郷村建設の指導推進力たる青訓—青年団—自衛団—警察と皇軍、憲兵隊との協力が治安確立の根本的問題である以上各関係方面の了解を懇請し万難を排して官民一体一元化せる青年団組織獲得に全面的努力を集中する。(70)

また一九四〇年の新民会第一回全体聯合協議会では、「治安状況に依って青年団を改編して青年自衛団とし訓練を施行して剿《そう》共工作の常識を獲得せしめ武器を供給して自衛団の別働隊とす」(71)とも論じられている。更に一九四一年度の新民会の工作大綱にも、「青年団に対しては、長期青訓の開設により団員の精鋭化及び保甲自衛団への全面的編成と組織拡大を大綱としている」(72)とある。

青年団とは、そもそも郷村自衛の機能を持つ武装組織であるはずだが、これを武装するというのは、ひとつには青年団を保甲自衛団として改編することであった。宮崎菊次も「武装自衛乃至《ないし》は特察機能」について、

この機能を分担するものは分会活動の一分野として組織され、華北の現実と建設の見通しによってその熱情のはけ口が統一され訓練された新民青年団を主体とし、尤《もっと》も良質適格な中堅推進分子によって指導されねばならぬ。そしてそれは、自衛技術に関しては、保甲自衛団として編成され、その指揮に随《したが》わねばならぬ。この関係は、新民青年団の団長が保甲自衛団の団長及至《ママ》（引用者注：正しくは「乃至」であろう）副団長として機能する事に依って始めて完全に成り立ち得るものである。(73)

と論じており、「或《あ》る県で保甲自衛団——実体は新民青年団であるが——」という表現も出てくる。(74)また宮崎は河北省元氏県の県政連絡員の次の報告も引用している。

現在の保甲自衛団の全面的活動は容易に行われざる

を以て、新民青年団を保甲自衛団の母体たらしめる。此の故に保甲自衛団の副団長は新民青年団の団長を以て之に充つ。[75]

そして新民会の「民国三十年度下半期工作一般方針」でも、「特に分会に於ける青年団の訓練を精到ならしめ、之を保甲武装自衛団へ再編成し以て一切を挙げて、郷村の自衛力を民衆の自発的積極性に依り強靭《じん》ならしむべし」[76]とあり、「武装は、一般的には訓練されたる新民青年団の保甲武装自衛団への編成を以て原則とすべし」[77]とある。

逆に言えば、成立当初の青年団は保甲自衛団などの武装組織とは区別されていた。同じ郷村自衛に資する存在として青年訓練がなされつつも、青年団の場合、それを一つの役割としながらも、思想宣伝や農村建設など、別の役割の方に重きが置かれていたのではないか。それを敢えて自衛団として改編するというのは、新民会が青年団に他の役割よりも武装組織としての郷村自衛の役割を重視する方向への転換を意味するものであろう。

優秀な青年は戦争協力へ

青年訓練所の主務者連絡会議で、「青訓生訓練期間中彼等の優秀なる者は卒業後共匪地帯に対する特別工作に任用する内面指導を計劃《かく》すること」[78]との要望が上がっている。「優秀」と認められた青年訓練所卒業生が再教育を受け、言わば精鋭部隊として共産党対策などに従事する特別な青年組織に組み入れられた事例はいくつか見える。

前章で取り上げた河北省の真定道三県で青年訓練所卒業生を中心に構成する剿共青年先鋒隊もそのひとつであるが、他にも山東省の新民会泰安県指導部主事の江村定保は、青年訓練所卒業後の青年たちをつなぎ止める再教育を提唱する中で特別工作班という組織を取り上げ、次のように述べている。日本軍と密に協力させられていることを伝える内容である。

> 県指導部青訓卒業生中、優秀分子を一ケ月前後再教育し皇軍分駐部隊に配属軍の政治部とも謂《い》うべき任務を授け軍の行う短期青訓の実質的指導者とし或は自衛団の訓練指導を行い連絡村制度を確立し管轄郷村と密接なる連絡を保ち情報等の集収に努力し従軍宣撫を行う等凡《あら》ゆる点に於て分駐部隊の眼となり耳となり或は手足となって協力すると同時に新民精神の普及徹底を期し且つ又民衆の声を直接軍部に通ずると同時に指導部と連絡を密にし適当なる処置を要請する。[79]

更に『新民報』を見ていくと、河北省の懐柔県では、青年訓練所卒業生五百人ほどのうち優秀者十六人を選んで組織した青年挺《てい》身隊が「匪区工作に入って敵を三人捕獲した」事例も挙げられる(80)。また、以下に挙げるのは優秀な者を選んだと明記している事例ではないが、山西省臨晋県では、青年訓練所卒業生を再訓練して武装化させ、臨晋県靖郷新民隊というものを組織した。『新民運動』では、この組織の背景についても詳しく描き出している。

> 大匪団の蟠居《ばんきょ》なくとも依然として、県城外各村落は、連日連夜、襲匪事件絶えず、土匪の横行甚しきものあり、新民会が折角《せっかく》、組織せる自衛団は破壊され、青訓生は必ず拉致されて行く。村長は、何時《いつ》も土匪の強迫下に在り、一日として、安眠すら許されない状態でした(81)。

そのような状況の中、この臨晋県靖郷新民隊は「県内に散在する青訓卒業生を募集し再訓練し武装せしめ県内の靖郷工作に当らしめんとして」発足し、「新民会諸工作の最も重要な手足として命令一下遺感《ママ》なくその武装力を発揮して」、その活動の中には「皇軍協力の討伐参加、物資輸送(82)」、「皇軍と共に討伐に参加(83)」することも含まれていたという。もう少し詳しく見ると、

> 新民会諸工作、合作社工作、県行政上の必要に応じては、直ちに命令し昼夜の別なく出動せしむ、夜間は県内巡回を不定期に実施し各村の襲匪を防止し若《も》し百姓より匪情の入りたる場合は直ちに出動し指導官若しくは次長指揮の下に戦闘開始し皇軍並援隊の到着を待つ。必要に応じ便衣《べんい》着用せしめ各村に潜入、敵の地下工作員連絡者の摘発に当らしめる(84)。

と、これもまたかなり日本軍に本格的に協力する活動をしていた事例である。

直接戦闘員として

しかしこれだけではなく、青年団を自衛の役割にとどめず、直接戦闘員として戦地に動員すべきだという議論も起こってくる。

実は既に一九三九年の時点で、青年訓練所の生徒が従軍し、日本軍の後方支援をしていた記録がある。新民会の冀東道指導部の参事友枝英一(85)は、『東大陸』という雑誌で、

どの県の青年訓練所であるかは伏せているが、共産党の襲撃の多い地区であったことだけ触れ、従軍中は授業も停止し、農民を動員した労作の監督などのほか、軍隊の手伝い、宣撫班の宿舎の火災の消火活動などに従事し、こうした「後方支援」に対して日本軍から表彰を受けたことを記述している。[86] 直接戦闘員ではないにしても、日本軍の戦闘に近いところで協力するところまで動員されていたことが分かる。

更に時期が下ると、青年を直接戦闘員として動員したと読み取れる記述も見られるようになる。先にも見た『興亜教育』の波多江種一の論稿は、双橋《そうきょう》の中央訓練所[87]における新民会の新規採用日本人職員に対する過酷な訓練を紹介し、青年団を「共産軍の討伐」へ動員するものとして説明している。

其の外《ほか》討伐に行く時にはどんな馬でも使用しなければならないという建前から、分捕って来た所の馬賊の馬を用意して置いて、最初から此の裸馬に乗せて、鞍《くら》も置かないで乗せて、後から尻を引ぱたいて馬を走らせる。（中略）斯《か》かる猛訓練を受けた塾生（引用者注：双橋の中央訓練所の生徒のことと思われる）は半歳の後には見違えるような人物になるのであって、内地の蒼《あお》白いインテリが僅《わず》か半年の後には田舎に入って、一人或は二人で二百も三百もの自衛団員或は青年団員という支《し》那《な》の民衆を指揮して共産軍の討伐に当るという気力と胆力と体力とを養成することが出来るのである。[88]

また、宮崎菊次は、保甲自衛団として編成された新民青年団の武装化について論じる中で、次のように述べている。

北京のすぐ近くの通県ではいま現に新民武装青年団が——勿論《もちろん》行政的には保甲自衛団となっているが——村落と郷を越えて自衛の域を脱して、積極的に出動して次々と土匪を征伐しつつある。[89]

これらは、青年団の戦場への動員の事例を具体的に記述したものではない。ただ、これらを見ていくと、青年訓練所は本来直接戦闘員を養成する場ではなかったにしても、その卒業生を中心に構成する青年団が武装組織としての性格を強めていき、自衛の範囲を超えた戦闘への動員も視野に入るように変容していったことが分かる。結局のところ、日本占領下華北の青年たちは、当初彼らが懸念していた通りに、新民会を通して日本の戦争協力のための軍事動員にも巻き込まれていったということである。

三　暑期青年団に見る青年たちと教官の姿

日本占領下の夏休み

ここからは青年訓練所や青年団とは別に、暑期青年団(90)という活動に新たに着目してみたい。新民会に動員される青年たちの反応がよく分かる事例だからである。

暑期青年団とは、夏期休暇中に各学校から青年学生を選出し、青年学生らに一箇月間の集団生活をさせながら時局認識などを学習させる活動であった。新民会首都指導部主催で「青年の思想を正し、高尚な娯楽を提唱するため」(91)に始められたもので、この活動は一九三八年と一九三九年に行われた。なお、一九四〇年には新民会北京特別市総会と北京特別市公署の共催で、暑期青年団ではなく、形を変えて暑期学生修養会となり(92)、参加学生も合計七十人、活動期間も十日間と規模を縮小して実施された記録が見られるが(93)、ここでは専ら暑期青年団を取り上げることとしたい。

参加した学生について、新民会首都指導部が発行していたグラフ誌『首都画刊』の一九三八年八月号では、「北京の各学校の選りすぐりで構成している」と書かれている(94)。

暑期青年団の青年たち　「一九三九北京暑期青年団」『首都画刊』第14期、1939年8月1日、5頁（愛知大学豊橋図書館所蔵）

同じく一九三八年の暑期青年団の活動を紹介した新民会首都指導部の雑誌『青年』には、北京の中等学校以上の学校三十六校から百人集めたとある(95)。

では、暑期青年団の活動の様子を覗《のぞ》いてみよう。ちょうど活動実施中の時期に刊行された『首都画刊』を見てみるとその宣伝をしているが、以下のようにかなり宣伝色が濃い。それはともかくとして、まず団体生活の重要性を説き、次のように触れ込む。

> 我々は大変愉快に過ごしている。個人の生活では想像できないような楽しさがある。朝六時半に起床だが、

決して早いとは思わない。起床後、うがいをして顔を洗うと、七時に朝会で新民体操など柔軟体操、その後に朝食、八時から九時の午前の最も涼しい時間は授業を受ける時間、十時から十二時は自由休憩時間、正午に昼食、一時から三時は昼寝の時間。みんなそうしたいと思うことだろうが、我々はそれができるのだ。三時以降、比較的涼しくなると、座談会を始めたり一緒に遊んだりする、五時になったら夕食、六時からは体育の時間、球技などをする。十時に就寝、一日のスケジュールはこんなにのんびりしたものだ。

「飯」となると、みんな思うだろう。我々はどんな窩頭《ウォートウ》（引用者注：とうもろこし、コーリャンなどを蒸したもの）を食べているのか、粟飯に漬物だけか、と決めつけるだろう。しかし違う。我々は白米を食べている。そして四種類のおかずにスープつき、六、七人でそれぞれに違うものを食べる。

特に楽しいのは団長たちが芝居を見に連れて行ってくれることだ。ピクニックに出かけ、野外で食事をするなどの楽しみもある。これは読者にとって意外であるだけではなく、我々にとっても「意外」なことなのだ。毎週日曜日に我々は自由に外出して遊ぶことを許される。白いシャツに黄緑色のパンツ、緑色の学帽をかぶっているのを見かけたら、それは我々の団員だ。[96]

新民会の雑誌『青年』一九三八年九月号にも、暑期青年団に参加した中学生の体験記が掲載されている。活動を終えて振り返った内容である。

ある日、五人の学生が一緒に学校の訓育主任から呼び出され、暑期青年団について、「どの学校からも何人か品行、学力共に優秀な代表が訓練を受けに行かないといけないというものだ。それでお前たちを呼んだのだ。そこで意向を聞きたいのだが、行きたいか」[97]と問われ、更にこう言われたという。

お前たち、怖いのだろう。不便なところに行くのが怖いのだ！　そうだろう。いや！　保障しても良い。全く危険はない！　指導者が毎日お前たちに高尚な娯楽を教えてくれて、どこかへ旅行に行ったり、正しい思想を教えてお前たちの今までの間違った観念を正してくれたり……毎日家で座って小説を読んだり、芝居を見に行ったりしているよりよほど良いと思わないか。

（中略）

「暑期青年団」では規律ある団体生活をするので、勿論《もちろん》ひとりで毎日だらだら生活しているよりよほど良

いし、面白い。もし北京の名勝に旅行に行けたら……すごく良いじゃないか。こんな良いことがあるか！……[98]

これを聞いてだんだん行きたくなってきたのだという。訓育主任に呼び出された学生は五人とも皆、行きたいと言ったのだが、その後の試験で二人が落とされ、三人が暑期青年団に参加することになった。

さて、暑期青年団の生活については、次のように書いている。六時半起床、点呼を取ってからうがい、運動場に集合して新民体操と柔軟体操、朝食後に授業、その内容は「張副会長（引用者注：新民会副会長の張燕《えん》卿のことと思われる）の訓育、繆《ママ》部長（引用者注：新民会中央指導部長の繆斌《みょうひん》のことと思われる）の新民主義浅説、久保氏（引用者注：新民会首都指導部総務科長の久保鉄夫[99]）の国際的な重要問題、劉団長の今後の学生生活、第一中学校長の楊蔭慶氏の青年の心身の修養、向副団長の国民党批判、張君衡《こう》氏の共産党批判」など、昼食後は一時から三時まで昼寝、午後には音楽、夕食後は運動、十時に就寝である。そして日曜日は自由に家に帰って良い。そうした環境で、皆で和気藹々《あいあい》と過ごしたという。

その他にも色々な活動があった。

「頤和園《いわ》」（引用者注：北京にある、かつて皇帝の別荘となっていた庭園）旅行はとても面白かった！ 当日朝、団長や教官の皆さんの引率で出発、目的地——頤和園に着くと下車し、入場して色々と見て回った。昼食後、団長が二艘の船を借り、我々に湖の遊覧をさせてくれた。午後五時に団部に帰った。

数日後、河野氏（引用者注：共産党軍との戦闘で亡くなった新民会職員、河野新のことと思われる[100]）を弔う日が来た。朝の天気はとても良く、我々は整列して出発した。北長街まで歩くと、突然雨雲が垂れ込め、暫《しばら》くすると大雨が降り出した。団の学生たちは、それでも秩序を乱すことなく、逆に精神を奮い立たせ、足並みを揃え、気力に満ち、胸を張って前進した。廟には多くの人がいて雨を避けていたが、我々は雨にも負けず前進を続け、講堂に向かった。（中略）

翌日、久保さんが団に来て我々に「我ら『青年団』の精神は昨日儀式に参加していたみんなを感動させたぞ」と言葉をかけてくれ、褒章を与えてくれた。我々は嬉しかった。褒章が嬉しかったのではない。我々の精神が人を感動させたことが嬉しかったのだ。この精神を社会に広めたいものだ。

八月一日、青年団は「首都青年聯歓大会（引用者注：懇親会）」を開き、首都の青年たちを招くことになった。「懐仁堂」で行い、参加者は非常に多かった。我々は役割分担をし、接待や、券の確認など……それぞれの職務にそれぞれが尽力し、良い出来栄えだった。

八月三日の夜、明日は別れの日だ。そこで宿舎ごとに小さなパーティーを開いた。酒や果物、瓜子《グアズ》（引用者注：ウリ類の種）、ピーナッツ……などを買ってきて、一時過ぎになってやっと就寝した。

翌日、八月四日は我ら「暑期青年団」の最後の日だ。敬礼をした後、学生たちと手を取り合って涙ぐみ、別れを惜しんだ。[101]

更に『首都画刊』によると、団員でバスケットボールチームや合唱団もつくり、大阪外国語学校（大阪大学外国語学部（その前は大阪外国語大学）の前身）の学生との座談会も行っている。[102]

これだけを読めば、それなりに楽しそうにも見えるかも知れない。だが一九三九年の第二回の暑期青年団に関する資料には、ここに参加した青年たちをめぐる生々しい実態が記録されている。

一九三九年の暑期青年団は、七月十二日から八月十二日までの一箇月間、北京市立第四中学校で行われた。[103] ここでも、『首都画刊』によれば頤和園旅行にも出かけているし、学生聯歓会という懇親会、バスケットボールなど球技大会なども行っている。[104] だが、労作についても写真で紹介している。[105] また、『青年呼声』という青年向けの新聞にも、大学生の夏休みの過ごし方として暑期青年団と、臨時政府教育部主催で西郊新都市開発[106]に従事する労働服務団を紹介する記事が掲載されているのだが、前年のように昼寝もできるという宣伝に比べれば、厳しさを前面に打ち出しているように見える。

中国の大学生の生活はあまりにもロマン主義的で垢《あか》抜けしていて、授業でも中学校ほど緊張感がないし、学校の厳しい管理も受けないし、まるで桃源郷の仙人みたいだ。

もう夏休みだ。今までなら学生たちはほとんどがさっさとダンスホールや、プール、ビリヤードに行くか、公園に珍しいものでも見に行くか、およそ暇を持て余し、ただ嬉しいこと、楽しいことを追いかけていただけだ。

今年はどうだ？　今年は違う。国家はもう建設の途上にある。当局は大学生の訓練にも特に注意を払っている。だから今年の夏休みの大学生の生活は溌剌《はつらつ》としたものになる。

今年の夏休み、大学生には二つの道がある。

ひとつは一九三九年の暑期青年団に参加することだ。こうした厳しい教育訓練を受けに行くことで、心身を向上発展させる。今回の青年団は大学生の人数が増えた。

もうひとつは教育部主催の労働服務団に参加することだ。鍬《くわ》を担いで西郊新都市を建設するのだ。

西郊新都市建設処が設立されてから、十五年建設新計画が策定された。第一期は五年、第二期は十年、建設工作が始まった時、本市（引用者注：北京市）の各大学の学生には、実際の労働に参加してこの大きな意義を感じさせると共に、甘やかされて育った大学生に苦労者の生活を体験させてみることにもなる。(107)

青年たちは何を思っていたか

一九三九年の暑期青年団については、杉山部隊参謀部第二課「北京暑期青年訓練団実施報告」とその附録「北京学生層思想状況ノ一班」（以下、両方とも杉山部隊資料）という日本軍の内部資料に詳細な記述がある。中国では王士花

暑期青年団の労作体験　「暑期青年団郊外労作」『首都画刊』第 15 期、1939 年 9 月 1 日、1 頁（愛知大学豊橋図書館所蔵）

暑期青年団のバスケットボール大会「一九三九北京暑期青年団」『首都画刊』第 14 期、1939 年 8 月 1 日、5 頁（愛知大学豊橋図書館所蔵）

（二〇〇八）がこの杉山部隊資料を分析し、暑期青年団に参加した青年たちの姿を描き出している。[108] 本書ではこの王士花の分析の仕方を検証しながら、改めて杉山部隊資料から何を読み取るべきかを考えてみたい。

まず杉山部隊資料で暑期青年団の時間割を確認すると、月曜日から金曜日は午前八時から八時二十分まで朝会、九時から十一時五十分まで三科目の授業、午後二時から四時まで自由時間、四時から四時五十分まで音楽や座談会、弁論会など、五時から五時五十分まで研究工作など、七時三十分から九時まで体育教練、土曜日は午前のみ授業、日曜日は記載なし、である。[109]

なお、杉山部隊資料によれば三百五十六人に口頭試験を行い、その結果、北京の大学生や専門学校生、師範学校生ら四十三人と、中学生百四十人が参加した。[110] だが、学生の選出に関しては不満があったようである。「学生ノ程度」について、「優秀者の選定に努めたるも学校当局の杜撰《ずさん》なる申告に依り資質不十分の者あり」とあり、更に「鏡湖、弘達両校は初級中学生を高級中学生なるかの如《ごと》く報告せり」とのごまかしまであったという。[111] 所定の人数の学生を集めるために無理な動員をせざるを得なかったのか、送り出す学校側にやる気がなかったのか、或いは学校側の何らかの思惑があって故意にそうしたのか、理由は不明だが、本章でこれまで見てきた青年訓練所と似たような状況がここにも見える。

では、参加した団員の態度に関する記述を見てみよう。杉山部隊資料には、何月何日に誰がどのような発言をしたかが詳細に記されている。次に挙げるのは趙《ちょう》済武という新民会職員で、この暑期青年団の教官を務めた人物の発言である。

七月十八日
趙教官[112]「青年団に入団した者の心理を分つと左の如くなる」
（1）性放縦にして此《こ》の類訓練を苦痛とする者
（2）青年団は新民会の機関と誤解せる者
新民会には反感を有するも学校より指定せられ止むを得ず入団したる者
（3）帰郷も出来ず公寓（引用者注：寮）生活も費用がかかるから青年団に入りたる者
（4）青年団に入団せば将来就職等に便宜を得ると考うる者
（5）青年団は如何《いか》なることをするや好奇心より入団したる者等等なり[113]

なお、杉山部隊資料には初めに「本資料は北京暑期青年団の共同生活間教官、学生の思想的言論を某学生の日記より抽出したるものにして現在智識階級及学生層の空気を如実に判断し得べし」[114]と書かれている。残念ながら、その学生の日記をどのようにして入手したのか、その肝心の点は不明である。

ここで疑問が浮上する。右のような教官の発言を、本当に学生が日記に書いたのか。ある意味で学生を貶《けな》す発言であるばかりか、特に二番目などは学生の反日感情を煽りかねない発言である。本当に学生がそれを書き留めたというなら、学生の聞いている場で教官が発言したことになるが、少々不可解に思える。例えば朝会など、学生を集めて教官の話を聞かせる場で、教官が「どうせ君たちは」などとでも言いながら、このように学生の本心をわざわざ指摘するだろうか。

想像するしかないのだが、例えば学生の態度に対して総じて不満を持っている教官から見ても、利口で信頼できる学生が一部いて、その学生の前で教官が「近頃の学生は……」とでも愚痴をこぼしていたのだろうか。

いずれにせよ、ここにも青年訓練所と同様の傾向が見える。新民会に反発する青年の姿もあるが、単純にそれだけではなく、また新民会の教化工作に染まるのでもなく、生き抜くため、不本意ながら新民会の活動に身を投じる青年の姿も浮かび上がってくる。

杉山部隊資料の最後には、学生の日記からの抜粋ではなく、この資料をまとめた報告者自身による考察が記されている。まず「入団一月に於《お》ける団員の感想」として、どのようにして学生から聞き出したのかは不明だが、挙げられている声は多様で、かなり生々しい声も含む。

（1）青年団で大なる収穫を得たと思わぬが多数知己を得将来交際が出来ることは喜ばしい
（2）青年団に於《おい》て積極的精神と研究的頭脳を養うを得た
（3）入団後自己の思想と見解とが誤って居ることを知った、思想改変迄《まで》は徹底せなかったが新しき認識を得しめて呉《く》れた
（4）最初青年団は日本側の宣伝乃至《ないし》徴募機関かと危惧して居たが然《しか》らざることが判《わか》った
（5）政治的智識を深刻に得た
（6）一ヶ月位の短期間では何とも仕方がないが成績は相当だ
（7）青年団の影響は頗《すこぶ》る大きい将来永続したい
（8）青年団に於て此《こ》れ程思想訓練に重点を置いて実

施した所は外国にも無いであろう
(9) 青年団の主辨《べん》者が発財（引用者注：金儲け）の為やったのだと思う
(10) 青年団は暑中無料宿泊所だ
(11) 学科を休む者病人等が多い
(12) 青年団員は複雑な分子から成立せる為団内の秩序維持は困難である
(13) 食事が拙い
(14) 団長の奮闘的精神は感服の他はない
(15) 人は皆劉団長のことを漢奸《かんかん》と云っておるが実際は然《しから》ず
(16) 青年団は団長が中心である団長の居る時は皆努力するが不在となれば直《す》ぐ不面目となる
(17) 団長は団員の自発的精神を重視し過ぎた為時間を空費したことが多い
(18) C教官は阿片《あへん》を吸うH教官は無責任O教官の講義は難解である事務員二名は威張り散らす(115)

その次には、「青年団百八十名の思想概況」に関して次のように総括している。

(1) 親日的——約三十名
領袖的地位を占め発言も活発に為したり、北京市学生聯歓大会に於て招待員、検票員、答辞者、記録掛等の大部は彼等なり
団内生活に於ては他の団員より圧迫を受け殴打せられたるものあり
(2) 抗日的——約五十名
西郊に於ける日本学生の勤労奉仕（引用者注：後述）に参加を反対し欠席したるは彼等なり
(3) 中立的——約百名
政治に関しては不問不聞、青年団に入りたるは飯の為遊山気分等に因る但し此の百名中には従来抗日分子なりし者にして入用後《ママ》（引用者注：正しくは「入団後」だと思われる）一月の訓練にて中立的思想に移りたる者多数を占む
要之抗日思想の者と雖《いえども》大部分は定見浅き者にして青年団訓練の結果は中立的の者増加し抗日分子減少し親日分子稍《やや》増加せり(116)

これらから浮かび上がるのは、日本占領地区に生きた青年たちの姿もそれぞれ多様であったということである。王士花（二〇〇八）は、以下詳細に見ていくように、杉山部隊資料の記述から日本占領地区の青年たちが新民会に対し

て反発し、愛国心と抗日意識を堅持していたことを主張するが、そこだけを読み取るのではなく、より多様な青年たちの姿を見出すべきであろう。特に王士花は、親日の学生が約三十名で、全体の十六パーセントしかいないことを、日本占領下華北の青年たちが愛国心と抗日意識を堅持していた根拠に挙げているが、(117) 右にある通り、最も多いのは中立の学生であり、それが全体の五十五パーセントを占めていることをどう見れば良いのか。しかも、そのうちの多くが暑期青年団の訓練を経て抗日から中立に転じたというのであるから、日本軍側から見れば、訓練の成果が一定程度認められる結果であったと言えよう。

以上のような全体の傾向に関する総括を踏まえるならば、以下に見る資料の記述は一部の学生の反応として読み取る必要があろうが、それでも反発する学生はかなり露骨な言動をしている。次のように民族意識を帯びた反発をむき出しにした学生の姿も記録されている。

七月十五日

特別講演として北京市立第四中学校長が「建設東亜新秩序」なる題目に依り講話があったが内容は中央電台（引用者注：放送局）で講演したものと同一である、団員は「彼は此の講演を暗記して学校でも集会でも電台でも新聞でも同じことを云っている、斯《かか》る通り一篇の話は聞く価値がない」と一般に云《い》い合った又或団員は彼は大漢奸だと称した。(118)

次は憲兵隊の「古岳少佐」の講話を聞いての感想である。内容は概ね日中戦争と国際情勢に関することである。次のような団員の感想が挙げられている。このうち五と六などは特に露骨な反発の例である。だが四のように、ある程度納得している学生もおり、これが先に見た抗日から中立へという変化の表れ方の一例とも考えられよう。その双方に目配りする必要がある。(119)

七月二十九日
右講演に対する団員の感想
（1）自己の立場を離れて日支《にっし》問題を談ずることは出来ぬ
（2）日本の目的が共産思想撲滅にあるならば蘇《そ》満（引用者注：ソ連と満洲）国境事件に乗じ「モスコー」に前進したがよい
（3）本講話に依り世界思想戦の状況が明白になった
（4）古岳少佐の話は大体公平だ
（5）日本人を中心とする東亜新秩序及大和世界の建

設理論は賛成が出来ぬ
（6）日本が民族解放を説くならば自ら朝鮮、台湾を解放するを可とす
（7）反共は互に口頭理論を実際には日本も独逸《ドイツ》も反共の根本を衝いておらぬ、英仏と蘇聯の協定が出来たことは蘇聯が独逸と接近しておることに依るのではないか
（8）日本人真の考え方が彼の云う通りならば結構である(120)

他にも、竹山増次郎という人物の講演に対する反応も見てみよう。竹山は同資料によれば「今回日本学生勤労報国隊（引用者注：日本国内の日本人学生を中国での勤労奉仕に動員したもの）の指導者の一人として来支したる者にして大阪商大（引用者注：現在の大阪市立大学）の学生主事なり」(121)とのことである。ここで竹山は「日本の目的は東亜新秩序に在り支那《しな》侵略に非ず」、「日支提携は歴史的必然なり、英国の援蔣は利己なり」といった内容の講演をしたというのだが(122)、これに対する団員の感想は次の通りである。

（1）竹山氏の所説には同意す但し現在日軍の行動は氏の所説の如くならざる点あり
（2）反共及欧米勢力駆逐の為の聖戦なりと称するならば蘇満国境戦に乗じ蘇聯に進攻し日英会談は直に決裂せしめ攻勢態度を明かにするを可とせざるや
（3）日本人が占領地域内に於て甚《はなは》だしく傲慢なりとは認めず此の点は感服す(123)

教官も監視されている

さて、ここで『北京学生層思想状況ノ一班』の初めの記述をもう一度よく見てみたい。

本資料は北京暑期青年団の共同生活間教官、学生の思想的言論を某学生の日記より抽出したるものにして現在智識階級及学生層の空気を如実に判断し得べし(124)。

注目したいのは、ここに「教官」という文字を含んでいることである。つまり、教官の思想と言論も日本軍の調査記録対象になっているのである。

杉山部隊資料は、「某学生」の日記の記述をそのまま写したものではなく、あくまでも抄録である。それは即ち、杉山部隊がその日記の中で問題視した記述がここに写されているのであって、杉山部隊が何を問題視したかが反映さ

れている。そしてここに、教官の発言も記録されているのである。必ずしも学生の発言を記録することを第一として、学生と対話をする教官の発言を文脈上の必要から抽出したものばかりではない。学生との対話とは無関係に、教官単独の発言も記録されている(125)。

更に、『北京学生層思想状況ノ一班』の初めには次のようにも記述されている。

北京暑期青年訓練団は学生の自発的団体たる形式を執り日本側は固《もと》より支那官憲も関与せず親日的指導者に一任して実施したるものなり(126)。

そうは言いながら、教官の発言を問題視して記録したこのような資料が存在すること自体が、日本軍が彼らを信用して任せ切っていないことの証拠であろう。

まずは、杉山部隊資料に団の指導者、教官の一覧があるので、その「親日的指導者」たちの顔ぶれを見てみよう(127)（下段表参照）。

これらの教官、指導者について、「新民会其他より学生に理解を有し覇気に富に《ママ》（引用者注：正しくは「富み」か）時局に対し正しき認識を有する者を選定し個人の資格を以《もっ》て

氏　名	本　職	青年団の職務	担当課目
劉字譲《ママ》(128)	新民会	団長	生活指導
趙済武	新民会	団附兼教官	学生運動
白《ママ》慕純(129)	新民会	団附兼教官	時事解説
揚文源	新民会	団附	
関立三	無職	団附	
張紹衡	無職	団附兼教官	国際事情
張君衡	新民会	教官	現代思潮
張子傑	新民会	教官	常識講座
張思書	無職	教官	反共理論
孟玉昆	無職	教官	体操教練
劉占斌	無職	教官	武術
郝蔭棠	無職	教官	音楽

左記の者を当らしめたり」(130)という。とは言うものの、「団長は最も学生に信頼せられ其《その》指導適切なり、団附は統御力乏《ママ》しり訓練の効果十分ならず」(131)とも書かれており、教官たちは期待したほどの力量を発揮しなかったようにも窺《うかが》える。

だがそれよりも、この教官たちは日本軍側から見て本当に「時局に対し正しき認識を有する者」だったのだろうか。

実際に彼らの言動はどのように記録されているのだろうか。まずは、入団式前日の団長の発言を見てみよう。

七月十二日
劉団長は学生宿舎にて語る
「満洲に於ける青年訓練を見たが其の教練は整齊であるけれ共《ども》魂が無い彼等は被動的、形式的である、我等の青年団は諸君に自主的精神と創造力を附与せんとするものである
　現在北京の小学校等で日支の小供が両国の国旗を振っておる絵画等を画いて居るが強制せられた日支親善は意味が無い」[132]

図は、この十一日後の『新民報』に掲載された、日本の小学生が描いた絵である。日本と中国の小学生の図画親善展覧会を実施するために広島から杉山部隊に送られた作品だという。なお、これから中国の小学生の作品も収集すると報じている。北京の小学校でもこのような絵を描かせていたのであろう。[133]

　この「劉団長」とは、中国語の複数の資料に記載されているように劉《りゅう》家驤《じょう》である。[134] 先に見た杉山部隊の資料にある「劉字譲」の表記は明らかな誤植である。劉家驤は、新民会首都指導部指導科長であり、[135] 新民会が青年運動を興すにあたり設置した新民青年運動実施委員会（第2章で既述）の委員も務めた人物である。[136] 即ち、新民会当局にとっても中心人物である。また、第6章で取り上げる新民会の青年読物のひとつである『青年呼声』を発行した青年呼声社の社長でもあり、[137] 特に青年運動の中心的指導者であったとも言える。

「中日小学生聯合挙行図画親善展覧　日学生作品已送杉山部隊最近即募集中国学生作品」『新民報』（北京）1939年7月23日、3面（国立国会図書館関西館所蔵）

　劉家驤が「日支親善」についていかなる認識を持っていたか、「日支親善」自体に疑問を抱いていたのか、それとも「日支親善」を肯定しつつも日本軍の言うものとは目指すものが違ったのかなどは、これだけでは分からないが、押しつけられることに対する反発を中国人学生の前で表現

暑期青年団の入団式。壇上で挨拶しているのが劉家驤。その後ろに見える旗は、左上が日本の国旗、右上が臨時政府の国旗、下が暑期青年団の団旗。　「一九三九北京暑期青年団」『首都画刊』第14期、1939年8月1日、5頁（愛知大学豊橋図書館所蔵）

しているかのようである。
　次に見るのは、翌日の「入団式に於ける教官の口演要旨」である。[138]

七月十三日
向団副
「本団は日本人の指導に依ると誤解せる者あらんも然《しか》らず諸君に接する者は総《すべ》て支那人なり、本団は親日機関と考うる者あるべし但し吾人《ごじん》は飯の為にやるのではない、予（引用者注：自称）も民国九年（引用者注：一九二〇年）革命に参加してよく聯共を経て終《つい》に反共になったものである、蔣介石は決して救国愛国分子ではない
　吾人は恋愛的盲従的親日を欲せず飽く迄《まで》も理智的で進みたい[139]」

「向団副」とは副団長の向慕純であろう。新民会の青年指導に携わった人物の履歴が記述されている点も貴重だが、ここで着目したいのは、この発言からも「親日」に多少距離を置く姿勢が見て取れることである。
　続けてこれも入団式での発言である。張姓の「団附」とは誰か。先に見た教官の名簿から探すと張紹衡であろう。

張団附

「諸君は本青年団に来り抗日分子と接すると思うならそれは誤りであるが同時に親日工作員に接すると思うも亦《また》誤りである、本団は最初より親日とか抗日とか規定して工作するものではない[140]」

この発言についても同様である。追求したいのは日本占領下で一般的に言われている「親日」ではなく、何か別の理想であるかのような含みがある。

王士花（二〇〇八）はこれらの発言について、教官たちはわざと必ずしも親日的ではないかのような姿を装うことによって、学生の警戒心を解こうとしたものと分析している[141]。ここまでの教官の発言だけを見れば、その見方も理解できなくはない。

だが、もしそうなら次のように、ここまで露骨な発言をするだろうか。発言者は「向教官」と表記されている。副団長の向慕純であろう。七月十八日の発言である。

向教官

「日本は支那をして東亜和平工作を分担せしめんと考えあり日本は屡々《しばしば》領土的野心なしとか支那を侵略せずとか声明して居るが皆口頭に過ぎない日本の本心は支那に中央政府（汪《おう》運動に依る）成立（引用者注：汪兆銘政権の成立）に依りて明白に表示せらるることとなるべし[142]」

ここまで言えば、さすがに学生の反日感情を刺激するばかりであろう。

この後にも劉家驤と団員の会話が記録されている。「団長は団員と雑談す」としか前置きがなく、発言者は団長か団員かはっきりしりないが、恐らく主語になっている団長劉家驤自身の発言であろう。

七月十九日

団長は団員と雑談す

（1）現在日支の局面は一概に和平が好いとか戦争が好いとか云うことは出来ぬ。

予は遠大な理想を有す、国内各民族を解放し国外民族も一律平等に取扱う所謂《いわゆる》東方革命理論なり。

（2）天津租界問題[143]は支那人たる吾人より云えば英租界のみならず各国の租界全部回収したい、日本に実力があるから日本租界のことは口を緘《と》じて盲目的に反英を呼ぶことは吾人の採らぬ所である、只《ただ》従来支

那の国力弱きが為租界回収の解決が出来なかった(144)

日本及び傀儡政権が掲げる和平とて前提にはせず、また中国の独立自主、日本との対等を求めているようにも読み取れる。更に中国に日本が租界を有していることに対しても悔しさを滲ませている。

いずれにせよ、この杉山部隊資料が、日本軍にとっての要注意発言を記録したものであることを忘れてはなるまい。仮にここまでに見た教官の中に、本心は親日でありながら学生の前で親日ではない姿をわざと装っていた教官がいたとしても、少なくとも言えることは、日本軍にその意図は理解されていないということである。ここに発言が記録されていること自体が、教官に対する日本軍の警戒の表れだからである。

もうひとつ注目したいのは、教官と団員たる学生との会話に見られる次のような特徴である。

七月十四日
劉団長は学生宿舎に来り雑談す一学生問いて曰く「日支事変解決法如何《いかん》」
劉団長「君等は如何に考うるや」
団員甲「両国人の誠意に俟《ま》つ」
団員乙「抗戦が支那に有利ならば吾人も抗戦に参加す、和平が支那に有利ならば和平に同意す」
団長「凡《およ》そ原因を研めざれば解決は出来ぬ日本人としては人口問題解決の為支那に発展するを当然と考えるかも知れぬ
支那としては幾多《いくた》帝国主義の侵略に対し国家、民族の復興を提唱せざるを得ず利害一致せざる所に衝突は起る
吾人は両国をして其の誤まれる原因を研明して根本策を樹立する必要を感ず
予は狭義的国家及民族観念を打破し更に之を超越した思想を以て将来の東亜建設に進みたい(145)」

劉家驤の発言は、中国の独立をまず追求し、他国との関係が利害に反すれば衝突が起こることは当然と考えている。日本との関係もその例外ではないとほのめかしているのではないか。(146)同時にここから分かることは、雑談での非公式の発言とはいえ、「抗戦」が選択肢にあるなどと、団員即ち学生が団長の前で言ってのけていることである。それに対して団長の劉家驤はたしなめもしない。

次に挙げるのは、教官の趙済武に対して学生が話したことである。

七月二十八日

「一般日本人は支那の青年が現在如何《いか》なる心理を有するやを知らない

現在我々青年の大部は消沈し乍《なが》らも消極的抗日心が消え去らない

日支関係は大乗的見地に於て取扱うべきものと思考す、吾人は許し得る限り言論の自由を要求する」[147]

学生が、我々も抗日意識を持っているとまで、親日化工作を任務とする教官の前で言ってのけるのである。

これは夕食後の団長劉家驤と団員の座談会の模様である。座談会という以上、先の雑談よりは少し改まった場であろう。

八月八日

団　長「如何なる意見にても可、忌憚なく述べよ団長個人に対することにて批評して差支えなし」

団員甲「団長の思想は進歩的且《かつ》独創的である併《しか》し稍不徹底の憾あり」

団員乙「団長の聡明と才学を以てせば何をやっても立派に生活が出来ると思う、何故《なぜ》に南方に行かず北方に留りて新民会の為に働くのか団長の気持が解らない」[148]

ここから学生の抗日意識を見出すこともできるが、[149]それより注目すべきは、団長劉家驤の前で団員が新民会を貶《おとし》めるような発言を堂々とできていることであろう。「南方に行」くとは、趙済武の発言にも「抗日分子として南方に走る者」[150]とあるように、これは劉家驤に向かって「なぜ抗日に走らないのか」という質問をぶつけているのである。[151]

これらの発言に対して、劉家驤の返事の様子も記録されている。

団長は詳細に自己の抱負と立場を説明したるも団員乙は答う所は問う所に非《あら》ずとて満足しなかった。[152]

どうやら劉家驤もさすがに答えづらく、はぐらかしたようである。

以上の会話から見るに、暑期青年団の団員にとって、教官はこのような心情を吐露しても大丈夫だと思える相手だったようである。これは王士花（二〇〇八）の言うところの、教官が学生の警戒心を解くために親日ではない姿を装った結果であろうか。杉山部隊資料が、問題視した発言の抜き書きであるという性質が却《かえ》って限界になってしまうのだが、この資料からは教官が学生に本音を語らせ、咎《とが》めずに耳を傾ける姿勢をとっているところまでは分かるものの、そこからどのようにして学生を親日へと誘導したのかは見えてこない。結局、ここから見えてくるのは、学生が日本への反発を声に出して言える空間、言っても咎められない空間、そしてそのような空間を一緒に作り出している教官の姿までである。

さて、この団長の劉家驤は、「団長は最も学生に信頼せられ其指導適切なり」(153)と、杉山部隊資料でも評価されていることは先に触れたが、団員にとっても特に話しやすい相手だったのかも知れない。団員と共に汗を流すことを厭《いと》わず、その姿勢が団員に慕われていたように窺える記述も見られる。日本から派遣された日本学生勤労報国隊と暑期青年団が共同で勤労奉仕に参加することになった際、参加者は有志のみであり、全員強制参加ではなかった。先に見た杉山部隊資料の総括によれば、参加しなかった学生は「抗日的」な学生ということになるのだが(154)、参加した団員からは次のような声が上がっていた。

本日日支学生が共に労作をしたが最も努力したのは我々青年団である之れは自発的参加と云うことと団長が自ら鍬を持ち以て終日黙々として働いた其の率先垂《すい》範に依る所が多い。(155)

先に見た、杉山部隊資料の最後にまとめられている「入団一月に於ける団員の感想」の中に「(4)最初青年団は日本側の宣伝乃至徴募機関かと危惧して居たが然らざることが判った」(156)、「(15)人は皆劉団長のことを漢奸と云っておるが実際は然ず」(157)といった声が含まれているが、これらは団長劉家驤や教官たちも日本に対する反発や抵抗を口にし、学生たちとそれを言い合える空間を作ってきた結果であろう。

杉山部隊資料の総括は、総合的に見て抗日の青年を中立に転化させたという点で親日化に一定の成果があったことを示しているが(158)、教官が学生と距離を縮めて本音を話せる関係を築いてきた手法が学生の親日化につながったとは思えないのである。

帰ってからが心配

そしていよいよ解散が近づき、劉家驤が最後の訓話をする日がやってきた。ここで劉家驤は次のような発言をしている。

八月十日

本年の青年団は社会的に影響は増大したと思うが諸君が学校へ帰った際尚《なお》或いは圧迫を受けるかも知れない

去年其の例がある、併し吾々少数と雖も他の多数を克復して行かねばならぬ、諸君にして困難な事情が発生した場合には遠慮なく私を訪ねて相談して貰《もら》いたい(159)

彼の言う「圧迫」とは何なのか、直接の説明はない。青年訓練所卒業生のように、参加の動機は何であれ、新民会主催のこのような活動に参加したということが、共産党からは勿論、世間からも「漢奸」として睨《にら》まれるということだろうか。ここまで、暑期青年団の内部では新民会や日本に対する露骨な反発を示す発言が飛び交っていたことを見てきた。だが外部から見れば、暑期青年団など、完全に新民会の親日思想教育を受けに行く場でしかなかったのであろう。学校にいる他の青年たちも日本に対して内心同じような反発を感じ、密かに本音を語り合っていた可能性とて十分にある。

また、新民会の幹部レベルの立場にある青年訓練の指導者たちも、青年たちと内輪で話している時には青年たちの反発心にも一定の理解を示し、日本に対する反発や抵抗とも受け取れる発言をしていたことが、杉山部隊資料からは読み取れる。目下推測するしかないが、青年訓練所や青年団でも同じような実態があったとしても不思議ではあるまい。

---

(1) 寺尾周祐（二〇〇八）は新民会の青年訓練所で行われていた軍事訓練について、国民党統治下と比較して軍事訓練の比率が低く、軍事は日本軍に任せていたとの評価にとどめている。しかし、日本の対華北占領統治では治安維持は最重要課題であり、青年訓練がこれを支えることも目的のひとつであったことを考えれば、青年動員における軍事の位置づけはより詳細に検討されるべきであろう。更に寺尾は一九三九年以降を考察対象に含めておらず、時間軸に沿う変遷までは復元していない。中国では周競風（二〇〇八）が特に新民会の青年団を取り上げ、「奴化」教育と軍事動員を基調としつつ、宣伝活動や勤労奉仕への動員を中心とする活動から、武装自衛集団としての組織化へと青年団の動員体制が拡大強化していったことを論じている。しかし新民会の当初の方針と実態の乖離や、それによる方針の転換などに着目することで日本の対華北占領統治の問題点が見えてくるものであり、そうした背景と併せて変遷を辿っていくべきであろう。

(2)「新民会中央青年訓練所職員服務規程」『新民会報』第五号、一九三八年六月一日、一九頁。

(3)「新民会中央青年訓練所実施大綱」『新民会報』第五号、一九三八年六月一日、一六頁。

(4) 岡田春生「青訓指導所感」『新民運動』第二巻第七号、一九四一年七月、一三七頁。なお、この論稿は岡田春生編『新民会外史』後編、五稜出版社、

一九八七年、一八―二五頁に一部改訂の上、抄録されている。

(5)広中一成（二〇一三）収録のインタビューでも、岡田は「昔から新民会にいる職員は、支那人に威張ることは一切ありませんでしたが、宣撫班は支那人に対する言葉づかいが悪く扱いも乱暴でした」と述べているように、新民会と宣撫班の確執が窺える。広中一成、菊地俊介共編「新民会とは何だったのか――元中華民国新民会職員・岡田春生インタビュー」、広中一成『ニセチャイナ』社会評論社、二〇一三年、三三二頁。

(6)岡田春生「青訓指導所感」『新民運動』第二巻第七号、一九四一年七月、一四一頁。

(7)同右、一四二頁。

(8)同右。

(9)前掲岡田後編、一九八七年、二三頁では、「華系の部員」を「華系の職員」と改めている。

(10)岡田春生「青訓指導所感」『新民運動』第二巻第七号、一九四一年七月、一四五―一四六頁。

(11)注2参照。

(12)中華民国新民会中央指導部『新民会青年訓練所要綱』一九三九年、五一頁。

(13)樊懐玉「青年訓練改善之我見」『新民青年』第三巻第二期、一九四二年二月、七〇頁。

(14)原澤仁麿編『中華民国新民会大観』公論社、一九四〇年、四六―四七頁。

(15)「新民会中央青年訓練所実施大綱」『新民会報』第五号、一九三八年六月一日、一六頁。

(16)前掲『新民会青年訓練所要綱』二一頁。

(17)肩書きは新民会中央訓練所『新民会中央訓練所紀念冊』（第二期）、一九三九年、教職員全員の顔写真と名前を掲載している部分（頁数なし）と、同書の新民会中央訓練所職員録二頁より。

(18)韓鎮「青年訓練之過去与未来」『新民週刊』第四四期、一九三九年十一月、二〇頁。

(19)井上太郎の肩書きは、井上太郎「冀東西部視察記」『新民会報』第六六号、一九四〇年六月二十日、二〇頁では普通訓練科副科長、井上太郎「新民会沙河県総会首席参事澤田廣義君を悼む」『新民運動』第三巻第一〇号、一九四二年十月、五一頁では順徳道、井上太郎「青年協議会を済ませて」『新民運動』第四巻第二号、一九四三年二月、八一頁では河北省総会とだけ記されている。井上太郎については広中一成『ニセチャイナ』社会評論社、二〇一三年、三二六―三二七頁も参照。

(20)井上太郎「県市訓練処の使命」、新民会中央訓練処『理論ト実践』一九四一年、三八五―三八六頁。

(21)志摩勝巳「従来の青訓を省みて」『新民運動』第二巻第九号、一九四一年九月、四九頁。

(22)江村定保「治安工作ト民衆訓練」『新民会報』第四八号、一九三九年十二月二十日、一九頁。

(23)志摩修吾「如何にして香河県、通県の武装自衛団は結成されたか」『新民運動』第二巻第八号、一九四一年八月、四七頁。

(24)地方の青年訓練所の訓練生について記述する中で、「二期は読み書きのできない者があまりにも多かったので、訓練は当然ながら困難であった。したがって三期は方法を改善し、各郷長に通達して村ごとに二、三人を選抜して送るようにさせ、合計三百人余りから、試験をして五十人を採用することにした。彼らは皆私が自ら試験をして合格を認めた者で、優秀な青年たちだった。だが彼らが卒業する前に、私は彼らと別れて中央に来て受訓することになった」と、中央訓練所に入所するまでの経緯を説明している。新民会中央訓練所『新民会中央訓練所紀念冊』（第二期）、一九三九年、記叙文七頁。

(25)同右、記叙文六頁。

(26)同右、記叙文七頁。

(27)寺神戸茂「青年層の訓練、組織、指導に就て」、前掲『理論ト実践』四〇八頁。

(28)「河北省指導部各県市指導部連絡会議記録」『新民会報』第一一号、一九三八年九月一日、三一頁。

(29)「石門市指導部二十八年度工作方針（摘要）」『新民会報』第二九号、一九三九年六月一日、一二三頁。

(30)「青訓教育ト教材ノ内容」『新民会報』第五九号、一九四〇年四月十日、六頁。
(31)同右、七頁。
(32)「新民会首都指導部成立宣言」『外事警察報』第一九〇号、一九三八月五月、一二四頁。
(33)「新民会津海道拡大訓練工作　灌輸反共常識　期新民精神発揚光大」『新民報』(北京)一九四〇年五月二十八日、七面。
(34)河南省指導部「河南省指導部管下各県視察報告」『新民会報』第四八号、一九三九年十二月二十日、二五頁。
(35)果勇「華北占領区の新民会」、北京市政協文史資料研究委員会編、大沼正博訳『北京の日の丸』岩波書店、一九九一年、四七―四八頁。果勇の肩書きは、北京師範学院歴史系講師。
(36)「臨時政府治安軍隊新兵招募要項」、一九三九年、中央檔案館、中央第二歴史檔案館、吉林省社会科学院合編『汪偽政権』中華書局、二〇〇四年、三六一頁。
(37)「肇固地方治安招募新軍　治安部昨発通告」『新民報』(北京)一九三九年九月二十五日、三面。
(38)「治安軍募補充新兵」『新民報』(北京)一九四一年六月九日、二面。
(39)「冀各県募集新軍　十月底赴保定候選抜」『新民報』(北京)一九三九年九月十九日、六面。
(40)「以十一月為期　編成治安軍　治安部規定応募資格」『新民報』(北京)一九三九年九月二十七日、一面。
(41)日本軍による青年訓練が行われていたことについては、笠原十九司(二〇一〇)も触れている。笠原十九司『日本軍の治安戦』岩波書店、二〇一〇年、七七―七八頁。
(42)「農事改良ニ重点ヲ注グ北郊実験区」『新民会報』第三一号、一九三九年七月一日、二二―二三頁。
(43)「邢台県指導部二十九年度基本工作方針」『新民会報』第五二号、一九四〇年二月一日、八頁。
(44)桑原壽二「北京東郊報告記」『新民運動』第一巻第二号、一九四〇年九月、一九頁。桑原壽二は一九四〇年二月時点では新民会首都指導部総務科長。「南郊五期青訓生昨挙行畢業典礼　東郊四期生同日卒業」『新民報』(北京)一九四〇年二月一日、七面。
(45)「涿県指導部十月份工作報告」『新民会報』第四六号、一九三九年十二月一日、一〇頁。
(46)県政連絡員については中澤善司(二〇〇三)参照。
(47)「青県指導部工作報告(二)」『新民報』(北京)一九四〇年一月二十九日、五面。
(48)寺神戸茂「農民動員の基本的問題」『新民運動』第二巻第六号、一九四一年六月、二二頁。
(49)安藤紀三郎「新民会之使命与活動」『新民会報』第一〇二号、一九四一年一月十日、四頁。
(50)他には池田克己「唐山帰来所感」『新民運動』第一巻第四号、一九四一年十二月、四三―四五頁。元岡健一「郷村建設への基本的考察と新民会現地職員の活躍」『新民運動』第三巻第一号、一九四二年一月、二六―三三頁など。池田克己は『新民運動』第三巻第一号に元企画科副科長として名前が見られ、前掲岡田後編、一九八七年、三一四頁の新民会日系職員名簿には、新民会中央総会参事の肩書きで載っている。
(51)志摩修吾「如何にして香河県、通県の武装自衛団は結成されたか」『新民運動』第二巻第八号、一九四一年八月、五一頁。
(52)同右、五二頁。
(53)元岡健一「郷村建設への基本的考察と新民会現地職員の活躍」『新民運動』第三巻第一号、一九四二年一月、五一頁。
(54)志摩修吾「如何にして香河県、通県の武装自衛団は結成されたか」『新民運動』第二巻第八号、一九四一年八月、五四―五五頁。
(55)池田篤紀「新民会運動の本質」『新民運動』第二巻第三号、一九四一年三月、二〇頁。
(56)井上太郎「県市訓練処の使命」、前掲『理論ト実践』三九三―三九四頁。
(57)石島紀之「中国占領地の軍事支配」、大江志乃夫ほか編『岩波講座　近代日本と植民地』第二巻、岩波書店、一九九二年、二二三頁。

(58)同右、二二一頁。
(59)「北京附近模範区域暫行保甲法」、一九三八年十一月十日、中国第二歴史檔案館編『中華民国史檔案資料彙編』第五輯第二編附録上、江蘇古籍出版社、一九九七年、三六頁。
(60)井上太郎「冀東西部視察記　続」『新民会報』第六七、六八、六九号合刊、一九四〇年七月一日、二五頁。
(61)横山銕三「奇才・伊藤千春」、前掲岡田前編、一九八六年、一七四頁。
(62)寺神戸茂「農民動員の基本的問題」『新民運動』第二巻第六号、一九四一年六月、二二頁。
(63)落合久生「当面の問題に関する若干の考察」『新民運動』第二巻第三号、一九四一年三月、六八頁。
(64)落合久生「中共打倒戦略の先行的条件」『新民運動』第二巻第四号、一九四一年四月、三二―三三頁。同論稿は前掲『理論ト実践』にも掲載されている。一三五―一三六頁。
(65)前掲石島、一九九二年、二二三頁。
(66)全体聯合協議会事務局「第二届全聯協議会擬定之上整議案及代表名単」『新民青年』第二巻第一〇期、一九四一年十月、六一頁。
(67)同右。
(68)肩書きは章伯鋒、庄建平主編『抗日戦争』第六巻、四川大学出版社、一九九六年、四〇五頁より。
(69)波多江種一「新民会の組織と治安工作に就いて」『興亜教育』第一巻第二号、一九四二年二月、一〇九頁。
(70)首都指導部「四郊重要工作方針大綱（民国廿九年度）」『新民会報』第四七号、一九三九年十二月十日、一五頁。
(71)「中華民国新民会第一回全体連合協議会ノ状況ニ関スル件」三、一九四〇年、三七頁、JACAR（アジア歴史資料センター）Ref. B02031836100、第三四画像目、支那地方政況関係雑纂／北支政況／自治問題、新民会関係（外務省外交史料館）。
(72)宮崎菊次「農村分会は如何にして組織さるべきか」『新民運動』第二巻第五号、一九四一年五月、一四―一五頁。
(73)宮崎菊次「農村分会は如何にして組織さるべきか」『新民運動』第二巻第六号、一九四一年六月、三九頁。
(74)同右、五〇頁。このような説明は他にもいくつか見られる。例えば志摩修吾「如何にして香河県、通県の武装自衛団は結成されたか」『新民運動』第二巻第八号、一九四一年八月、五八頁の「新民青年団（一七才三〇才）と保甲自衛団（一八才四〇才）は年齢に於て幾分喰い違いあれど実際に於いて中堅を為す大部分は同一人間なりとす。即ち原則的に新民青年団即保甲青年団なり」など。
(75)宮崎菊次「農村分会は如何にして組織さるべきか」『新民運動』第二巻第五号、一九四一年五月、一〇頁。
(76)「民国三十年度下半期工作一般方針」『新民会報』第一五四号、一九四一年七月二十二日、一頁。
(77)同右、三頁。
(78)「第一回青訓主務者連絡会議」『新民会報』第二五号、一九三九年四月一日、一四頁。
(79)江村定保「治安工作ト民衆訓練」『新民会報』第四八号、一九三九年十二月二十日、一七―一八頁。
(80)「青年挺身隊活躍　懐柔捕獲偽政治班長」『新民報』（北京）一九四一年十二月六日、一面。
(81)中央訓練処第二次綜合訓練第四区隊「臨晋県靖郷新民隊に就て（特別自衛隊）」『新民運動』第二巻第四号、一九四一年四月、一一一頁。
(82)同右。
(83)同右、一一四頁。
(84)同右、一一四―一一五頁。
(85)肩書きは前掲岡田後編、一九八七年、三一六頁より。
(86)友枝英一「新民運動への発展」『東大陸』第一七巻第六号、一九三九年六月。前掲岡田前編、一九八六年、一八七―一九四頁にも転載。
(87)新民会中央訓練所のうちのひとつで、新民会職員として新規採用された日本人を対象に訓練を行った。第2章参照。
(88)波多江種一「新民会の組織と治安工作に就いて」『興亜教育』第一巻第二

号、一九四二年二月、一〇六頁。

(89)宮崎菊次「農村分会は如何にして組織さるべきか」『新民運動』第二巻第六号、一九四一年六月、五三頁。

(90)王士花（二〇〇八）の記述では「暑期青年訓練団」となっているが、「暑期青年団」と同じものを指している。以下に見る杉山部隊参謀部第二課の資料でも両方の呼称が混在している。

(91)「暑期青年団昨挙行入団式　定今日正式上課」『新民報』（北京）一九三八年七月七日、三面。

(92)「学生暑期修養会　昨遊覧頤和園　一行精神奮発極為活潑」『新民報』（北京）一九四〇年七月五日、二面。

(93)「暑期学生修養会　昨挙行閉会式　十日経歴成績良好」『新民報』（北京）一九四〇年七月十一日、二面。

(94)梁擲水「介紹暑期青年団」『首都画刊』第二期、一九三八年八月一日、一六頁。なお、『首都画刊』の頁数の記載については、本書二二頁参照。

(95)賀福全「暑期青年団閉幕後的話」『青年』第一巻第六期、一九三八年九月一日、四〇頁。

(96)梁擲水「介紹暑期青年団」『首都画刊』第二期、一九三八年八月一日、一六―一七頁。

(97)馬小和「入「暑期青年団的」前後記実」『青年』第一巻第六期、一九三八年九月一日、三八頁。

(98)同右、三八―三九頁。

(99)「暑期青年団昨挙行入団式　定今日正式上課」『新民報』（北京）一九三八年七月七日、三面。

(100)「新民会宝坻県指導部河野部員殉職　遺骸今日由通州運京」『新民報』（北京）一九三八年七月十七日、一面。

(101)馬小和「入「暑期青年団的」前後記実」『青年』第一巻第六期、一九三八年九月一日、三八―三九頁。

(102)「首都指導部暑期青年団之動向」『首都画刊』第三期、一九三八年九月一日、二六頁。

(103)杉山部隊参謀部第二課「北京学生層思想状況ノ一班」（「北京暑期青年訓練団実施報告同付録北京学生層思想状況一班送付の件」）、一九三九年、ＪＡＣＡＲ（アジア歴史資料センター）Ref. C04121349800、第一七画像目、「陸支受大日記（密）」第五九号　昭和一四年自九月一三日至九月一八日（防衛省防衛研究所）。

(104)「一九三九年北京暑期青年団」『首都画刊』第一四期、一九三九年八月一日、六頁。

(105)「暑期青年団郊外労作」『首都画刊』第一五期、一九三九年九月一日、一一―一二頁。

(106)原文には「西郊」としか記載されておらず、「北京」の文字はないが、北京西郊の開発のことと思われる。北京に移住する日本人の増加に伴い、北京郊外にて新たな都市開発を進めたものである。賈迪（二〇一七）など参照。

(107)「大学生的暑假生活　大字扛起鋤頭来建設西郊都市」『青年呼声』第一三号、一九三九年七月十九日、三面。

(108)王士花『日偽統治時期的華北農村』社会科学文献出版社、二〇〇八年、二四一―二四四頁。王士花「華北淪陥区教育概述」『抗日戦争研究』二〇〇四年第三期、九七―一〇〇頁と同内容。なお、新民会の一連の「奴化」工作のひとつとして暑期青年団の存在にだけ触れている研究なら、楊琪（二〇〇四）、呉超（二〇〇八）が挙げられる。

(109)杉山部隊参謀部第二課「北京暑期青年訓練団実施報告」（「北京暑期青年訓練団実施報告同付録北京学生層思想状況一班送付の件」）、一九三九年、ＪＡＣＡＲ（アジア歴史資料センター）Ref. C04121349800、第八画像目、「陸支受大日記（密）」第五九号　昭和一四年自九月一三日至九月一八日（防衛省防衛研究所）。

(110)同右、第三―五像目に学校ごとの参加者数が書かれており、これを合計すると一八三人になるが、同資料には合計一八二人と書かれている。

(111)前掲「北京暑期青年訓練団実施報告」第五画像目。

(112)この暑期青年団の指導員の名簿の中に、「趙」姓の指導者は趙済武しかいない。同右、第六画像目。

(113)前掲「北京学生層思想状況ノ一班」第二二―二三画像目。

(114)同右、第一七画像目。
(115)同右、第四五―四七画像目。
(116)同右、第四七―四八画像目。
(117)前掲王士花、二〇〇八年、二四三―二四四頁。
(118)前掲「北京学生層思想状況ノ一班」第二二画像目。
(119)これら講演の感想に関する記述も、王士花(二〇〇八)は青年たちの日本に対する反発が表れているものと読み取っている。それはその通りだが、一方で講演者の主張に理解を示している部分もあることを捨象してはなるまい。前掲王士花、二〇〇八年、二四一―二四三頁。
(120)前掲「北京学生層思想状況ノ一班」第三四―三五画像目。
(121)同右、第三七画像目。
(122)同右。
(123)同右、第三七―三八画像目。
(124)同右、第一七画像目。
(125)本書が引用している範囲では、七月十二日の劉家驤の発言、十三日の向慕純、張紹衡の発言、十七日の劉家驤の発言、十八日の趙済武の発言、八月十日の劉家驤の発言がそれに該当する。
(126)前掲「北京学生層思想状況ノ一班」第一七画像目。
(127)前掲「北京暑期青年訓練団実施報告」第五―六画像目。
(128)後述するように、これは誤植で正しくは劉家驤である。
(129)これも誤植で、正しくは向慕純だと思われる。この名簿の中に「向」姓の指導者はいないが、同資料のこの後の記述には副団長として「向」という人物が出てくる。また『首都画刊』や『青年呼声』の暑期青年団に関する記事にも向慕純の名前が見える。「一九三九年北京暑期青年団結団式隆重挙行　団長致辞意極中肯団員精神奮発卒厲」『青年呼声』第一三号、一九三九年七月十九日、三面、「一九三九年北京暑期青年団」『首都画刊』第一四期、一九三九年八月一日、六頁など。また「暑期青年団的概況与其使命　青年団団員代表八月十二日在中央広播電台講述」『青年呼声』第二〇号、一九三九年九月六日、二面では、向慕純が副団長であると同時に「著名な作家」として紹介されている。「首指部教化主任向慕純氏　定期広播講演」『新民報』(北京)一九三八年八月二十一日、七面には、標題通りの肩書きでその名前が見える。
(130)前掲「北京暑期青年訓練団実施報告」第五画像目。
(131)同右、第六画像目。
(132)前掲「北京学生層思想状況ノ一班」第一八画像目。
(133)「中日小学生聯合挙行図画親善展覧　日学生作品已送杉山部隊　最近即募集中国学生作品」『新民報』(北京)一九三九年七月二十三日、三面。「図は日本広島より送られた児童作品の最も素晴らしい数点」という解説が左側の絵の横に付されている。右側の絵は同面の離れたところに掲載されているが、同じくその「最も素晴らしい数点」のひとつだと思われる。
(134)「一九三九年北京暑期青年団結団式隆重挙行　団長致辞意極中肯団員精神奮発卒厲」『青年呼声』第一三号、一九三九年七月十九日、三面、「新民会暑期青年団昨挙行開学式　団長劉家驤出席致訓詞」『新民報』(北京)一九三九年七月十四日、三面、「一九三九年北京暑期青年団」『首都画刊』第一四期、一九三九年八月一日、六頁など。なお、一九三八年の暑期青年団の団長も劉家驤である。「精神一新之暑期青年団」『首都画刊』第二期、一九三八年八月一日、二三頁。
(135)「一九三九年北京暑期青年団」『首都画刊』第一四期、一九三九年八月一日、六頁。
(136)新民会新民青年運動実施委員会編『新民会新民青年運動実施委員会工作報告書』第二輯、一九四〇年、三頁には、同会の常務委員会が劉家驤の委員辞職を決定したと記述されている。
(137)『青年呼声』第五三号(一九四〇年九月二十三日)以降、一面の題字の下に「社長　劉家驤」と書かれるようになる。
(138)入団式での発言を公の場での発言と捉えるか、それとも内輪での発言と捉えるかは検討が必要であろうが、『新民報』によると、一九三八年に実施した第一回暑期青年団の入団式出席者は、新民会中央指導部長繆斌、組織科長陶国賢、宣伝科長樊友実、首都指導部長余晋龢、師範学院院長王謨、中国学院院長何其鞏、代表夏以農、北師校長韓秋圃、首都指導部総務科長久保鉄夫、指導科長劉家驤とある。ここで取り上げている第二回の入団式出席者は、団長劉家驥、教官趙済武、向慕純、張君衡などが参加したとだけ報じられている。日本軍からの出席者については言及がなく、その姿が見られなかったものと思われる。これは新民会各地の青年訓練所の入所式などとは異なる傾向である。先に見た日本人は前面に出ずに親日的中国人に一任するという実施方針に沿った形にしたものであろう。「暑期青年団昨挙行入団式　定今日正式上課」『新民報』（北京）、一九三八年七月七日、三面、「新民会暑期青年団昨挙行開学式　団長劉家驥出席致訓詞」『新民報』（北京）一九三九年七月十四日、三面。

(139)前掲「北京学生層思想状況ノ一班」第一九画像目。

(140)同右、第二〇画像目。

(141)前掲王士花、二〇〇八年、二四一頁。

(142)前掲「北京学生層思想状況ノ一班」第二四画像目。

(143)租界については第1章注16を参照。天津にはアロー戦争後から租界の設置が始まり、義和団事件後にイギリス、フランス、アメリカ、日本、ドイツ、ロシア、イタリア、オーストリア＝ハンガリー、ベルギーの合計九箇国の租界が設置され最多となった。その後租界を返還した国もあり、日中戦争勃発後のこの時点ではイギリス、フランス、日本、イタリアの租界が残っていた。ここでいう天津租界問題とは、天津イギリス・フランス租界に抗日運動を起こす者が潜伏しているとして、北支那方面軍が一九三九年六月から一九四〇年六月まで同租界を封鎖した問題を指すと思われる。租界は治外法権によって守られていたために、抗日運動を行う者の潜伏先の役割も果たしていた。聯合準備銀行経理（頭取にあたる）兼天津海関監督の程　錫庚《しゃくこう》が暗殺され、犯人が同租界に潜伏していると見なされたことが、封鎖事件に至るきっかけとなった。このほか、日本占領下では独自の通貨を発行していたにもかかわらず、租界内では国民政府の法定通貨である法幣の使用が続けられており、日本がこの法幣を駆逐しようとしていたことも、租界封鎖の背景にあった。前掲広中、二〇一三年、二九一―二九六頁。この問題の全体像については永井和（二〇〇七）も参照。

(144)前掲「北京学生層思想状況ノ一班」第二四―二五画像目。

(145)同右、第二一―二二画像目。

(146)王士花（二〇〇八）は、劉家驥の言葉のうち「予は狭義的国家及民族観念を打破し更に之を超越した思想を以て将来の東亜建設に進みたい」と、七月十七日の劉家驥単独の発言「東亜新秩序建設は世界新秩序建設の出発点だ」（前掲「北京学生層思想状況ノ一班」第二一―二二画像目）だけを取り上げ、これらを日本の宣伝と一致する発言だとみなし、教官も中国人学生の日本に対する恨みをなくさせ、日本の支配に順応させようとしたのだと主張している。しかし劉家驥の言葉全体を見れば、中国の利益擁護を主張する発言や日本との利害衝突に触れながらそれに対する抵抗をほのめかす発言をしているので、王士花の解釈は妥当ではあるまい。前掲王士花、二〇〇八年、二四二頁。

(147)前掲「北京学生層思想状況ノ一班」第三三―三四画像目。

(148)同右、第四三画像目。

(149)王士花（二〇〇八）は団員乙の発言を取り上げ、ここに学生の抗日意識を見出している。前掲王士花、二〇〇八年、二四三頁。

(150)前掲「北京学生層思想状況ノ一班」第二六画像目。

(151)王士花（二〇〇八）は暗に抗日を意味する表現だと注記している。前掲王士花、二〇〇八年、二四三頁。

(152)前掲「北京学生層思想状況ノ一班」第四三画像目。

(153)前掲「北京暑期青年訓練団実施報告」第六画像目。

(154)前掲「北京学生層思想状況ノ一班」第四七画像目。

(155)同右、第四〇画像目。

(156)同右、第四五画像目。

(157)同右、第四六画像目。

(158)同右、第四八画像目。

(159)同右、第四四画像目。

第５章　欧米キリスト教会と新民会の相克

本章では、日本占領下華北に存在した欧米系のキリスト教会による社会事業を新たに視野に入れる。欧米キリスト教会の中国での活動は、日本の占領統治よりもはるかに長い歴史を持ち、特に清末以来、各種社会事業を通して、教育、医療、福祉などの領域で中国の近代化に重要な役割を果たした。

実は日中全面戦争が始まって日本軍が華北を占領統治するようになってからも、欧米キリスト教会は日本占領下華北に存続しており、その社会事業を通して現地民衆の支持を得ていた。更には日本の占領統治に対して露骨に抵抗する姿勢を見せる教会もあった。一方で日本の占領統治も、新民会を中心に現地民衆に対する宣撫《せんぶ》工作を進めていたが、欧米キリスト教会は新民会の宣撫工作と、現地民衆の支持獲得をめぐってせめぎ合う関係にあった。華北の中でも地域差はあるので一様ではないが、現地民衆から見れば、日本の占領統治か欧米キリスト教会か、いずれを信用し、支持するかという複数の選択肢があったとも言える。

欧米キリスト教会の存在に着目することで、支配者たる日本軍やいわゆる傀儡《かいらい》政権、被支配者たる中国民衆という二者の関係だけで日本の対中国占領統治の実態を捉えるのではなく、現地民衆から見た新民会の影響力やその民衆工作の実態を相対的に捉えることが可能となる。また、日本は民衆の支持を得ていた欧米キリスト教会を弾圧して占領統治を進めることになるのだが、これで日本は現地民衆の支持を得られたのか。即ち占領統治の正当性についても問題を投げかけることにつながる。(1)

一．日本占領下の欧米キリスト教会

占領統治下に残った欧米キリスト教会

新民会は、「東亜新秩序」の建設や「日華提携」といった、日本の侵略や占領統治を支持するイデオロギーを現地民衆に注入しようと図った。併せて、新民会は「東方固有の文化道徳」の復活を盛んに提唱したが、これは同時に「東方固有の文化道徳」を破壊した元凶と位置づけられる欧米を批判するものでもある。新民会は、欧米の資本主義によって中国の経済が破壊され、欧米の自由主義や個人主義に根差す文化が中国の道徳を堕落させたといった言説を繰り返している。

このような日本の占領統治のイデオロギーと相容れない欧米諸国を母体とするキリスト教会が、日本占領下華北でおのずと排斥の対象となったであろうことは想像に難くない。しかし日本は、占領地区で「第三国」にあたる欧米の勢力がたとえ抗日的な態度をとっても、排除することはできなかった。国際法上は、戦争になれば「第三国」は中立を維持する義務が生じることになる。もし「第三国」の者も交戦国に利する行為をすれば、敵と同様に見なされることになるのだが、日本は日中戦争を「事変」と位置づけておいて国際法上の戦争ではないと言えるようにするため、宣戦布告していなかった。(2) したがって、欧米キリスト教会が事実上の日本の敵として戦う中国と同様に抗日的な行為に及んでも、日本は欧米キリスト教会を戦争の相手たる敵と同等の存在として排撃することはできなかった。加えて、欧米キリスト教会は治外法権によって守られていた。(3) こうして、欧米キリスト教会は日本にとって排斥したくてもできない存在として、日本占領地区に存続することになる。

太平洋戦争が始まって英米が日本の「敵国」となったことで、日本軍は日本占領下華北の欧米キリスト教会を弾圧し、欧米の宣教師を逮捕、或いは国外退去させることになる。そして日本軍はキリスト教会の中国化工作を進め、中国人の宗教者たちがこれに呼応し、日本占領下華北の各種宗教団体は、新民会の運動と同様、戦争協力に関わるようになるのである。

見習うべき宣教師

欧米キリスト教会が中国民衆を惹《ひ》きつける力は侮れない。それは、欧米文化を敵視する新民主義の提唱者である繆斌《みょうひん》も認めるところであった。繆斌は新民会の会議で「工作ニ対スル訓示」として次のように述べている。

現在の如《ごと》き事変の進行中にあって指導工作に従事致しますと当然幾多《いくた》の困難に当面するでありましょう、然《しか》し之《これ》は努力研究することに依り或は人に対して不断に誠心誠意を以《もっ》て当るならば困難を突破することが出来ると信じます、それは丁度《ちょうど》西洋の宣教師に対して中国人が相当の好感を持って居ることを見ても解ります、之はどう云《い》う訳か？　民族、言語、血統、風俗習慣等を異にする外国人に対し中国人が何らの縁由なくして好感を抱く筈《はず》がないのであります、其《そ》の第一は彼等が中国人の心理を把握し得たこと、第二は宣教師が伝教の為に其の地の言語風俗を学んだことでありまして、それが故《ゆえ》に民衆から別物扱いをされなくなったのみならず、宣教師の中には自分の姓名すら中国の字に改めた者が少くない、斯様《かよう》な風でありますから彼等の工作は何《いず》れの土地を問わず極めて容易に行われたのであります、更に彼等は伝教と共に医院を開設し安価に施療し或は文化、救済の諸機関等も設けたのであります、斯《か》くの如き状況、此《こ》の様な事実がある以上まさか宣教師にして各種の事情に通じて居るかどうか等は論ずるまでもないことではありますまいか。

（中略）

然し乍《なが》ら実状に於《おい》ては西洋諸国が中国を圧迫したる例は非常に多い、彼《か》の阿片《あへん》戦争以来続出した外来の圧迫は何れも西洋を先頭として来《きた》ったものであります。其の結果我々に残し与えて呉《く》れたものは租界であり不平等条約であって、中国は幾度か起ち上らんとしたが果さなかった、然《しか》るにも抱《ママ》らず（引用者注：正しくは「拘《かかわ》らず」か）中国人の中には尚《なお》彼等と交際せんことを希望して居る者があります。之こそ宣教師の偉大なる精神の導きであると云わなければなりません、西洋人は斯くも中国人の好感を得るに成功して居る、然るに同文同種たる元来一家の如き日本人に対し親しみ得ないと云う筈はないのであります。

我々は今日斯《こ》う云う仕事をするに当り恰《あたか》もキリストが道を説き伝えると同じ覚悟を以て進み度《た》い、キリストは幾多の迫害を受けながらも其の危害を加える者の為に祈った、此の尊い精神は我々の大いに学ぶべき点であります。[4]

このような影響力を保持し続ける欧米キリスト教会に、日本の占領統治はどのように向き合ったのか。その中で新民会は、欧米キリスト教会から、或いは民衆からどのように見られていたのであろうか。

抗日的な教会学校が支持される

日本軍が華北に侵攻してから、現地の学校は日本軍によって破壊されたり、閉鎖や休校に追い込まれたりした。日本軍占領以降、順次学校が再開していくが、欧米キリスト教系の学校（以下、教会学校）もその例外ではない。まずは日本占領下華北において存続した欧米キリスト教会学校について、興亜院の現地調査資料を通して見ていくこととしよう。

まず、興亜院政務部の『調査月報』に掲載されている山西省の調査を見てみよう。この調査は、興亜院華北連絡部の深川という嘱託職員によって現地視察と文書調査の結果をまとめたものだという。(5) 山西省は華北の中では内陸に位置し、外国からの宣教師にとって布教には不便という地理的な事情もあって、河北省、山東省に比べて欧米キリスト教会の影響力は弱いと見られていた。(6) しかしこの山西省にも、日本の占領統治に抵抗する教会の姿、更には抗日運動の拠点となっていた教会の姿を見出すことができる。また、日本の占領統治に不信感を抱き、教会学校を支持する民衆の姿も浮かび上がる。

山西省汾《ふん》陽県では、キリスト教会の教派のひとつである公理会所属のアメリカ人経営による教会学校があった。(7) 調査項目「教会学校の思想状況」には、次のように記載されている。

> 元来華北に於《お》ける第三国人教会中最も抗日的色彩濃厚なるは英米人教会とす。例えば昭和十四年十一月日本憲兵隊は保定米人公理会に無電機を据付て敵側と連絡を取り居るを発見し、昭和十五年八月には蒙疆厚《もうきょうこう》和《わ》に於て九月には山西沢州（晋城）に於て英人宣教師が中心となりて抗日団体を組織して活動し、又同年八月には山西平定に於て米人友愛会教会内に抗日団体が組織されて敵側と聯絡して抗日教育等の諸工作を為すを発見せり。汾陽基督《キリスト》教公理会も亦《また》米人経営にして其の国籍より見るも抗日的系統に属す。故に我々は必然的に抗日的性質を有するものとして其の動静を詳細に注意せざるべからず。従来本教会の敵性或は対日本新政府非協力の事実として発見されたるものにして下の各事項有り。即ち昭和十四年九月より十五年五月に至る間公理会立汾陽医院に無電機を据付けて敵側と連絡を取り、宗教研究班訓練班創立当時は新政府側の諸催しに参加せず日本軍の斡旋《あっせん》に依りて初めて参加するに至り曽《かつ》て県及び日本軍協議の下に県内各学校に東亜行

進曲を歌わしめるが公理会立学校に於ては之を禁止せし事件有り、及教会内に聳《そび》ゆる塔上より夜間懐中電灯にて城外の敵と聯絡せるを三回発見せり。此の外公理会は新政府学校規程に依り親日的教育が強制さるるを免れん為め、中学及び小学を宗教研究班及び訓練班の名に隠れて開校せり。而《しこう》して県が省の命により学校規程に照し経営すべく命令せるに宗教研究班訓練班にして学校に非《あら》ずとか或は北京公理会本部の命を俟《ま》たねば汾陽公理会自身にては此《こ》れを改組改称する権無しとか言を左右にして命令を聴かず。之れ正に日本の指導する新政府の支配を拒絶し、消極的に日本の指導する新政府に反抗するものなり。(8)

続けて、「一般民の教会学校に対する信望」の項目には、以下のように記載されている。

教会学校殊《こと》に公理会学校は公立学校に比して校舎設備遥かに宜しく教員の待遇は公立学校より良く為めに優秀なる教員が集り居り、従て其の成績は後者に比し遥かに宜しく、卒業後の待遇も後者より良し、又治乱常無く戦乱毎に生命の危険に曝《さら》さるる民衆は、若《も》し子弟を教会学校に入るれば其の庇護を受け其の生命を全うするを得。又政治的社会的に大勢力を有する教会の設立する学校に在学することは生活上諸種の点に於て便利にして利益する所大なり。此等の理由に依り一般民の教会学校に対する信望甚《はなは》だ厚く、其の子弟を之に入れんと欲する者多し。(9)

もうひとつ、同じく山西省の運城市に関する調査記録を見てみよう。運城には、スウェーデン人の中国内地会が経営する教会学校があった。(10) まず、「第三国人教会学校の思想状況」の項目を見てみよう。

華北治安回復地域に於て第三国人教会が抗日分子の隠れ場所となり彼等抗日策謀の根拠地と為り居ることは何処《どこ》に於ても共通の状況とす。運城教会には従来積極的抗日工作を為せし事実を発見せざるも、さればとて又彼等の協力的態度も表われず。故に斯《かか》る教会に依り経営さるる学校の教員児童は必ず新政権に対し非協力的なりと見て可なり、彼等の非協力的なるは下の例に依るも明かなり。

即ち昨年運城特務機関は瑞典《スウェーデン》人教会学校が事変前の教科書を使用するを発見し、之が使用を禁止し新教科書の使用を命ぜり。市内他校が新教科書を使用するに本校のみが旧教科書を使用するを見ても日本及び新政府に対しても非協力的なるを証するに足る。又余（引用者注：自称）が本校を視察せし時一児童の教科書を検索したるに、復興国語教科書初小第六冊（民国二十六年六月教育部初審定、商務印書館発行）を発見せり。(11)

民国二十六年とは西暦一九三七年である。即ち日中全面戦争勃発前の国民党統治期の教科書を使い続けていたということである。臨時政府は発足後に学校の教科書を改訂しており、それは国民党統治期の教育の抗日的要素を排するためであった。(12)

「一般民の教会学校に対する信望」の項目の記述は、以下の通りである。

一般民は未だ本事変に於ける日本の絶対的勝利に疑惑を有《も》ち再び支那《しな》軍に依り本地の占領さるる日有らんことを恐る。而して若《も》し将来再び本地が支那軍に依り奪回さるる際は新政府の教育を受けたる者は不利にして又斯る際は教会学校在学者は教会の保護を受くることを得、又教会学校は公立学校に比して設備も宜しく教員も優秀なり。故に一般民殊《こと》に教徒は其の子弟を教会学校に入れんと欲す。(13)

以上の調査記録から見えてくるのは、ひとつは、教会が明確に抗日の姿勢を示していたこと、或いは明確ではなくとも日本からそのような疑念の目で見られる要素があったことである。もうひとつは民衆の反応であり、教会学校を公立学校より教育の質の面でも高く評価していたことに加え、日本の占領統治に不信感を抱き、教会学校に子供を通わせることで教会の保護を受けられることを期待していたことや、民衆も日本の占領統治がやがて崩壊することを予想し、公立学校に子供を通わせることがその後の中国社会を生きる上で不利になると見通していたことも窺《うかが》える。

では次に、興亜院華北連絡部の調査のひとつである、『山東省魯《ろ》西道各県教育事情調査報告』を見ていこう。同調査報告には、山東省の泰安県、済寧県、滋陽県、曲阜県、鄒《すう》県の学校の状況について報告されている。公立学校、欧米キリスト教系の教会学校のいずれについても学校ごとの調査報告があり、(14) その項目は、学校ごとに多少の遺漏もあるが、創立年月日、校長、児童生徒数などの概況のほか、児童生徒の家長の職業や家長の財産など、児童生徒の階層に関する調査もあり、そのほか卒業後の状況、教員、教育科目や教科書について、学費、経費など学校の教育や経営の状況に関する調査もある。また、「事変に際し教員生徒の取れる態度」や「教員生徒の思想状況」、「新民会との関係」、更に日本語教育の実施状況など、日本の占領統治に服従しているか、抗日的な態度であるかなどの調査にも重点を置いている。

『山東省魯西道各県教育事情調査報告』からまず見えてくるのは、教会学校に通う生徒が抗日意識を密かに抱いているらしいという、興亜院の疑念である。同調査では、特に欧米キリスト教会の影響が強い地域として山東省済寧県を挙げ、教会学校について、

本地方に於ては欧米人教会が文化的勢力を握れり。例えば中等学校生徒募集に際しても省立中学校は百人の募集に対し四五十人の募集人員しか無きに反し、欧米人教会学校の応募者は遥かに募集人員を超過する有様なり。此れは本地方人民の欧米諸国に対する依存心強く其の保護を受けんと欲《ほっ》し、新政府を信用せざる為めなり。又欧米人教会或は学校に勤むる支那人職員は、欧米人牧師に対しては平身低頭恐懼《く》措《お》く能《あた》わざる有様にて、常に其の鼻息をうかがえり。若《も》し支那人職員にして欧米人の気嫌《ママ》をそこなう事《ごと》有らば、彼等は之を威嚇《かく》し或は厳罰に処す。斯くの如く欧米人教会の勢力は偉大なるものあり。(15)

と記している。また、以下のようにも述べている。

此れ等教会学校は民衆の間に信用を有し、現在の如き混乱の時代に在りては民衆は其の子弟を教会学校に入れて其の保護を受けんと欲す。例えば省立中学校が其の募集人員に充たざるに反し、教会中等学校は応募者甚だ多く非常なる入学難なり。又教会小学校児童も事変前に比して殆《ほとん》ど其の二倍に近く増加せり。以て、本地の欧米人勢力の如何《いか》に大にして、民衆の欧米依存の心如何に強きかを知るに足る。(16)

中国人教員は欧米人に対する恐怖を感じているためにこれに従っているとの見方も示しているが、いずれにせよ、以上の記述からは、山東省でも現地民衆が公立学校より教会学校を支持し、日本の占領統治に対して不信感を抱いていた状況があったことが窺える。日本の統制を受けた公立学校に子供を行かせたくないという親が、教会学校に期待を寄せたのであろう。(17)

では、同調査のうち、「教員学生の思想状況」の項目を見てみよう。公立学校では、滋陽県立書院小学校について「当地は鉄道の交叉《さ》点に当り交通上の要地にして従て日本

軍の駐屯も多し。従て教員学生も日本の実力と真意を了解し、敢て抗日的言動を為すもの無し」(18)とあるように、日本軍による統制が機能している事例も見られる。済寧県立第一模範小学校も「敢て抗日的言動を為すもの無し」(19)と、特に懸念材料はないようである。

しかし、そのような学校ばかりではない。泰安県の山東省立泰安農村簡易師範学校については、次のように警戒している。

教員は省立初級中学校時代のものは一人も残存せず生徒も新しく募集せるものにして、事変前の如き激越なる抗日思想を有するもの無し。然《しか》れ共《ども》敗戦の彼等の心底を流るるものは必ず抗日的なるべし。故に彼等思想の善悪は今後の指導を俟って後論ずべきなり。(20)

また、山東省立済寧初級中学校では次の通りである。

全て新たに任命せるもの、学生も新たに募集せるものにして、事変前の激烈なる抗日分子無し。故に其の内心は知るべからざるも、敢て抗日的言動を為すもの無し。(21)

これらに見られるように、表面的に抗日的言動はないが、内心は不明だと疑念を捨てきれない興亜院の姿勢が窺える。

次に、教会学校を見てみると、泰安県にある米国メソヂスト教会の萃《すい》英小学校では、

激越なる抗日的言動を為すもの無し。然れども彼等の心底を流るる思想は必ず抗日的なるに依り、日本及び新政府は宜しく之が善導の対策を講ぜざるべからず。(22)

と、こちらも懐疑の目を向けている。しかし、他の教会学校ではこれにとどまらず、済寧県にある看護師を主に養成していた女子校で、米国人が校長を務める教会学校、育才書院に関しては次の通りである。

教員生徒の思想は抗日的と断じて可なり。我我調査団の本校を訪問せる際、校長メリ・スチュアートは快く接見せず、豪慢《ママ》なる態度有り。彼は未だ日本の実力を認識せず、本国の実力を誇大視せるものなり。校長然り、教員生徒の思想は推して知るべし。(23)

一方、滋陽県の教会学校では状況が異なり、米国メソヂスト教会の萃英初級小学校では、「日本の実力を恐れ敢て

抗日的言動を為すもの無し」(24)と報告されており、一様ではないことは指摘しておく必要がある。

なお、ドイツ系の教会学校については少々状況が異なる。泰安県のドイツ人天主堂の育徳小学校については、

> 彼等の心底を流るる思想は知るべからざるも、敢て抗日的言動を為すもの無し、ドイツ人天主堂学校の校長教員は米国人教会学校の校長教員に比し対日思想良好なり。(25)

とあり、教会学校の母国によって日本に対する態度が若干異なることも見て取れる。それでも、ある程度疑念の目を向ける対象になっていることは同様である。済寧県のドイツ人天主堂の私立中西初級中学校では、

> 本校校長ウイルヘルム・マイエル氏は日本軍警備隊を訪問して表面親日的態度を取れるも、其の思想及其の内面的工作の如何《いかん》は計られず。然るに米国人教会に比するに遥かに日本に対して好意を示せり。(26)

と、同様の傾向が窺われるが、ドイツ教会が他国の教会に比べて抗日的態度が弱い理由を、次のように論じている。

> 独逸《ドイツ》人教会が斯く日本に対し好意的態度を取るには下の理由有り。大正四年独逸は青島《チンタオ》を占領されて以後は支那に於ける伝道には援助を与えず、従てドイツ人宣教師は彼等自身の力にて宣教に従事しつつ有り。背後に国家の援助無きドイツ宣教師は占領者日本軍に対して媚《こ》び、自力にて其の圧迫を避けざるべからず。之に加うるに現在の日独関係の良好なるも彼等をして日本に好意を示さしむる理由の一なり。(27)

それでも学校経営者と教員生徒との間では、対日態度が異なるようであり、次のように続く。

> 教員生徒の思想は固《もと》より抗日なるべし。只表面的に其れを表わさざるのみなり。新政府は特に欧米人経営学校教員生徒の指導には力を注がざるべからず。(28)

ドイツ人天主堂の私立明徳完全小学校についても、次のように警戒している。

> ドイツ人布教師は表面上は日本に対し好意を示せる如きも、其の内情、内面的工作は推して知るべからず。

支那人教員の思想は固より抗日的ならん。然るに現在は日本軍の監視も厳重なるに依り表面的に抗日的言動を為すもの無し。(29)

滋陽県のドイツ人天主教教会の滋陽天主教総堂育徳学院については、これらに比べると親日的と見なせるようであるが、それでも内心までは分からないと、やはり懐疑の目を向けていることに変わりはない。

彼等の心底を流るる思想は推知すべからざるも、現在は日本の実力を認識し敢て抗日的言動を為すもの無し。殊に本校を経営せる教会は内面は知るべからざるも、表面に於ては日本に対して好意を示し我々調査員に茶菓を呈する等の歓迎を為せり。又日本に媚びる態度やも計られざるも、日本に永年居住せし神父をして本校に於て日語を教授せしめ居れり。故に彼等の斯くの如き態度或は工作に依り教員児童延《ひ》いては一般民衆に及ぼす影響は悪しからざるべし。(30)

日本の同盟国であるドイツの教会学校とだけあって、他の欧米諸国のキリスト教会を母体とする学校とはやや異なる事情もあるものの、これら山東省における調査によれば、その学校に属する教員生徒に対しては、抗日的であると疑わざるを得なかったことが分かる。

新民会に従わない

では、次に各学校の「新民会との関係」という項目の記述を見てみよう。これに関しては、個別の学校の調査記録を掲載している三県でそれぞれ異なる傾向を示している。

泰安県では、公立学校である山東省立泰安農村簡易師範学校では、新民会との関係は「無」(31)となっている。一方、教会学校については、アメリカ系、ドイツ系、いずれも教員が新民会教育分会の会員になっているという。また、米国メソヂスト教会の萃英小学校では、児童が新民少年団(第2章で既述)の団員になっていると記述されている。(32)

次に見る済寧県は、特に欧米系教会学校の勢力が強いと見なされた地域である。公立学校では、教員は新民会教育分会の会員となり、児童生徒は新民少年団の団員となり、新民会の指導下に入っているが、教会学校はアメリカ系、ドイツ系のいずれも、新民会に対して明確に抵抗している。米国人長老会の育才書院は、「本校は新民会教育分会の会合に参加するよう通知有るも参加せず、新民会工作を拒否せり」(33)とあり、その他の教会学校も、「教員生徒の思想状況」の項に「教員生徒は固より抗日的と断じて可なり。教員生徒は日本及臨時政府の実力を認識せず、敢て欧米に依存せんとする思想を有するものなり。而《しこうし》て校長は県及び新民会の命を聴かず」(34)と明確に記述されている教会学校として、米国浸信会の培英道学院が挙げられる。また、米国メソヂスト教会の私立萃英両級小学校については、「新民会との関係」の項には「本校の校長教員は新民会より招集の通知に接しても其の命を聴かず、新民会工作の圏外に有り」(35)とあるほか、「教員児童の思想状況」については「外国人経営の学校の教員児童は全て抗日思想強きものと断じて可なり。本校に於ても其の抗日的言動の実証は挙げ得ざるも、暗々裏に工作し居るに非《あらざ》るか」(36)という。

なお、滋陽県では、公立学校には新民少年団が組織されているが、教会学校では新民会との関係は「無し」(37)となっている。

総じて、日本占領下でも、なお且《か》つ日本の占領統治に対して明確に抵抗の意思表示をしている教会組織が、現地民衆に対して影響力を持ちつつ存続していたことが分かる。新民会にとっては厄介な存在であったと想像できよう。

教会学校に通う児童生徒

ここで、各学校に通う児童生徒の階層についても見ておこう。

まず、公立学校を見ると、泰安県の山東省立泰安農村簡易師範学校は「家長職業」が「農業約七割、商業約二割、其他約一割」、「家庭財産」が「約八割は中流の子弟にして約二割は下流の家庭の子弟とす」となっている(38)。済寧県の山東省立済寧初級中学校は、「家長職業」が「約七割は農業にして商業之に次ぐ」、「家庭財産」が「九割は中流家庭の子弟とす」とあり(39)、済寧県立第一模範小学校は、児童の「家長職業」は「農業四割、商業四割、其他二割」で、「家庭財産」が「八割は中流及び下流の子弟とす」である(40)。なお、滋陽県立書院小学校については記述の仕方が異なり、「家庭職業」は「官吏三人、軍人・警官五人、教員一〇人、医者一二人、銭業〇人、会社員二二人、農業一五〇人、工業二三人、商業七〇人、漁業〇人、苦力《クーリー》一八人、洋車夫七人、其他〇人」、「家庭財産」は「一万元以上無、一万元～一千元八人、一千元以下二三二人、無財産八〇人」となっている(41)。

一方、教会学校についても見てみると、まずアメリカ系の教会学校については、泰安県にある米国メソヂスト教会の萃英中学校では、「家長職業」が「農業約八割、キリスト教布教師約一割半、其他約〇・五割」、「家庭財産」が「中流家庭の子弟最も多く約五割を占め、貧家の子弟は約三割、上流家庭の子弟約二割有り」[42]、米国メソヂスト教会の萃英小学校では、「家長職業」が「農業約八割、商業約一割、其他約一割」、「家庭財産」が「中流七割、上流二割、下流一割」となっており[43]、同地域の公立学校と大差はない。済寧県については、まず「家長職業」の項目を見ると、米国人長老会の育才書院は「農商の子弟が大部分を占む」[44]、米国浸信会の培英道学院は「農業四割、商業四割、其他二割」[45]、米国メソヂスト教会の私立萃英両級小学校は「商業二十八人、工業十二人、農業八人、苦力五人、漁業二人、郵便局一人」[46]である。「家庭財産」については、いずれの学校も「全て中下流の子弟とす」[47]と記されている。また、滋陽県にある米国メソヂスト教会の萃英初級小学校については、「家長職業」は「城内商人の子弟が約半数を占め、農民の子弟之に次ぐ。大部分はメソヂスト信徒の子弟とす」とあり、「家庭財産」は「貧民の子弟多し」である[48]。

なお、ドイツ系の教会学校についても一瞥《べつ》しておくと、泰安県にあるドイツ人天主堂の育徳小学校では、「家長職業」は「農業約五割、商業約二割、其他約三割」、「家庭財産」は「約八割は貧民の子弟にして、残りの約二割は中流家庭の子弟とす」とあり[49]、済寧県にあるドイツ人天主堂の私立中西初級中学校では、「家長職業」は「約四割が農、約四割が商、其他が約二割を占む。教徒の子弟約三割有り」、「家庭財産」は「上流の子弟一割、中流八割、下流一割とす」[50]、ドイツ人天主堂の私立明徳完全小学校では、「家長職業」は「官吏一三人、教員一四人、医者六人、農業六五人、工業二四人、商業二八人、無職一六人」、「家庭財産」は「九割は中流以下の子弟とす」とある[51]。あと、滋陽県にあるドイツ人天主教教会の滋陽天主教総堂育徳学院は、「家長職業」が「教員二人、医者一人、会社員一一人、農民一八人、商人三三人、苦力四〇人、其他〇人」、「家庭財産」が「一千円以上〇、一千円以下六三人、無財産四三人」であり[52]、こちらも公立学校、米国系教会学校とほぼ同様の傾向である。

これらの記述を見ると、公立学校と教会学校では通う児童生徒の階層には大差なく、何を基準に中層、下層と分けるかは不明確ながらも、教会学校もおよそ中流が中心であり、農民の子や下層の子も一定の割合を占め、富裕層はむしろ少ない[53]。抗日思想の巣窟《そうくつ》となっていると見なされた教会学校も、特定の階層にのみ開かれた学校ではなく、広く下層の民衆も入ることができていたと言える。それだけに、教会学校は日本の占領統治と民衆工作に立ちはだかる存在となり、現地社会への影響力も大きかったと言えよう。

欧米キリスト教系の教会学校とのせめぎ合いに着目することで、日本軍や新民会と民衆の関係を単純に支配、被支配の関係として固定して見るのではなく、強《したた》かに抵抗し、或いは生き延びようとする民衆の姿やその土壌となった勢力の存在が浮かび上がると同時に、日本の対華北占領統治が現地の青年たちから支持を得るには限界があったということが確認できるのである。しかし、一方では欧米キリスト教会の学校ではなく公立学校、或いはこれまで見てきたように新民会の青年訓練所などへの入所を選択した、或いはやむを得ず入所した青年たちが一定数存在した事実も、勿論《もちろん》軽視すべきではない。

それでも手出しできない

以上の調査報告から分かるように、興亜院は、欧米キリスト教会が存在し、その影響力を保持している地域は排日的気運が強いと認識している。しかし日本側はこれら欧米系の教会組織に対して、直ちに排除する措置をとったわけではなかった。その主たる理由が国際情勢にあったことは前述の通りである。ほかにも興亜院は、教会学校を閉鎖した後、その学校に通う生徒を公立学校に再入学させなければならないが、そのための公立学校を設置する費用がないので対応できないことも、教会学校を排除できない理由に挙げている。生徒を収容する学校がなければ、「ひいて政治問題、社会問題を引き起す恐れ有り」ということも、警戒すべきことであった。[54]

日本のキリスト教牧師も中国での伝道に従事していたが、彼らも欧米キリスト教会が中国で浸透し、民衆の支持を得ていることは認めていた。牧師であり、北支方面軍本部嘱託であった川端忠次郎の次に挙げる言葉は、この後に見ていく欧米キリスト教会に対して日本が画策した切り崩し工作や、新民会の宣撫《せんぶ》工作が直面するであろう問題を端的に表している。

川端は、欧米キリスト教会を排斥するのではなく、これと提携すべきだと説き、その理由を三つ挙げる。

第一に、「教会は善い事をしている」というものである。

> 教会が支那の民衆に対して善い事をしていることは否定出来ない。北京の孤児院（旧教）だけでも千人収容している。年に幾《いく》百の青年は欧米に留学している。新教けだ《ママ》でも十五以上の大学専門学校を有している。そこが排日の巣窟となり今尚開校出来ぬのもあるが民衆の為めに善い事をして来たことは否定できない。

若し善い事をしている者を排撃したら、排撃する者の損であり、無理解となる。この善い事をしている教会を日本が排撃したら日本は分らぬ国だと云うことになる。これは断然なすべきでない。[55]

第二に、「宣教師の犠牲献身」である。欧米の宣教師は、国家の利益のために伝道しているのではあるが、もしそれだけのためならここまでの苦労を引き受けられるだろうかと感嘆する。

　然し事変が進むにつれ、教会の内容なり宣教師の人物が解りかけた。又だんだん奥地に深入りするにつれトテツモない。不便な山西の山奥などにも欧米の最高教育を受けた宣教師が伝道したり、社会奉仕をしたりしているのを見るに従い、これは唯事《ただごと》では出来ぬ業であることが瞭り（引用者注：読みは「はっきり」か）し始めた。又ある教団では、各の属する国家は利害相反する間柄であり乍《なが》ら英仏独伊の各国人が一つの命令の下に伝道と愛の奉仕の為め協力しているのを見る時、彼等が国家の手先と簡単に片付けることは出来なくなるのである。

（中略）

　そして宣教師たちは、あの難解な支那語を自由に語るのみならず、又自由に六《む》つかしい文字を書くことが出来る程支那語を能《よ》く勉強している。ほんとに彼等の前に頭が下る。[56]

このような欧米の宣教師に対抗するならば、欧米キリスト教会を批判し、日本の占領統治を正当化するための表面的な宣伝をするだけでは現地民衆に通用しないことは、想像に難くないだろう。

第三に挙げているのは、「支那の文教」事情である。川端は次のように述べる。

　然し支那には在来儒教を始め道教仏教等の文教があるではないかとの反問を受ける。それは慥《たし》かにある。けれども之らの支那在来の文教なるものは日本にいて想像している程有力なものでない。のみならず、恐ろしく廃頽《たい》している。津田左右吉《そうきち》氏（引用者注：著名な歴史学者）が「支那思想と日本」（岩波新書）に、支那に於て孔子の教が実現したことは嘗《かつ》て一度もないと断言して居られて、私はマサカと思ったが、実際支那を見てその事実であることを知った。

（中略）

斯く云う状態の中にあって基督教は叙上《じょじょう》の如き溌《はつ》溂《らつ》たる活動と尊き献身的奉仕を続けている。支那民衆の尊敬を受くることは当然である。これを無視して現在及び将来の支那文化を与えることは不可能である。[57]

儒教と言えば新民会を想起するが、では欧米キリスト教会を批判しつつ儒教思想に基づく新民会が現れて「東方固有の文化道徳」を宣伝したところで、有効だったのだろうか。改めて考えさせられる指摘である。

露骨に抗日的態度を示す欧米キリスト教会であるが、日本にとって手を出したくても出せなかった理由には、以上のような点も軽視できない。ではこの後、日本は欧米キリスト教会にどのように対処していったのであろうか。

二、太平洋戦争勃発以前の欧米キリスト教会統制計画

徐々に切り崩す

太平洋戦争勃発以前の段階でも、日本政府、日本軍、新民会などは欧米キリスト教会の存在を完全に放置していたわけではない。[58]

一九四二年発行の年鑑『第七回新支那《しな》年鑑』によると、既に一九三八年四月の臨時政府の教育部令で、「党化排日教育の徹底取締」などと同時に、「外国系諸学校の指導監督」を通達し、加えて臨時政府の国是に反するとして英語系諸学校の廃止も定めている。一九三九年に英国系の学校が閉鎖、[59]一九四一年末に米国系の学校も閉鎖とある。[60]だが実際にはまだ存続していたことは、後に触れる通りである。一九三九年には天津のイギリス租界とフランス租界が抗日運動の温床になっているとして、日本はこれら租界に対して弾圧を加えており、[61]これに伴う反英運動のために停止した学校の事例も、『山東省魯《ろ》西道各県教育事情調査報告』に報告されている。[62]一九四一年末に米国系の学校が閉鎖されたのは、太平洋戦争が勃発したことでアメリカが日本の「敵国」になったからである。

また、明らかな抗日工作を行った宣教師は検挙されている事例も見られる。以下の引用は、先に見た興亜院政務部の『調査月報』にあった山西省運城市の教会学校の調査資料にある記述である。

又余が瑞典《スウェーデン》人宣教師と談話の際、本年九月（引用者注：資料の発行年は一九四一年だが、内容から見て一九四〇

年九月）山西省南部の沢州（晋城）に於《おい》て内地会英人宣教師が抗日工作を為せし為め日本憲兵隊に検挙されたることに言及せり。其《そ》の時彼は其の沢州の英人宣教師は彼の友人にして熱心なる信者なるを以《もっ》て斯《かか》る抗日策動を為す筈《はず》無し、何かの間違いならんと、極力彼の犯行を否定せり。(63)

このように、この時点で全く欧米キリスト教会に弾圧を加えなかったわけではないのだが、やはり国際情勢を考慮して全面的な弾圧には乗り出せなかった。日本にできることは、精々欧米キリスト教会の勢力を漸次《ぜんじ》削いでいくことくらいであった。

太平洋戦争勃発までの間、興亜院、臨時政府、新民会、日本軍などが欧米キリスト教会の影響力を削ぐべく、様々な議論を展開していた。

興亜院華北連絡部からの指示「北支那ニ於《お》ケル第三国系宗教団体指導要領」では、「指導方針」として、「東亜新秩序の建設を妨害せざる限り布教の自由を許し且《かつ》力《つと》めて自ら刷新統制の処置を講ぜしめ以て東亜新秩序建設精神の恒久的温床たらしむる如《ごと》くするを主眼となす」と規定し、「指導要領」では「成るべく日本人牧師を招聘せしむる様に施策し以て信徒及会員等を東亜新秩序の建設に協力せしむる如くするものとす」との規定も見られる。(64)続いて「実施要領」では、

教会の新設は原則として之《これ》をなさしめざる様にし時局の影響によりて一時閉鎖しありたるものにして再開を申出でたる時は特に閉鎖時に於ける原因を究明し溯《さかのぼ》りて其《その》沿革を詳《つまびらか》にし不法行為なかりし時に於て始めて今後の教会代表者を成るべく支那人たらしめ且つ東亜新秩序の建設に協力すべきを誓約せしめて之に同意すること(65)

と、中国人を味方に取り込んで教会と欧米との関係の断絶を図ろうとする。加えて、

故意に敵人を利し東亜新秩序の建設を妨害したる時は十二分に証拠を蒐《しゅう》集し其理由を明にして弾圧措置を採ること

但し如何《いか》なる場合に在りても常に国際関係に深甚の考慮を致すこと(66)

と、「弾圧」とは言いながらも、これまで見てきた通り、「国際関係」への考慮は不可欠であり、それが完全な弾圧

には踏み切れない歯止めとなっていた。

　同じく興亜院華北連絡部による「北支那ニ於ケル第三国系学校指導要領」も見てみよう。

> 第三国系学校の指導に就《つい》ては支那人青少年を対象とするものなる点に於て夫々《それぞれ》別に定むる北支那に於ける学校教育指導要領に準拠せしむるは勿論《もちろん》なるも文化の特質と国際関係の複雑性とに鑑み恩威を併用せしむ
> 第三国系学校は既設のもの以外は之を開校せしめざるよう施策すると共に現に開校せるものに対しては逐次指導を強化し差当り華北政務委員会の教育方針を厳守せしむると共に日本人教員の招致、日本語の加設を■（引用者注：判読不能）行せしむ(67)

日本の占領統治に抵抗する学校に対しては断固たる措置を採りたかったのであろうが、次に見るように「国際関係」が歯止めになっている点も、前述と同様である。

> 第三国系学校にして東亜新秩序の建設を妨害するものに対しては国際関係を考慮し断固たる措置を為す(68)

以上のような不徹底な統制計画の他にも、太平洋戦争勃発前のこの時期に、既に興亜院では欧米キリスト教会による教育事業や社会事業を漸次縮小、或いは禁止していく方向が具体的に議論されていた。その詳細は一九四〇年の興亜院政務部の内部資料『中国社会事業の現状』に記載されている。

　この資料は興亜院の現地調査資料であるが、調査を担当したのは興亜院政務部ではなく、興亜院文化部である。調査対象地域は華北だけではなく、華中や蒙疆《もうきょう》地域を含み、調査官は六人である。調査期間は一九三九年七月から九月であった(69)。以下に見るのは、調査後の調査官たちの見解をまとめたものであるが、調査官の間で見解が分かれた点もあるものの、およそ共通する見解を集約した記述であるとの説明が加えられている(70)。したがって、誰の見解かは特定できないが、興亜院という政府機関の下でこのような議論がなされていたということに主眼を置き、以下考えていきたい。

　ここでは、欧米キリスト教会の各種社会事業に関わる議論を見てみよう。

　まず、「根本方策」として、「イ、第三国基督《キリスト》教団の活動に対し一定の制限を加うること」、「ロ、社会事業施設中収容を目的とするものに在りては今後新たなる収容を禁止すること」、「ハ、新政府は第三国社会事業の取締に関する法規を制定すること」の三点を挙げている。「イ」については、「即ち外国ミッションの経営に係る教会の行う布教に付ては其の布教の方法其の他に一定の制限を加うると共に其の経営する各種社会事業施設の拡張又は新設を禁止することを要す」、「ロ」については「養老院、孤児院、授産場又は小学校（孤児又は貧児を対象とするもの、一般の教育機関に付ては省略す）等に於ては今後一定の時期以後に於ては新なる収容を全く禁止するか又は漸次減少せしめ一定の時期以後に於て全く禁止するか何《いず》れかの方法を執るものとす」、「ハ」については「新政府は第三国の経営する社会事業の取締に関する法規を制定し其の条項に違反したるときは其の経営を禁止し又は強制摂《せっ》取することを得る規定を設くる等取締の徹底を期する要あり」とあり、欧米キリスト教会の活動を徐々に縮小させ、最終的には禁止する方向性を示している。(71)

次に、「各種社会事業に対する方策」として、「イ、一般救護事業」については、

養老院の如きは一のロの原則に依りて収容者の増加するを禁止しこれ等に収容さるるを要する者に付ては救済院の施設を拡充しこれに収容することと為すこと。

臨時的なる罹《り》災救助事業等に付ては政府自ら又は紅《こう》卍《まん》字《じ》会（引用者注：当時の慈善団体のひとつ）、新民会等の団体をして行わしめ第三国をして行わしめざること。

現存する第三国経営の難民収容所に付ては速に新政府に於てこれを摂取する方法を講じ其の経営を禁止すること。(72)

とあり、ここで新民会が持ち出される。社会事業を「第三国」が行うことを禁止し、中国政府、即ち華北政務委員会や新民会がこれに代わって行うことを提唱しているのである。「ロ、医療救護事業」についても、

救療事業は政府又は地方自治体これを行うを原則とし別項「医療救護事業に関する方策」中に於て詳細説明せる方法に依り救療機関を整備すると共に第三国経営の医療機関に付ては都市に於ては一般診療のみを行わしめ救療を為さしめず、農村に於ては地方自治体又は新民会等の団体の施設拡充するに至る迄《まで》過渡的に認むることとし尚《なお》都市に於ては別項「医療救護事業に関する方策」中に於て詳述せるが如き方法に依り日本の医療機関を整備拡充し第三国の経営する医療機関の活動を漸次衰退せしむる方法を執ること。(73)

と同じく述べており、「ハ、児童保護事業」についても

別項「一般救護事業に関する方策」中に於て詳述せるが如き方法に依り第三国の援助者又は使用人等を養成するの結果を生ずる児童保護事業の経営を漸次制限又は禁止し救済院の施設を拡充強化してこれに代わらしむること。(74)

と、「第三国」による経営に制限をかける方向を示している。「ニ、経済保護事業」は、

収容の方法に依るものは一の口の原則に依り新なる収容を漸次禁止する方法を執り収容施設に依らざるものに在りてもこれに準ずる方法を以て其の経営を漸次制限し救済院又は別個に設けたる授産施設の拡充強化を図りこれに代わらしむること。(75)

とあり、最後に「ホ、社会教化事業」では、

主として新民会又は大民会(76)等の団体に行わしむることとし第三国の行う事業は漸次これを制限又は禁止すること。(77)

と、社会事業を欧米キリスト教会から新民会に取って代わらせることを端的に示しているのである。

新民会でも、一九四一年の第二回全体聯合協議会で、山東省煙台市教育分会の代表から教会学校の取り締まりを議題に上げ、「各省市県教育行政機関は、随時厳格に審査をし、もし課程の編成が法令に反していれば停止させるか、或いは回収する」、「未登録の教会学校の卒業生は公立学校を受験できないようにする」(78)といった提案や、また山西省聯合協議会の代表からは、欧米思想を根絶するために「政府当局に各地への通知を要請し、凡《およ》そ欧米が設立した教会や、類似の学校団体、文化教育機関や病院などの組織は一律停止させ、その各種の資産は公用とし、慈善事業や仏教普及のための事業に充てる」(79)といった提案がなされ、欧米キリスト教会を切り崩すための議論を進めていた。

なぜ取って代わらなければならないのか

しかし、既に現地に根付き、現地民衆の支持を得ている欧米キリスト教会の活動を、なぜ禁止しなければならないのか。そして、なぜ新民会などがそれに取って代わらなければならないのか。日本は宣撫《せんぶ》工作を進めていく上で、そ

の正当性を説明できなければならないはずである。

これについては、『中国社会事業の現状』では続けて次のような説明がなされている。まず、欧米キリスト教会の社会事業は自国の経済的、または政治的な中国進出だけが目的だとして、次のように問題視する。

過去半世紀に亘《わた》り欧米基督教会の行えるが如き其の布教の手段又は経済的及政治的目的達成の手段として経営するが如き場合に在りては唯単《ただ》に信者獲得又は自国の経済的又は政治的勢力の進出の見地のみより庶民大衆の心理を把持するを以て足る従て斯の如き場合に在りては中国の民族性を巧《たくみ》に利用し彼等の歓心を得るの方法を以て単純なる慈善救済的方法に依りて為すを以て充分其の目的は達せられたるものなり、故《ゆえ》に各種収容救護に在りては唯単に収容してこれに衣食を給するを以て足るとし又医療に在りては其の医療の効果は第二義として単なる形式的治療を行うに過ぎず、即ち慈悲の押売を為して無智なる大衆の歓心を得んとするの陋《ろう》策より一歩をも出でざるものなり、この教会の手段及目的主義に依る社会事業の経営が如何に中国の庶民大衆をして益々其の民族性を堕落せしめたるかは全く驚くの外なく誤まれる欧米崇拝乃至《ないし》依存を馴《じゅん》致せしめたるは中国の為誠に遺憾なりと云《い》わざるを得ず。[80]

そもそも社会事業とは、その場の救済だけであってはならず、社会の再建のために現地民衆の自立心を阻害してはならない。そのような観点で、続けて次のように述べる。

現代に於ける社会事業は往時の所謂《いわゆる》慈善救済事業にあらず、其の事業の対象とする庶民大衆の現実生活の苦痛を排除する為施衣施食等を為すことありとするもそは最終の目的にあらず、これを基としてこれを通じて彼等の自力更生を図り其の社会的地位の向上を促がさんとする努力に外ならず、中国に於て過去に行える教会の慈善救済事業が如何に中国人を毒したるかは贅《ぜい》言を要せざる所なり、（中略）我国が今後東亜新秩序建設の大業を完成せしむるの一方途として新政府に対し指導協力し又は自ら社会事業を経営し中国に於ける社会事業の振興発達を期せんとするに方《あた》りては真に中国下層庶民大衆の更生向上を図り健全なる中国社会の建設を目標とするにあらざれば其の理想を具現化すること能《あた》わざるは明かなり。

故に今後に於ける中国の社会事業は慈善救済の如き浅薄皮相なる観念を抛《ほう》棄し以て近代的意義に於ける社

会事業の精神を以て為すべくこは叙《じょ》上の中国の民族性に鑑みるも極めて重要なりと云うべく堕《だ》民養成の結果を生ずる虞《おそれ》ある誤まれる社会事業に堕するを極力防止すべきは対中国社会事業政策の第一義として忘るべからざる事実なり。(81)

この観点から、欧米キリスト教会の社会事業は、中国人を「毒した」というのだが、それについては以下のように述べる。

教会の行える社会事業がこれ等下層庶民大衆に対し旱《かん》天の慈《じ》雨《う》の如く如何に歓迎せられ感謝せられたるかは想像に難からざる所なり、由来中国に於けるこれ等下層庶民大衆には其の社会組織及民族性の然《しか》らしむるところ国家的意識の欠如せるは当然にして教会の行う社会事業の目的手段の奈辺《なへん》に存するやを知らず、自己の生命と財産との保証を得るに於ては易々としてこれに従えるは何等怪しむに足らず、従て教会が過去四百年に亘り所謂『強者の慈悲』を以て蒙昧《もうまい》無智なりし中国下層庶民大衆の心裡を把持し牢固として抜き難き欧米依存心を醸成せしめ今次事変発生の誘因となれるは周知の事実なり。(82)

つまり、欧米キリスト教会の社会事業に対して、中国人はその真の目的、即ち欧米列強の侵略目的を知らず、救済してもらえるという一点で依存心を持ってしまったという。更に、そうして中国民衆の間に芽生えた欧米崇拝が、抗日意識と結びついていると見る。

蓋《けだ》し今次事変の発生を見るに至れる因子は第三国の中国に於ける政治的、経済的及文化的活動が中国人をして欧米崇拝並に依存の思想を培養せしめ遂に転じて牢固として抜くべからざる侮日抗日の強烈なる意識に発達せしめたるに在るは明白なる事実なるを以て、今後第三国のこれ等の地位を限定乃至喪失せしむると共に其の活動を制限又は中止せしむるは興亜政策の絶対的必要条件なり、而《しこうし》てこれが実施に方りては全般的に我国が直接表面に立ち第三国に対するに於ては各種の困難を伴うこと多きを以て主として新政府を指導援助し直接これに当らしむるを可とし且これが方法は漸次的とし第三国をして逐次後退の已《や》むなきに至らしむるを以て最も効果的可能性ある方策とすべし。(83)

このような論理で、国際関係を考慮しながら欧米キリスト教会の勢力を漸次削いでいく計画が議論されているのである。

だが、現に民衆の支持を得ている欧米キリスト教会を以上の理由で排斥して、民衆が納得するだろうか。そして、民衆が欧米キリスト教会に取って替わる新民会などの社会事業に信頼を寄せるだろうか。欧米キリスト教会の社会事業は侵略の手先だ、中国人の民族意識を弱める、欧米への依存心を強める、などと主張したところで、民衆の視点から言えば、欧米キリスト教会が自分たちの生活を破壊しているわけではない。それらは言わば国家間関係レベルの論理である。更に、「抗日」や「侮日」を煽っているから排斥しなければならないなどというのは、占領統治者たる日本にとっての都合でしかない。

この点について、もう少し掘り下げてみよう。『中国社会事業の現状』には、次のような記述もある。


従前第三国の施設に依り治療を受け居りたるも数年を経て未だ治癒《ゆ》せざる疾病が日本の医療機関の治療を受け旬日《じゅんじつ》ならずとて全治せるが如き事例無数なり、為に中国下層庶民大衆は勿論知識階層に於ても我国の医療技術の優秀なると良心的なるとを十分に認識し医療を通じて我国に信頼を寄すること深く多大の賞讃を博しつつある実情なり、故に今後中国に於ける文化工作の実施に方りては先《ま》づ一般医療施設を強化拡充し医療を通じて中国人をして我国の偉大なるを知らしめ信頼依存心を深からしむるは極めて必要なりと云わざるべからず。(84)


どうやら日本は医療には自信があり、目に見える成果もあったらしい。だが、ここで注意したいのは、最後に述べているように、中国人に「信頼依存心を深からしむる」ことを目的にしていることである。彼らの論ずるところの欧米キリスト教会を排斥すべき理由は、救済によって中国人の自立心を阻害し、まさに依存心を深めさせることではなかったか。依存する相手が欧米ではなく、日本であれば良いのか。ここにも、欧米キリスト教会を排斥する理由が、占領統治者にとっての都合でしかないことが透けて見える。

なお、医療については同じく興亜院政務部の調査資料『支那社会事業調査報告』にも記述がある。調査者は日本女子大学校（現在の日本女子大学）教授の生江《なまえ》孝之で、南京大学附属鼓楼医院、ロックフェラー財団経営の北京協和医学校附属病院、天津メソジスト教会経営の婦人嬰児病院の三件を視察して、次のように述べている。

何れの医院を視察しても、其の受くる印象は、院内の清潔と整頓と、且つまた案内者の懇切なる点とであった。従って、医院固有の蔭鬱《いんうつ》なる気分の毫《ごう》も起らざることは、甚《はなは》だ快く感ぜられたのである。我が国の医術は、欧米のそれに比して決して遜色なきは、既に言うを俟《ま》たないが、医院経営と事務取扱の点に関しては、その及ばざるもの未だ甚だ遠きものあると思わしむるのである。今後我が医療事業が、支那に増設の必要あるは勿論なので、此の点を特に留意するの必要がある。(85)

医療の点では欧米より日本の方が勝っているのかどうか、当時の日本人の間でも様々な捉え方があったことを、ここで補足しておく。

では再度、『中国社会事業の現状』に戻る。同資料の最後には、各調査分野の担当者個人の意見が記されている。以下に見るのは、そのうちの「社会教化事業に関する方策」に関する意見である。(86)

中国各地に於ける第三国基督教宣教師の殉《じゅん》教的態度に対しては、満腔《こう》の教意《ママ》（引用者注：正しくは「敬意」か）を捧げざるを得ず。これが効果に対しては毀誉褒《きよほう》貶《へん》の論ありと雖《いえど》も、吾人《ごじん》は文化運動として最大の貢献を為せりと見る。然《しか》れ共《ども》旧時代の中国にありてはその主義方法は是認せられ、中国の民衆を幸福に導きたりと云え、今や東亜新秩序を整正せんとするに当りては、全般的の改廃を必要とす。

殊《こと》に基督教の伝播と共に浸入せる欧米資本主義、教会保護権の強化による中国の主権干犯、基督教的自由主義の東洋精神破壊等の根本問題の解決を要す。

経済、文化、武力の一租界の観をなす教会なるもの各所に散在し、民衆又之に附和するに於ては東亜の新秩序を望むも甚だ難し。

されば中日の要望する指導精神を快く受容せざる教会に対しては、閉鎖、撤去を要求するも亦《また》已むを得ず。国策一度出でんか国策に反する布教の認められざるは当然なり。彼等の与えたる文化の貢献大なりと雖も今為さんとする東亜の新秩序こそは、中国人永遠の幸福を将来するものなれば彼を以てこれに代うる能わざるは、自明の理なり。

されど徒《いたずら》に事を好む要なし。中日の理想を説明諒解せしめ覚醒したる立場より文化の一工作を担任せしめ得るとせばこれ最良の方策たり。(87)

結局のところ、欧米キリスト教会が民衆の支持を得るだけの実力と実績を持っていたことを、日本は認めざるを得なかった。それをなぜ排斥しなければならないのか。日本が取って替わる正当性とは何なのか。日本が占領統治をするから欧米キリスト教会は邪魔だという、自己都合以外の説明がつかないのである。

教会学校をこき下ろす

一方、新民会も刊行物を通して欧米キリスト教会学校の教育権を回収すべきだという主張を、中国人民衆に対して展開していた。新民会天津都市指導部教育分会が発行していた雑誌『新民教育』を見てみよう。そこでは、教会学校を次の点から見て排斥すべきだと説明している。

第一に、教育主権の点である。教育は国家の主権行使であるにもかかわらず、教会学校を許すことで欧米に知らず知らず「帰化」する国民を育成してしまっているというものである。

第二に、教育の目的である。これも同じような理由だが、教会学校は伝道を目的にしており、キリスト教徒を育てているのであって国民を育てているのではない。これは教育の本来の目的に悖《もと》るものだという。

第三に、信教の自由の問題である。教会学校は学生の無知につけ込み、学費援助や職業紹介などの手段で学生を誘惑し、減点や卒業証書を渡さないなどといった脅しで信仰を強要しているという。つまり信仰の自由を侵害しているというのである。

第四に、教育効果の問題である。外国から流入した教育は土着の教育に適合しないので成果が出るはずがなく、加えて外国人が中国の伝統文化を教えられるはずがないという論理である。(88)

以上、新民会の指摘も、第三の理由がこの通り事実であるなら辛うじて理解できなくもないが、それでも新民会の下で進められた教育では学生に思想の自由が保障されていたのかと考えれば、新民会が教会に取って代わる正当性は乏しい。他の理由も総じて国家側の論理であり、教育を受ける学生側から見て教会学校を排斥すべきだと納得させるのは困難であろう。

他に、日本占領下華北で大衆向けに発行されていた中国語雑誌『新民報半月刊』も、教会学校の教育権回収を主張し、中国人向けの世論喚起の役割を担っていたと言えよう。(89)その上で、教会学校に通う学生をこれでもかと言うほど貶《おとし》める記事も掲載している。例えば次のようなものであるが、果たしてこれで中国民衆が考え直すようになっただろうか。

君の親は多額の費用を払って君を学校に通わせて、ちょっとした言葉だけを習わせる。「I leve《ママ》 you」、「kess《ママ》, kess《ママ》」、「迷死特X」！（引用者注：中国語の発音で「ミスター」に近い）そしてあちこちで「無暗に恋愛」させているではないか。君たち、胸に手を当てて自分の良心に問うてみなさい。恥ずかしくないか。イエスは君を愛する！　君もイエスを愛する！　しかしそんなことで親が君に同情してくれるか。

大学を卒業して、或いは高級中学を卒業して、失業している学生は非常に多い！　次々と出てきては街を徘徊している。女子も多くが堕落していて、「社交界の花形」の女なんかは毎月少なくとも二百元の化粧代やおしゃれ代を使う。そして普通の男子がその中から嫁をもらう。こんな女子は最終的には堕落していき、「売春生活」が待っている。失業した男子は悪の道に入り込み、社会で大きな罪を犯す。こんな学生たちの大半は教会学校の学生だ。当然のことながら、受けた教育が間違っていたのだ。だから教会学校は取り締まらなければならない。本当に目下の急務だ！[90]

三　太平洋戦争勃発以降の欧米キリスト教会弾圧

英米が敵国となって

太平洋戦争勃発以降、華北政務委員会は日本の明確な「敵国」となった英米を母体とする教会に対する排斥を始めた。外国人宣教師を国外退去させ、教会学校を公立学校として接収した。外国人宣教師の中には、抑留された者も多かった。[91]

教会学校について、華北で発行されていた日本語新聞『東亜新報』の天津支社が編集した『華北建設年史』を見ると、次のように書かれている。

> 中等以下の敵性学校は徹底的に思想粛正を断行し米英色を払拭した上で漸次《ぜんじ》華側に移譲させ官公立もしくは私立学校として更生させた。華北全体で閉鎖したもの約二十余、華側に肩替りしたもの約百卅《さんじゅう》となっている。[92]

以下、日本側の正当性を強調する偏った報道ではあるが、『新民報』でその経過を見ていくと、太平洋戦争勃発翌日の十二月九日から既に「各英米系教会団体、学校、商店はいずれも既に日本軍の勧告を受け入れ、中国警察の保護の下、安心して過ごしている」[93]という状態になり、十二月十三日には「華北教育最高当局」（華北政務委員会教育総署のことと思われる）と日本軍が、「英米帝国主義の文化侵略から脱出させるため」に、英米系の学校を「保護並びに接収」した。[94]太平洋戦争勃発に伴い日本軍が一時的に封鎖していた教会学校も、一週間後の十二月十六日から封鎖解除の動きが見られ、学生たちは「当局の措置に対して心から感激していた」とのことである。[95]そして十二月二十四日には、

中日関係当局の協議の結果、既に封鎖を解除し、各教会団体は、大東亜戦争は正義の聖戦であり、主管機関の命令に従うだけではなく、進んで英米の政治と経済の関係から抜け出し、自立更生し、純粋な宗教事業に従事し、当局に協力し、興亜大業を完成させることにした。[96]

という。

教会学校は、管理権や財産を日本軍へ無条件に譲渡することとなった。この過程に中心的に関わったのが、日本の特務機関長である。教会学校校長と日本軍による協議を経て、一九四二年三月、正式に英米系教会学校を中国人の管理下に譲渡した。しかし、教会がその契約を交わした相手は、日本軍である。[97]華北政務委員会教育総署は、一九四二年三月に華北教育会議を開き、英米私立学校の閉校を決定した。[98]閉校後、公立学校として接収し、その際に財政的に公立化が困難な学校は徹底的に改組して監視することとし、完全に解散した学校は在学生を他の学校に移らせた。[99]また再開できない学校の学生も他の学校へ転校させ、教職員に対しては、「思想行動が確かに純正」であったならば、教育行政機関で採用、或いは職業紹介をするなどの対応をした。[100]

更に、北京市教育局では特別精神訓練所を設立し、ここで教会学校から転校させるための審査に合格した学生に対して、「学生の過去の欧米依存の不適切な生活思想を正し、国際情勢と新東亜建設の使命を理解させ、新民精神を発揮し、新中国の学生としての本分を確かめさせる」[101]ことにした。[102]このようにして欧米キリスト教会も、そこでの教育も切り崩されていったのである。

教会「自立化」へ

その後、日本側の「内面指導」を通じて、「自立、自養、自伝」をスローガンに、欧米依存脱却とともに中国人によるキリスト教組織を設立することを目指す動きが始まった。太平洋戦争が勃発して間もなく、一九四一年十二月十五日に華北政務委員会内務総署礼俗局は、キリスト教会の指導者に通知して座談会を開き、内務総署の主管と興亜院華北連絡部調査官の武田熙《ひろし》、中国の牧師長老ら十三人を集め、教会は英米との関係を断つべきだと提起し、宣教師らはこれを受け入れ、連携するための機関を設置することとした[103]。こうして、一九四二年四月十八日に、華北基督《キリスト》教聯合促進会が成立した[104]。同会は北京中華基督教青年会（YMCA）幹事の周冠卿、公理会牧師の王秉《へい》衡ら中国人が発起人となり[105]、周冠卿が会長に就任した。教会代表と興亜院が教会「自立化」に向けて話し合い、日本の特務機関もこれに介入した。また、日本人キリスト者も関わっており、特約委員には清水安三、村上治、織田金男らの名前が見える[106]。これの成立を受け、「華北英美系社会事業整理準則」[107]（中国語ではアメリカのことを「美国」という）によって次のように、英米系教会の社会事業は中国側の政府に移管されることになった。

> 英米系の経営する社会事業、専ら救済及び慈善事業は中国教会、或いは社会団体が順次接収することを原則とし、必要な時は政府機関が直接これを管理する[108]。

更に職員についても、

> 英米系社会事業の英米籍の職員は退職させ、中国人が担当するよう改める[109]。

と取り決められた。先に見た『中国社会事業の現状』の記述から見て、接収する側の中国の「社会団体」に新民会も含まれていたと考えて良かろう。

そして一九四二年十月十五日に、華北の各宗派のキリスト教会を統合して「中華民族の本色で統一された教会」を目指す華北中華基督教団が成立した[110]。主席は江長川、副主席には華北基督教聯合促進会の会長であった周冠卿が就任した[111]。ここに至るまでには、興亜院、新民会、華北政務委員会内務総署など、日本占領側の機関が時局認識講演の実施などを通して後押しし、更に日本の宗教界もこの動きを進めるための思想工作に協力した[112]。「華北英美系教会整理準則」には、「本教団は必要な時、『北支《ほくし》日本基督教聯盟』

から顧問を招聘し、同聯盟との連携を保持すべし」[113]とあり、また、「華北宗教施政綱要」では「各種宗教団体の指導に当たる際は、新民会と適切に連携を保つようにさせるべし」[114]との規定も見られる。このほか、この華北中華基督教団の成立に併せて、英米以外の「第三国系」キリスト教もこれに合流させることにした[115]。

　華北中華基督教団の設立以後、日本占領下華北における各種宗教団体は、当時深刻化していた食糧不足の状況を受け、華北政務委員会が発動した食糧増産運動をはじめとする勤労奉仕や教化宣伝など、日本の占領統治に協力する活動へと動員されていく[116]。一九四二年十月に発表された「第五次治安強化運動実施要綱」では、「新民会は本運動期間に於《おい》て青年同盟の結成、宗教団体の反共への積極的活動促進等を実行す」とあり、新民会の統制の下、宗教団体が治安強化運動にも動員されようとしていた[117]。

民衆はどう見たか

　では、こうした一連の欧米キリスト教会排斥の動きを、現地民衆はどのように受け止めたのであろうか。

　外事警察が得た情報を内部資料として編纂し、内務省警保局が視察、検挙、取り調べ等に利用していた『外事月報』という極秘資料がある。ここに次のような記述がある。

　在津（引用者注：「津」は天津を指す）敵国人は客年九月二十七日以来軍側に於て市内太平角路六五号に抑留中の処《ところ》今次収容措置実施せらるるや右抑留所より濰《い》県集団生活所に輸送せられたるが之を聞知したる関係白露人、中国人等にして面会及差入等を青島《チンタオ》領警署に願出たる者相当数に達し更に周村駅頭に於《お》ける宣教師との訣別には多数の中国人蝟《い》集し彼等に取縋《すが》り惜別する等真に劇的場面を現出したり。

然《しか》して之《これ》等中国人は従来米英商社に関係を有せし者或は米英系学校、基督教会に於て信徒関係を保持しある者多く之等の動向は更に厳重なる査察警戒の要あるを痛感する処なり[118]。

　ここから読み取れるのは、現地民衆に慕われていた欧米宣教師の抑留は、現地民衆を悲しませ、日本にとってはそれが現地民衆の日本に対する反発につながることに対する懸念である。

　また一九四三年に開かれた華北の各雑誌社の代表が集まった座談会では、一九四三年になってもまだ現地民衆の英米崇拝思想を改める必要が議論されており、そのために教会学校を回収せよという主張がなされていた。以下、座談会に参加した雑誌二誌の編集者代表の発言である。

『国民雑誌』　英米勢力の東亜における余弊を消滅させたいなら、人民の英米依存、英米崇拝の思想を正さなければならない。特に教会、教会学校の方面では。

（中略）

『新民月刊』　一、英米思想を粛正する。二、英米の文字をなくす。三、英米の一切の権益を回収する。四、英米の学校を回収する。五、英米人の品物は買わない。六、新国民組織を完成させる。七、英米人のサービスは受けない、英米人にサービスしない！[119]

即ち、太平洋戦争勃発後も英米系教会の学校はまだいくらかは残っていたのである。加えて、特に現地社会から英米系教会の影響力自体はを完全に排除しきれなかった。それは、『華北建設年史』でも、「大東亜戦争開戦と同時に旧米英系文化施設は日本および中国側で利用運営することとなり、形の上では積年の米英文化侵略は一掃されたが滔々《とうとう》たる米英の思想禍は容易に拭うべくもない」[120]と述べていることに端的に表れている。

今一度思い起こしたいのは、本章で取り上げた牧師、川端忠次郎の言葉である。日本が華北の欧米キリスト教会を排斥したくてもできなかった主たる理由は国際関係にあるが、もうひとつ、現地民衆の支持を得ている教会を排斥しては反発されるだけだということも、当時から指摘されていた。現地民衆にとって、欧米キリスト教会の社会事業を排斥して新民会が取って代わることで何が良くなるのか。自らの占領統治を正当化するイデオロギー以外に、欧米キリスト教会に取って代わる理由の説明がつかない日本の下で民衆工作を進める新民会が、民衆の支持を得られたのか。疑問と言うほかないだろう。それを太平洋戦争勃発後、実行に移してしまったのである。

（1）中国では、かつては日本占領地区の欧米キリスト教会も日本の統制を受け、日本の侵略の手先にされたこと、教会学校でも日本の戦争協力のための教育や動員が進められたとするのが主要な見方であった。顧長声（一九八一）、張力、劉鑑唐（一九八〇）など。その一面は確かにあるが、近年の研究では太平洋戦争勃発までは日本占領下華北に欧米キリスト教会が存続し、抗日運動の拠点の役割も果たしたことも注目され、その上で太平洋戦争以後、日本によってこれが弾圧されたことを概括的に叙述している。顧衛民（一九九六）、呉洪成、張華（二〇〇七）、高時良主編（一九九四）、姚民権、羅偉虹（二〇〇〇）、李寛淑（一九九八）、李蓉（二〇〇五）など。

（2）この背景については、北博昭（一九九四）参照。

（3）小野美里「「事変」下の華北占領地支配」『史学雑誌』第一二四巻第三号、二〇一五年三月、四三―四四頁。

(4)「第二回地方責任者連絡会議記録（摘要）」『新民会報』第三四号、一九三九年八月一日、一三―一四頁。
(5)「華北に於ける第三国系学校調査（其の一）山西省」『調査月報』第二巻第四号、一九四一年四月、二六九頁。
(6)同右、二七〇頁。
(7)同右、二七三頁。
(8)同右、二九五―二九六頁。
(9)同右、二九六頁。
(10)同右、二九七頁。
(11)同右、三〇三頁。
(12)朝比奈策太郎『北支に於ける文教問題』一九四一年、一二頁。朝比奈策太郎は文部省教学局企画部長。
(13)「華北に於ける第三国系学校調査（其の一）山西省」『調査月報』第二巻第四号、一九四一年四月、三〇三―三〇四頁。
(14)学校ごとの調査記録があるのは、泰安県では、公立学校は山東省立泰安農村簡易師範学校、教会学校は米国メソヂスト教会の萃英中学校と萃英小学校、ドイツ天主堂の育徳小学校である。済寧県では、公立学校は山東省立済寧初級中学校、済寧県立第一模範小学校、教会学校は米国人長老会の育才書院、米国浸信会の培英道学院、米国メソヂスト教会の私立萃英両級小学校、ドイツ人天主堂の私立中西初級中学校と私立明徳完全小学校である。滋陽県では、公立学校は滋陽県立書院小学校、教会学校はドイツ人天主教教会の滋陽天主教総堂育徳学院、米国メソヂスト教会の萃英初級小学校である。その他の県には学校ごとの調査記録はない。
(15)興亜院華北連絡部『山東省魯西道各県教育事情調査報告』一九四〇年、八三―八四頁。
(16)同右、五〇頁。
(17)張書豊「山東教会学校九十年」『華東師範大学学報』教育科学版、第一八巻第四期、二〇〇〇年十二月、八六頁、王兆祥『華北教育的近代化進程』天津社会科学院出版社、二〇〇八年、一一八頁。
(18)前掲『山東省魯西道各県教育事情調査報告』一五一頁。
(19)同右、八二頁。
(20)同右、一四頁。
(21)同右、七六頁。
(22)同右、三二頁。
(23)同右、八九頁。
(24)同右、一六四頁。
(25)同右、二七―二八頁。
(26)同右、一〇五頁。
(27)同右。
(28)同右、一〇五―一〇六頁。
(29)同右、一一一―一一二頁。
(30)同右、一六〇頁。
(31)同右、一四頁。
(32)同右、三二頁。
(33)同右、九〇頁。
(34)同右、九四頁。
(35)同右、九九頁。
(36)同右、九八頁。
(37)同右、一六一、一六四頁。
(38)同右、一一―一二頁。
(39)同右、七〇頁。
(40)同右、七八頁。
(41)同右、一四五頁。
(42)同右、一七頁。
(43)同右、二九頁。
(44)同右、八五頁。
(45)同右、九一頁。
(46)同右、九五頁。
(47)同右、八五、九一、九五頁。
(48)同右、一六一―一六二頁。

(49)同右、二五頁。
(50)同右、一〇〇頁。
(51)同右、一〇七頁。
(52)同右、一五五頁。
(53)一般的には、一九三〇年代頃までの教会学校には、富裕層の子弟でなければ入学が難しかったという。前掲王兆祥、二〇〇八年、一〇九頁。
(54)「華北に於ける第三国系学校調査（其の二）山西省」『調査月報』第二巻第四号、一九四一年四月、三〇四頁。
(55)川端忠治郎「事変と基督教」『神の国新聞』第一〇八一号、一九四〇年四月二十四日、二面。
(56)同右。
(57)同右。
(58)松谷曄介（二〇一三）は、華北において日本軍は現地のキリスト教会を敵視せず、宣教師に対して友好的な姿勢を取る方針であったことを論じているが、本書ではこれと異なる側面に着目する。
(59)一宮房治郎『第七回新支那年鑑』Ⅱ、東亜同文会業務部、一九四二年、七九六頁（復刻版：『中国年鑑』第十三巻、日本図書センター、二〇〇六年）。
(60)東亜研究会『最新支那要覧』一九四三年、七九頁。
(61)第4章注143参照。
(62)前掲『山東省魯西道各県教育事情調査報告』一五頁。
(63)「華北に於ける第三国系学校調査（其の一）山西省」『調査月報』第二巻第四号、一九四一年四月、三〇三頁。
(64)「中国ニ於ケル諸外国ノ伝道及教育関係雑件一一　在北支英米系基督教会ノ処理ニ関スル件」、一九四一年一月、一七一頁、ＪＡＣＡＲ（アジア歴史資料センター）Ref. B04012580500、第四画像目、中国ニ於ケル諸外国ノ伝道及教育関係雑件（外務省外交史料館）。
(65)同右、一七三頁、第五画像目。
(66)同右、一七四頁、第五画像目。
(67)同右、一七七頁、第七画像目。
(68)同右、一七八頁、第七画像目。
(69)調査官は、厚生事務官岡村周美、恩賜財団済生会救療部長飯村保三、財団法人中央社会事業協会主事福山政一、社団法人上宮教会常務理事高木武三郎、財団法人弘済会長上山善治、興亜院嘱託橋爪克己である。興亜院政務部『中国社会事業の現状』一九四〇年、序。
(70)同右、四四二頁。
(71)同右、四五八―四五九頁。
(72)同右、四五九頁。
(73)同右、四五九―四六〇頁。
(74)同右、四六〇頁。
(75)同右、四六〇頁。
(76)大民会は新民会と同じく、傀儡政権の成立に伴って組織された半官半民団体で、日本占領下の華中を統治した傀儡政権である中華民国維新政府に付属する団体である。堀井弘一郎（一九九七）参照。
(77)前掲『中国社会事業の現状』四六〇頁。
(78)「新民会二届全聯会議案全文（続）」『新民報』（北京）一九四一年九月二十九日、二面。「新民会二届全聯会議案全文（続）」『新民報』（北京）一九四一年九月二十六日、二面からの続き。
(79)全体聯合協議会事務局「第二届全聯協議会擬定之上整議案及代表名単」『新民青年』第二巻第一〇期、一九四一年十月、六八頁。
(80)前掲『中国社会事業の現状』四四二―四四三頁。
(81)同右、四四四頁。
(82)同右、四五五―四五六頁。
(83)同右、四五七―四五八頁。
(84)同右、四五二頁。
(85)興亜院政務部『支那社会事業調査報告』一九四〇年、三〇頁。
(86)この部分は無署名ではあるが、同資料冒頭の記述によると、調査官六人のうち、「社会事業の概要」の調査を担当したのは岡村周美と橋爪克己の二名なので（前掲『中国社会事業の現状』一頁）、そのいずれかの意見か、両者共通の意見かということになろう。
(87)前掲『中国社会事業の現状』四九一―四九二頁。

(88) 黄培之「収回教育権問題」『新民教育』第四期、一九三九年五月、六―九頁。

(89) 旭日「結成収回西洋化教育学生同盟之檄」『新民報半月刊』第一巻第四期、一九三九年七月十五日、五頁。

(90) 魯直「現代青年応有的美徳：「尊賢敬長」」『新民報半月刊』第一巻第六期、一九三九年八月十五日、二三頁。

(91) Paul A. Varg, *Missionaries, Chinese, and Diplomats: The American protestant Missionary Movement in China, 1890–1952*, Princeton University Press, 1958, pp.272–275. 陶飛亜、劉天路『基督教会与近代山東社会』山東大学出版社、一九九五年、三二六頁。

(92) 東亜新報天津支社編『華北建設年史』一九四四年、社文五頁。

(93) 「日軍以迅速果敢手段解除英美駐京軍武装　英美使館黯淡無色京市安堵不驚」『新民報』（北京）一九四一年十二月九日、七面。

(94) 「英米系学校医院　当局統籌処置辦法」『新民報』（北京）一九四一年十二月十三日、三面。

(95) 「京英美系被封学校昨日下午開始啓封　基督教青年会昨起照常活動」『新民報』（北京）一九四一年十二月十六日、三面。

(96) 「啓封後之英美系各教会決従事純宗教事業　根絶英美政治経済関係」『新民報』（北京）一九四一年十二月二十四日、五面。

(97) 「北京市英美基督教会正式移譲中国人管理　移譲契約昨在北京飯店成立」『新民報』（北京）一九四二年三月十六日、二面。

(98) 余子侠、宋恩栄著、王智新監修監訳、木村淳訳『日本の中国侵略植民地教育史』二、明石書店、二〇一六年、二二九頁。

(99) 章堯「近年来華北教育之変遷及其問題」『文化年刊』第一期、一九四五年一月、一三五頁。

(100) 「華北封閉英美学校　善後処置要綱　教署頒布各省市一律遵照」『新民報』（北京）一九四一年十二月二十一日、三面。

(101) 「燕大附中小学転校後施以精神訓練　明晨假女一中挙行入所式」『新民報』（北京）一九四二年三月八日、四面。

(102) 「英米系教会学校学生復学問題完全解決　少数転学生補辦登記手続」『新民報』（北京）一九四二年三月十二日、三面。

(103) 王潜剛「調整美英系基督教会之経過及将来之希望」『時事解釈』第二二期、一九四二年二月一日、七頁。

(104) 「華北基督教脱離英美教権聯合促進総会定今日成立　籌備処各代表昨晋謁中日当局」『新民報』（北京）一九四二年四月十八日、三面。

(105) 『山東省公報』第九九期、一九四二年三月三十一日、一三、一七頁。

(106) 「華北基督教促進総会昨挙行聯席会議　所選各職委員均経円満通過」『新民報』（北京）一九四二年四月二十一日、三面。

(107) 「華北英美系社会事業整理準則」『日偽獲鹿県公署寺院調査、対華北基督教利用、回民、英美調査材料』一九四二年、石家荘市檔案館蔵二〇―一―一五八。資料に発信元や年代の記載がないが、ここまで見てきた華北政務委員会内務総署の責任による規程と考えられる。

(108) 前掲「華北英美系社会事業整理準則」『日偽獲鹿県公署寺院調査、対華北基督教利用、回民、英美調査材料』。

(109) 同右。

(110) 新民会中央総会組織部編『華北民衆団体概況』一九四三年、七八頁。

(111) 同右、九二頁附表、前掲陶飛亜、劉天路、一九九五年、三二六頁。

(112) 日本の宗教学界の権威であった東京大学教授の石橋智信が、中国に招聘されて講演を行ったことなど。前掲『華北建設年史』社文二〇―二一頁。

(113) 前掲「華北英美系社会事業整理準則」『日偽獲鹿県公署寺院調査、対華北基督教利用、回民、英美調査材料』。また、「華北基督教聯合促進会」は既に成立したとの記述が見られ、その上で華北中華基督教団を指すと思われる「華北中国基督教団（仮定名称）」という表現が見られることから、華北中華基督教団はまだ成立しておらず、一九四二年四月十八日から一九四二年十月十五日までの間の時期の規定であると考えられる。

(114) 「華北宗教施政綱要」『日偽獲鹿県公署寺院調査、対華北基督教利用、回民、英美調査材料』一九四二年、石家荘市檔案館蔵二〇―一―一五八。注113と同様に、こちらにも「華北中国基督教団（仮定名称）」という表現が見られ、一九四二年十月十五日以前の資料と考えられる。

(115) 前掲「華北宗教施政綱要」『日偽獲鹿県公署寺院調査、対華北基督教利用、

回民、英美調査材料』。但しローマカトリック教会は「国際関係とローマ教皇との関係を考慮し、（中略）敵性がなければできるだけ我が方に協力するよう引き込む」、また「東正教（ロシア教会）については差し当たり現状維持」と取り決めている。

(116)張力、劉鑑唐『中国教案史』四川省社会科学院出版社、一九八七年、七三四頁、松谷洋介（曄介）「大東亜共栄圏建設と占領下の中国教会合同」『神学』第六九号、二〇〇七年、一四六頁。

(117)防衛庁防衛研修所戦史室『北支の治安戦』第二巻、朝雲新聞社、一九七一年、二九六頁。

(118)「北支に於ける敵国人収容状況」『外事月報』一九四三年九月、一三六頁。

(119)「『撃滅英美』雑誌社共同座談会」『新民月刊』第四巻第三期、一九四三年三月、八七頁。

(120)前掲『華北建設年史』社文一五頁。

第6章　新民会の青年動員と教育、社会の近代化をめぐる問題

青年動員を重視した新民会は、特に青年向けに多くの雑誌や新聞を発行していた。本章では、これら新民会の青年読物を読み解くことで、新民会の青年動員と日本占領下の社会の実態、そしてその社会に生きた青年たちの姿を復元してみたい。

本章で取り上げるのは、雑誌『青年』（半月刊、第二巻より月刊）、『新民青年』（一九四二年三月から『新民月刊』に改題、いずれも月刊）、『青少年』（月刊）、新聞『青年呼声』（週刊）である。従来、中国ではこれら新民会の青年読物については、青年たちに対して「日華提携」などの日本の占領統治を支持し、中国青年たちをこれに服従させるためのイデオロギー教育と宣伝の道具であったと紹介されるのみであった。確かに、新民会の青年読物に掲載されている記事は、時事問題や学術的著作の抄録を含めて、「日華親善」や「東亜新秩序」建設の推進に関する言説、欧米列強や共産党に対する批判など、日本の占領統治を擁護するイデオロギー教育宣伝の要素を多分に含んでいる。

加えて、新民会は儒教道徳を基調とした新民主義を指導理念として掲げていたことから、従来、新民会の教化宣伝工作は占領下の社会を「封建道徳」へ回帰させるものであり、旧社会の束縛、抑圧を通して現地民衆を日本の支配に服従させようとしたものと認識されてきた。中国語で言うところの「奴化」であり、特に中国ではこの枠組みを否定して新民会が論じられることは殆《ほとん》どない。

しかし、新民会の青年読物を読み進めていくと、「封建道徳」への回帰という従来の評価とは異なる一面が見えてくる。ここで着目したいのは、新民会の青年読物が学校生活や学習、就職、恋愛や結婚などを論じた記事も多く掲載し、青年たちをめぐる生活問題や社会問題にも関心を注いでいることである。

その中で新民会の青年読物がとりわけ強調しているのは、教育の普及や社会の近代化を推進する必要性である。新民

会の青年読物で論じられる青年たちをめぐる社会問題と、それに対する解決策として打ち出される提言には、「伝統的」、「封建的」な教育や家族観念に対する批判など、中華民国成立以来の教育近代化や青年運動の方向性を肯定する言説も見られる。新民会にとって、青年の成長を妨げ人生の希望を奪う「封建道徳」は、むしろ打倒すべき対象であった。(1)

このことは、日本占領下の中国民衆に対する統治の仕方が、単に日本側の統制や抑圧というだけでは捉えきれない複雑な側面を持つことを示している。しかし、結論を先取りすれば、こうした近代化を追求する方向性は、青年たちに自由や解放をもたらしたものと単純に評価できるものではなく、有用な人材を育成して戦時動員の要請に応えることと密接に関連している。そしてその近代化の方向性は、図らずも新民会の根本思想であるところの儒教道徳と衝突するものだったのである。

なお、これら新民会の青年読物には女子青年に関する記事も多いが、本章では女子青年に対象を限定した記事は取り上げず、男子青年について論じた記事、或いは青年問題全般を論じた記事を対象とする。女子青年をめぐる問題については、次章で取り上げたい。

一．青年読物に見る青年たちの姿

「説教式」ではなく青年たちと共に

一九三八年六月から新民会首都指導部が発行していた、新民会初期の青年読物である『青年』の発刊の辞は、北京市長の余晋龢《わ》が執筆している。ここで余晋龢は、

> 我が国は五四運動以降、思想界に大きな変革が起きた。欧化に心酔する普通の青年たちは、自分の思想が進歩的だとひけらかし、一切の固有文化道徳を破壊し尽くす。青年たちの思想は拠って立つところもなければ従って行くところもなく、国共両党に青年たちを扇動し麻痺させる隙を与えている。故《ゆえ》に私は新民主義を掲げ、青年たちの思想を正すことを当面の急務とするのである。(2)

という。併せて共産主義は中国には適さないとして、「でたらめな共産主義に対する徹底批判が本誌の最大の任務だ」という。「青年は社会の中堅、国家の柱石であり、混乱を収拾し、社会を改造する重責を担っている」と、ここ

でも青年に対する期待を述べ、

理論は実際の指針となり、青年たちはこの偉大な歴史的使命を遂行せんとするものの、中国社会の様々な問題――中国社会の特質に関わる問題、土地問題、金融問題、財政問題などに対して、より深く研究し、社会を改造する手段としなければならない。本誌は青年を対象として、こうした問題を十分に掘り下げていかなければならない。(3)

というのである。これに続けて着目したいのは、

このほか、青年には多くの切実な問題がある。例えば学習、職業、交友、婚姻などの問題であり、急ぎ解決しなければならない。本誌はこの問題に対して憚《はばか》ることなく突っ込んで議論し、青年に正確な道を指し示す。(4)

と述べている点である。

また、新民会で要職を歴任した趙《ちょう》済武(5)は、「今後青年の進む道を論ずるには、かつての名流学者の『説教式』の立論は、実際全くもって無益であろう(6)」と述べている点にも注目したい。「上から目線」にならないように、青年たちの目線に合わせて論じるというスタンスを打ち出しているのである。

一九四三年十月から刊行された新民会末期の雑誌である中華民国新民青少年団統監部（以下、統監部）(7)発行の『青少年』も見てみよう。その創刊特大号で、『青少年』の役割として「青年を指導し、訓練し、組織する使命を負い、青年の生活を改善し、青年を奮い立たせて青年の中心思想を確立し、青年の進むべき道を示すこと」を挙げている。また『青少年』もそれだけではなく、内容の面で、「教訓を垂れるような口振り」をせず、「堅苦しくなく興味を持てる内容で、青年たちが知りたいと思う、そして知るべき知識を伝えること」、「可能な範囲で青年たちに本当の心の声を吐き出させること」も編集方針として打ち出している。(8)巻頭言では新民会副会長で新民青少年団統監部副統監の喩《ゆ》熙《き》傑(9)も、「諸君は『説教』式の訓辞はもう『耳にたこができる』ほど聞かされていよう(10)」と述べている。これを意識してか、ほぼ毎号に文芸欄を設けているのも『青少年』の特徴であろう。

『青年』も『青少年』も、学習、職業、交友、結婚など、青年たちの生活をめぐる問題を論じた記事を多く掲載している。このように、新民会の青年読物は欧米文化批判や共

産主義批判といったイデオロギー宣伝の要素だけではなく、一方で青年の生活や彼らを取り巻く社会問題にも関心を払っているのである。また、新民会から青年たちへの一方的な訓育ではなく、投稿を通して青年たち自身の声をすくい上げる編集方針を掲げていることも、特徴として挙げられよう。

新聞『青年呼声』は、現物の記載によると青年呼声社の発行であるが、『青年』第一巻第十八号掲載の論説に、「首都指導部はこうした立場（引用者注：新民主義）から民衆に対して宣揚するほか、最近打ち立てた東洋思潮を取り上げ、世の人々に更に認識を深めさせ、まず『青年半月刊』（引用者注：『青年』に同じ）を発行し、次いで『青年呼声』を発行し」[11]とあり、『新民報』に掲載された新民会首都指導部の活動報告にも『青年呼声』の編集が挙げられているように[12]、『青年呼声』も新民会首都指導部の主編によるものであることが分かる。

一九四〇年九月二十三日発行の『青年呼声』第五十三号以降、一面の題字の下に「社長　劉《りゅう》家驤《じょう》」と書かれている。劉家驤は既に第4章で取り上げた暑期青年団団長を務めた人物である。『青年呼声』発行元の青年呼声社の社長でもあったのだが、第五十三号以前はどうであったか、また劉家驤自身が編者であったのかまでは分からない。だが、編者の人物像を読み取れる記述が『青年呼声』の中にいくつかある。

一九三九年七月二十六日発行の『青年呼声』第十四号は、ちょうど「恋愛問題特輯《しゅう》」である。恋愛をめぐる議論は、後に詳細に検討するが、次の投書の部分だけここで見ておく。恋愛を淫猥《いんわい》なものとして否定するわけではないが、この民族存亡の危機にあって青年は恋愛などしている場合かと編者に訴える内容で、編者に向かって「もしお前が私を無視するなら、私は笑ってやる。お前には青年指導者たる資格はないと笑ってやる」とまくし立てるかのように言う[13]。これに対する編者の応答が同面に掲載されており、健全な国家と社会を築くために、健全な恋愛を提唱する必要があるのだと述べるのだが、その前に「大変心苦しいことに、編者もまだ大学で勉強しており、授業に忙しい」ためにこの投稿への返事を二週間も待たせてしまったと前置きをしている[14]。どうやら編者も大学生らしい。そして、同号の編者によるコラム「編輯《しゅう》室談話」を見ると、「編者は皆さん青年たちに奉仕したいと思わない時は片時もない」と述べ、「私たちは青年の指導者ではない。私たち自身も青年なのだ。青年の友としての立場で青年のあらゆる切実な問題を『議論』したいと思っている」[15]という。

つまり、編者自身も大学生であり、青年である。但し、詳細は不明ながら他者からは青年指導者と呼ばれるような立場にあり、ごく普通の大学生や青年というわけではなさそうであるが、それでも本人は敢えて自分は特別な立場ではないと言い、青年たちと同じ目線で議論しようという姿勢をとっている。『青年呼声』とはそのような新聞である。
しかし、この姿勢が理想であったのであろうが、後に見るように結局は上から目線で堕落した青年たちを叱咤《しった》する「説教式」を免れなかったという一面も否定できない。なお、『青年呼声』は一九四〇年九月に休刊声明を発表している。⒃

なお、『青年』の停刊時期は不明であるが、⒄『青少年』創刊特大号の論説で「新民会でも『青年半月刊』を刊行したが長続きしなかった」⒅と述べているように、少なくとも『青少年』発行の時期には既に停刊していたはずである。

『新民青年』は一九四〇年十一月から新民会教化部が発行し始めた。⒆創刊号の編集後記には、「本刊はこの時代の要請に応えて生まれた。言い換えれば、一般知識青年の『知識欲』を満たすために生まれた」⒇と記している。これも同じく青年たちの生活をめぐる問題を多く取り上げているほか、青年団など新民会の青年組織、青年運動の動向を報じているのが特徴である。

なお、新民会の青年読物に掲載されている執筆者は、新民会の要職にある人物も少なくないが、筆名を使用していると思われる執筆者を含め、どのような立場にあるのか不明の人物も多いことをお断りしておきたい。

「苦悶」と「堕落」

新民主義の提唱者であり、新民会中央指導部長、新民会中央青年訓練所長を務めた繆斌《みょうひん》は、新民会の中国人会員向けに発行していた雑誌『新民週刊』で青年問題について次のように論じている。

繆斌は、青年に対して正しい指導をしなければ、青年は誤った道へ進んでしまうという。そして、国民党と共産党は青年を惑わすものであったとイデオロギー的側面から批判するのであるが、辛亥革命や五四運動などに見られるように、時代の画期をもたらした青年たちの持つエネルギー自体は高く評価している。(21)これは第2章で見た通りである。

これと同じく新民会の青年読物も、先に見たように『青年』の発刊の辞では、余晋龢が「青年は社会の中堅、国家の柱石」(22)と、また『青少年』の巻頭言では喩熙傑が

> 青年の心は純潔で、感情は真摯で、血は煮えたぎり、青年だけが正に「人としての責任」を自覚でき、青年

> だけが正に「愛の実現」を追求できるのだ。青年は偉大で崇高なのだ。[23]

と、青年たちに対する期待を語っている。

しかし、新民会の青年読物に描かれた日本占領下華北の青年像は、およそこの期待とはほど遠い、「苦悶」し、「堕落」した青年像であった。

『青年』では、趙済武が「現在、青年の間で最も流行している弱点は、虚栄、怠惰、傲慢、依存、苦悶、消極、軽率、遅鈍、日和見主義など、枚挙に暇《いとま》がない」と述べた上で、青年たちの問題を「消極と脆《ぜい》弱」、「誇張と過信」、「享楽主義」の三点に集約して論じている。[24]『青少年』では、新聞記者で華北政務委員会の宣伝局長や情報局長を務めた管翼賢が、青年たちに対して「勇毅果敢」、「刻苦実践」、「堅忍有恒」の実践と共に、「悪習、懶惰《らんだ》、奢侈《しゃし》、虚栄、畏縮などの病態生理」を正すことを求めている。[25]『新民月刊』でも、「青年が虚栄、傲慢、悲観、煩悩、依存、怠惰の不良観念を捨て、真の人生の快楽を得ることを希望する」[26]、「一般官吏のほとんどが虚偽や汚職をしており、一般人民のほとんどがだらしなく無感覚になっており、一般青年のほとんどが堕落し放置されており、一般成人のほとんどが腐敗し愚昧《まい》である」[27]と述べられている。なお、後者は『新民月刊』一九四五年一月号に掲載された論説である。日中戦争末期になっても、青年たちの苦悶と堕落は変わることなく論じ続けられていた。

更に指摘されているのは、妓《ぎ》院に通ったり賭博やアヘンに手を出したりして時間と金を浪費する青年、[28]妓院や賭博場に出入りする一方、一学期間に全く書籍に触れることもない青年も少なくないということである。[29]

学習を怠り、享楽主義に陥ったこのような青年たちの生活態度に対する批判のほかに見られるのは、青年たちの知性や人生観についての批判である。現代の青年たちが犯している過ちとして、新民青少年団統監部動員処処長や新民会中央訓練所長を務めた彭黎《ほうれい》民[30]は、「現在の多くの青年はいくつか共通した誤りを犯している」として、「理知的な判断力が欠けている」、「中心となる信念がない」、「正確な人生観がなく、人生を単なる享楽や欲望の追求と捉えている」、「自分を大切にしない」などを挙げている。[31]

こうした青年たちの苦悶と堕落の原因について、新民会の青年読物は青年自身の問題だけではなく、社会背景に帰せられるものとして論じている。趙済武は、

> 中国青年の不健全、様々な病理の責任は、青年自身にあるだけではなく、国家の混乱、政治の行き詰まり、

教育政策の誤り、思想匪賊《ひ》（引用者注：共産党のことであろう）の誘惑、失学（引用者注：学校教育を受けられないこと）失業や社会腐敗の蔓延もみな要因である。多くの青年は苦悶し思い悩み、時代の残酷さ、社会の諸悪を恨み罵っている。勉強しようにも良い学校や教師がなく、仕事をしようにも適当な機会やまともな職業がなく、国家に尽くそうと思っても遠大な事業も良い政府もない。確かに過去の中国社会はそうだった。今でも依然として改善が必要だ。しかし我々は考えなければならない。「果たして人類は環境を支配するのか、それとも環境に支配されるのか。」(32)

と切り出し、青年の病態やその克服のために自助努力できること、即ち「修養」を説くのだが、

青年の病態と修養問題を論じてきた過去の多くの人々は、まるで「説教」で、怖い顔をして青年の誤りを指摘し、社会の環境や時代の影響を軽視していた。（中略）他には唆《そそのか》すような青年問題の論じ方で、口々に主義ばかり論じ、文字も行間も自分の政治主張を宣伝するばかりで、青年の幼稚な心に何らかの作用を及ぼそうとし、青年の心身の健康を傷つけ、悪の道へと引きずり込んだ。(33)

と、青年を取り巻く大人や社会を批判し、青年に対してかなり同情的である。

もうひとつの論調は、青年たちの失業と失学、恋愛と結婚をめぐる問題を重点的に取り上げ、現状が青年たちを苦悶、堕落させていることを訴え、それらのあるべき姿について論ずるものである。

中華民国成立以来、教育界では「卒業即失業」という言葉で失業問題がしばしば議論されてきた。新民会の青年読物は、青年たちの失業問題の原因について、過去の教育が実用的な知識や技能の習得を疎かにし、「書呆子《シューダイツ》」（書物の上での知識しかなく、実践力がない人）ばかりを養成する「士大夫《したいふ》教育」であったため、学校を卒業しても社会で働ける生産能力を具えておらず失業するという議論を展開している。(34) また、結婚は伝統的に「父母之命、媒酌之言」（出典は『孟子』滕《とう》文公章句上）という言葉で表現されてきたように、父母の言う通りに従わなければならないという「封建道徳」が、青年たちの恋愛や結婚の自由を阻害し、青年たちを束縛し、青年たちから希望を奪ってきたと批判する記事が、新民会の青年読物には多数掲載されている。これらの記事については、後に詳細に検討する。

青年が青年を叱咤する

新民会の青年読物は、青年自身にも寄稿させているのが特徴だと言えよう。青年自身が執筆した記事を、ここで少し詳しく見てみよう。

『青年』は一九三九年二月十五日の第一巻第十六号以降、「学生園地」というコーナーを設け、専ら学生の作品を掲載し、その出来にしたがって原稿料を支払うとして、学生たちに投稿を呼びかけている。(35) 前述の通り、青年たちの心の声を拾い上げ、青年たちと近い目線で青年たちの進むべき道について議論するという趣旨で始めたものであろうが、特徴的なのは、その投稿を通して誌上で青年自身に現在の青年たちの堕落ぶりを自己批判させたり、あるべき青年の姿について語らせたりしていることである。

『青年』第一巻第二十一号の「学生園地」に掲載された陳健齢という青年の投稿は、現代の青年たちについて「議論はするが実行はしない」、「怠惰」、「忍耐力がない」、「自信がない」とその欠点を論じている。そして、

最後に少しだけ青年に忠告する。実力もないのに何でもできると思って傲慢になってはいけない。そういうのも危険だ。大局的な視点で、小さなことから実行する。そうしてこそ物事の奥義を極められるのだ。

と、青年たちに「忠告」して締めくくっている。(36)

また、『青年』第一巻第二十三号の「学生園地」に掲載されている羊羽という青年の投稿を見てみよう。「苦悶、悲哀、失望、消沈、浪漫、享楽、これが現代青年の生活の特質だ」と書き出し、「筆者自身も一人の青年学生であり、おのずと青年の生活については理解している。自分の体験と他人を観察したことから感じたいわゆる青年の生活は、上述のような特質のものに過ぎない」という。そして次のように青年批判を展開する。

明らかに近年のダンスホールには青年の姿が増えており、映画館も、その他劇場も酒場も妓館も青年の姿が増えていないところはない。(中略) 現代青年というものは心行くまで陶酔し、享楽に耽《ふけ》り、他のことは何も気にかけない。これが青年の生活だ。これが青年の堕落した生活なのだ！(中略)

しかし上述の青年の生活は結局のところ一部の校外での青年の生活であって、学校での生活はどうなのか、見てみよう。校内での青年の生活は、正確に言う

と授業に出て講義を聞いているだけだ。他にはこれ以上本を読んだり、文章を書いたり、おしゃべりをしたり、運動をしたりはしない学生が最も多い。実際、今の一般的な青年の生活というものはみな、消沈しており、悲観的で、そして苦悶しているのだ。

このように青年たちの姿を叙述した上で、ではどうすべきかと言うと、「煩悶の生活を信仰の生活に転換すること」、「環境に流される生活から自我を確立した生活に転換すること」、「ロマン主義的な生活を芸術の生活に転換すること」などを提起している(37)。

これらの投稿をした青年は、自分と同世代である青年たちの学習や生活をめぐる苦悶、堕落を批判し、その克服を呼びかけているのである。投稿者の青年はどのような青年なのであろうか。

一連の記事を読んでいると、「近頃の若い者は……」という声でも聞こえてきそうだが、これは本来、世代を異にする者に対して投げかける言葉である。同世代に対してこうしたそれこそ説教染みた批判をする青年とは、自分は他の堕落した青年たちとは違って「真面目な」青年だと思っている青年ではないか。或いは日本占領下の社会で一定の評価を得て生き抜くために、「真面目な」青年を装った発言をしているだけという見方もできるかも知れない。いずれにせよ、新民会の青年読物からは、日本占領下華北に生きた青年像として、苦悶し堕落した大多数の青年と、それを批判、叱咤し、青年のあるべき姿を説き、苦悶と堕落を克服するための提言までする少数の青年が存在するという構図が浮かび上がってくる。

青年読物の読者像

先に見たように、新民会の青年読物は、青年の目線に合わせた編集が意識されており、主たる読者として青年が想定されているのだが、『青年』が掲載している孫允《いん》中という人物の論稿のように、青年運動や青年教育の指導者層向けに書かれた論稿も見られる。孫允中は、

苦悶、無気力、これが今の青年学生に最も広がっている現象である。しかし青年学生は社会の中堅だ。私たちは彼らを落ち込ませていて良いのか。私たちは何とかして彼らを苦悶、無気力の状況から脱出させようとしなくて良いのか。私たちがもし彼らにこうしていつまでも無気力でいさせたくないと思い、彼らのこうした病態を正したいと思うなら、最も良い方法は青年

学生の課外工作であり、積極的に様々な青年学生の課外工作を組織し、彼らを訓練して課外工作に参加させるべきである。

と述べている。その上で教育改革に関する主張を展開し、最後に「私たち青年運動に従事する者は、これらの問題を軽視していられないはずだ」と結んでいる。[38] 孫允中自身も、青年たちを教育、指導する立場にあった人物なのであろう。そして、これは同じく教育者の立場にあった者を読者として想定していると思われる記事である。なお、ここに書かれている孫允中の教育改革論については、後に再度取り上げる。

では読者たる青年であるが、日本占領下華北に生きた青年と一口に言っても、農村青年から都市青年まで、教育水準や経済力も多様である。これら新民会の青年読物が読者として想定していた青年とは、どのような青年であったか。

既に言及したように、『新民青年』創刊号には、「本刊は（中略）一般知識青年の『知識欲』を満たすために生まれた」[39] とある。『青年呼声』を見ると、金という署名の「私はひとりの青年だ」という書き出しで始まる記事には、

我々現在の一般知識青年は、多くはまだどっちつかずの、傍観的な、懐疑的な態度で生活しているが、私は大声で呼びかける。現代の青年は胸を張って事を始めなければならない。[40]

と述べている。また、『青少年』を見ても、

文化が後れ、産業が後れた中国にあって、高等教育を受けられる機会のある者は一万人に一人もいないし、中等教育を受けられる機会のある者も非常に少ない。したがって私たち教育を受けた知識青年は、自己の責任の重さを自覚しなければならない。[41]

と書かれている。

このように、新民会の青年読物が対象とする読者については、ひとつには「知識青年」が挙げられる。加えて、新民会の青年読物が学校生活や学習態度、卒業後の就職問題について多く取り上げていることから、読者の中心は学生と考えて良かろう。

第3章で、新民会が貧困層の農民に加えて知識青年に対しても、敵に内通する可能性がある者として警戒していることを見てきた。国民党統治時代の党化教育を受けた影響を引きずっていることに加え、共産党の思想を学んでそれ

に感化されてしまう可能性も想定してのことであろう。だが、この青年読物を見ると、新民会が知識青年をただ警戒して避けるのではなく、むしろ重視して自らの側に取り込もうとしていた姿勢が窺《うかが》える。この点は本章の後の部分でも、知識青年の実際の戦時動員について見ていく中で再度確認したい。これは第4章からも言えることだが、知識青年の中にも、体制に従う者もいれば反発する者もいるというように、様々な青年がいて不思議ではなかろう。

『青少年』のある記事では、「我々には惰性があり、知識人の多くは都市の繁華と物質的な享楽に恋々として、農村に行きたがらない」と述べつつ、青年たちに向かって苦しみに耐え抜く精神をもって「農村へ行け」と呼びかけ[42]、農村救済工作への参加を提唱している。このことから、読者として想定されている知識青年は、およそ都市に住む青年だと推測できる。また、『青少年』の別のある記事では、学校で冬休みが始まるにあたり、

　青年たちよ、多くは農村から来ているのだから、冬休みはやはり農村に帰って田舎の生活をしてみなさい。農村と都市では生活の情緒が違う。都市にいるのが色っぽくて魅惑的な婦人なら、農村にいるのは地味な少女だろう。素朴なほど美しいのだ。都市の生活に心酔してしまった君たちは、農村に帰ってみたらあまりにも寂しく感じるかも知れない。農民の言葉は辛気臭くて、生活は簡素すぎて、教養のある紳士とはかけ離れていると思うかも知れない。それは君の神経が都市の悪しき刺激を受けすぎて麻痺してしまっている証拠だ。麻痺した神経を治しに、ぼうっとした目を覚ましに、地元の農村に帰ってみてほしい。[43]

と、冬休みには農村に一度戻るようにと勧める記事も掲載されていることから、農村から都市に来た青年も含んでいると見て良い。

『青少年』では、職業青年に対しても、「今日の職業青年たちは生活が日に日に困窮していく中、ますます堕落し、今遊んでおかなくてはと、自らの修養と未来への責任を忘れている」などと批判している。[44]学生だけではなく、職業青年も新民会の青年読物の読者に含まれていたと考えられる。

『青年呼声』を見ると、

　今は全国が戦争中で、多くの青年が従軍している中、幸運にも平穏に勉学ができるのは我々の華北圏内というごく一部の場所だけ。[45]

加えて、

今の普通の学生はみな芝居が好きだが、それが勉強に影響することは分かっているし、芝居のために多くの下流の人に近づき、自分を堕落させることも分かっている。映画や芝居が好きで毎日必ず見に行く学生がいるが、「広和楼」（引用者注：北京にある劇場の名前）には劇場を学校と見なしている学生たちが一体どれだけ役者を追っかけて勉強を疎かにしているか。[46]

といった記事もあり、言わば遊んでいられる、比較的恵まれた青年像も浮かび上がる。

しかし一方では、『青年呼声』には学校に行けなくても仕事を掛け持ちしながら余暇を利用して自力で勉強すれば良いと、自習の方法や長所について論じつつ、一方で自由に流されたり孤独になったりするなどの注意点について論じた記事や、[47] 教師の話を聞くだけで試験勉強ばかりするような、実生活に関係ない教育をする学校のつまらなさを論じ、

失学青年たちよ、こんな教育が羨《うらや》むに値するか？

だから私は、進学できていない青年は気落ちすることはないと思うのだ。知識を求める先は学校にだけあるのではなく、自身の努力にあると知るべきだ。[48]

と、失学青年たちを慰め、激励する記事も掲載している。新民会の青年読物の読者の中心となるのは比較的恵まれた都市の青年学生であろうが、失学青年も含め、多様な立場の青年たちを読者と想定して刊行されていたと言えよう。

「修養」のすすめ

これは『青年』に掲載された論稿の冒頭の一節である。

現代の青年はほとんど至る所で生活に苦悶しており、消極的な、退廃した、堕落した、ロマン主義的なといった、様々な生活病態を見せている。生活の正しいあり方に反しており、誤った道に入って一生を台無しにしないように、急ぎ正さなければならない。したがって現代青年の修養は、待ったなしの解決すべき問題となっている。[49]

新民会の青年読物でしばしば説かれるのが、この「修

養」である。

この論稿の筆者である烏智という人物によると、修養とは「自分で自分を教育すること、自分で自分を訓練すること」である。

　他人に専ら頼って教育や訓練を受けるのでは、往々にして却《かえ》って束縛されることになり、大きな成果は得られないものである。世界の偉人たち、孔子も孟子もエジソンもワットも、彼らの境遇を少し調べたら分かるが、彼らのほとんどは他人の教育や訓練を受けて成就したのではなく、自分で努力したのである。[50]

という。そして、

　いかなる青年であれ、学校教育を受けていない青年でも、既に学校教育を受けた青年でも、今学校教育を受けている青年でも、自分で自分を教育、訓練する必要がある。[51]

と述べているように、修養を説く対象には失学青年も含めていることが分かる。学校教育が行き届かない状況にあって、学校教育にかかわらず新民会は広く青年たちを教化しようとしたのであろう。

では何をするのかと言えば、「修養の目標は生活力を高めること、（中略）生活力とは三つの要素から成る。一、体力、二、脳力、三、精神力だ」として、体力を高めるためには「好ましい衛生習慣を身につけ、悪しき嗜好をなくし、よく遊び、よく運動すること」、そうして体力をつけて「新時代の潮流に適応するために努力し、新東亜の礎《いしずえ》をしっかりと築くのだ」という。脳力は「体力を高め、疲労を軽減し、常識を広く身につけ、興味を広げ、絶えず考える」ことで身につくもので、体力とともに脳力を高めるのも「我ら青年が負う時代の使命だ」という。そして次第に抽象的になっていくのだが、精神力とは「理智、意志、情緒」から成り、この「三元素を所期の程度に高めることが、我ら青年が持つべき新民精神の成功である」という。この後、更に「思想の修養」、「品性の修養」、「身体精神の修養」と細かな解説が続く。[52]

先に取り上げた趙済武も「修養」について論じており、烏智と同じく、修養を「自分で自分を教育すること、自分で自分を訓練すること」と定義している。そして、修養で成就した「良い手本」として、孔子、孟子、エジソンに加えて、ムッソリーニとヒットラーも挙げ、修養を実践する方法として、「不正な欲望を抑えること」、「体力、脳力、

気力を育て、充実させること」、「種族を愛する誠心と政治の信念」についてそれぞれ解説している。(53)

結局は「説教式」

『青年呼声』の休刊声明が出されたのは一九四〇年九月である。その最終号に、読者の声として、休刊を惜しむ寄稿が掲載されているので見てみよう。ひとつは「中華民族の危機」と題するもので、編者に対して嘆きをぶちまけ、青年たちを叱咤してきた『青年呼声』を賛美している。

多数の青年が一日中酒色や遊びに浸り、ダンスホールやビリヤードに通うのが広く見られる現象になっている。甚《はなは》だしくは夜通し妓院に通っておかしいとも思わず、誰も恥だと思っていない。読書をしようという気持ちのある青年はまだ少しはいる。しかし何とか奇侠やら、小翠《すい》花やら、喜彩蓮やら（引用者注：いずれも役者の名前）、男女の話やら、芝居の即興ギャグやらの類の本である。こんな一般青年の思想の堕落は、実に中華民族の一大危機だ。貴刊はこうした空気の中でも様々な青年の修養問題を論じ、妥協、怠惰、腐敗、自己中心的……などなどの陋《ろう》習を厳しく攻撃し、青年を光の道へと導いた。これらは全て、砂漠の中の聖火のごときもの、賛美されて然《しか》るべきだ。これは青年に対する功徳であるだけではなく、中華民族に対する功徳でもある。

だから貴刊の休刊は非常に残念だ。(54)

寄稿者が青年なのか、その上の世代なのかは不明だが、読者の声である。青年読物の読者の中には、このように青年たちをめぐる現状に眉をひそめ、青年たちに対する批判と叱咤に共感しながら読んでいた人もいたのであろう。

先に新民会の青年読物が、青年たちに反発されかねない「説教式」の文章は避けるという編集方針を打ち出していることに触れた。だが、この読者の声から聞こえてくるのは、まさに青年たちに対する「説教」ではないか。これを青年たちと同じ目線で編集すると謳《うた》っていた『青年呼声』の編者が掲載したのである。これは他誌も同様で、青年たちのあるべき姿を説き、青年たちを批判し叱咤する記事も、総じて「上から目線」の「説教式」だと言って良い。日中戦争末期に発行された『青少年』も、「説教式」を避けるという編集方針を掲げていたが、これとて同様である。新民会の青年読物が、結局は「説教式」の論調に陥るのを免れられない性格のものであったことは指摘できよう。

『青年』の「学生園地」がその例だが、青年自身の声を拾い上げるにしても、それは一部の言わば「真面目な」青年たちの「模範的な」議論であり、結局のところ新民会の青年読物が自由で多様な議論を交わせる媒体であったとは思えない。だがこのような制約は、見方を変えれば新民会という組織自体が何を追求したかを読み取ることを可能にする。このことも念頭に置いて、以下、更に読み進めていこう。

二．都市青年学生の動員をめぐる問題

都市の知識青年も動員せよ

新民会の青年読物が描く青年像と、その読者として想定されていた青年像については多様であるが、特に都市に住む比較的恵まれた青年学生が中心となっていることは、ここまで見てきた通りである。では、実際の新民会の青年動員工作に、彼らはどのように巻き込まれていったのであろうか。

第三次治安強化運動の実施にあたり、当時新民会事務総長の地位にあった喩熙《ゆき》傑が、

> 青年は社会の中堅、国家の柱石である。特に民衆の知的水準の低い中国では、知識青年は一般民衆の指導者なので、治安強化運動では華北の民衆ひとりひとりに責任があるが、華北の知識青年の責任は特に重大である。(55)

と呼びかけている。新民会は知識青年、都市の青年学生のことを単に苦悶し、堕落した存在と見なして動員対象から除外していたわけではなく、むしろ重視していたものと読み取れよう。

ここでまず、農村と都市では新民会の民衆動員工作の進め方に差異があったことを確認しておく必要がある。新民会の青年動員の具体的な動向は、『新民会報』に詳しく記載されている。『新民会報』によると、新民会の第一回青年訓練主務者連絡会議の中で、監察部次長の田中武雄は青年訓練の指導方法について次のように述べている。

> 会は治安の現状に鑑み、又軍部の希望に依りまして青年訓練に相当重点を置いて居るのでありますが更に青年訓練の指導方法に就《つい》ても都市と農村に分け、又農村は治安の良好な処《ところ》と不良な処とに分けて夫々《それぞれ》適当

した方向に向って力を注ぐべきであろうと思います。治安の比較的良好な地点に於《おい》ては合作運動であるとか産業方面の経済的工作が主になって来ましょうし、治安の悪い方面に於ては自衛力の強化が主眼になって来る様に考えるのであります。それから都市に於ては農村に比し智識の高い、インテリーが多いので之《これ》を把握して行くことに努めると同時に反対思想を克服して行くことが極めて必要であろうと思います。(56)

ここからは、農村では経済政策や民衆の組織化と動員を具体的に進める一方、都市では思想宣伝が中心であったことが読み取れる。彭黎民《ほうれい》は、『新民月刊』の記事で、

都市の大部分は知識青少年であり、優秀な頭脳を具えているが労苦に耐えて克服する肉体と精神が欠けている。農村の大部分は労働青少年であり、労苦に耐えて克服する肉体と精神を具えているが、優秀な頭脳が欠けている。(57)

として、都市青年たちには勤倹と労苦を教え、農村青年たちには識字教育を進めていると述べている。

このような都市青年と農村青年に分けて青年たちの組織化と動員を進める方式は、日中戦争末期まで継続された一九四三年十二月から一九四四年一月まで実施された大東亜青少年総奮起運動について見てみよう。大東亜青少年総奮起運動とは、一九四三年十一月に、東京で日本、満洲国、汪《おう》兆銘政権の青年運動の代表者が集まって開催した大東亜青少年指導会議で、三国一斉に実施することを決めた青年運動である。この運動で新民会は、「革新生活」、「粛清思想」、「増産救民」、「剿《そう》共建国」の四項目に亘《わた》る活動を、都市青少年団と農村青少年団に分けて実行させた。早起きをして心身の鍛錬、礼節の励行、時間と規律を守る、識字運動、標語の掲揚、防疫、防災、防空、防諜《ちょう》、道路建設への動員などは、都市と農村の青少年団両方に共通する活動であるが、異なるものとして、都市青少年団では衣食の簡素化、徒歩の励行、講演会、懇談会、討論会、救済工作、配給工作への協力、交通整理、新民青少年団決戦総力動員訓練などがあり、農村青少年団では映画や紙芝居、漫画による宣伝、農事副業、食糧を「共匪《ひ》」の下に流出させないこと、合作事業への協力、聯荘自衛工作など、それぞれ別の活動が挙げられている。(58) また一九四四年十二月から一九四五年一月にかけても「興亜必成の信念の昂《こう》揚」、「生産増加」、「国土防衛訓練」、「決戦生活の徹底実践」を目標とする新民青少年実践興亜奮起運動が統監部の指導の下に行わ

れ、ここでも「地域によって環境が異なるので、実際の工作に適応するため、都市青少年運動と農村青少年運動に分ける。都市では宣伝工作を重視し、農村では実践工作を重視すべし」と、区別して進めると方針を定めている。(59)これらの他に地域ごとに実施された運動もあったが、例えば「民国三十三年度新民会山西省会運動大綱」では、活動内容を郷村青少年団と都市青少年団に分け、郷村青少年団では「一、自衛事項（情報収集を含む）」、「二、重要資源増産供出（共同労作、耕作開墾、労働力の供出）」、「三、城壁、治安道路、灌漑《かんがい》道路などの修復と開発」、「四、植樹」、「五、その他」を挙げ、都市青少年団では「一、警防事項（防空防諜）」、「二、交通整理事項」、「三、防疫（商店街の大掃除）」、「四、労働奉公（都市の城壁、道路の修復と共同労作）」が挙げられている。(60)

第３章で、日中戦争末期に近づくにつれて階層にかかわらず青年を総動員する掛け声が強まったことを指摘したが、農村青年に対してだけではなく、新民会は都市青年に対しても農村青年と異なる形で動員を進めようとしていたと言える。決して都市青年を「苦悶」し「堕落」させたまま、ダンスホールや劇場で遊ばせたまま放っておいたわけではなかったのである。

大学生を勤労動員

第４章で暑期青年団について取り上げた際に、そこでの労作活動に加え、北京西郊新都市開発の労働服務団にも言及したが、これら以外にも、様々な形で知識青年の勤労動員が展開されていた。

一九四一年六月から、華北政務委員会の教育総署が主管する大学生勤労運動が始まった。『新民報』では、夏期休暇に「大学生の勤労精神を鍛え、身体を強くし報国させる」ことが目的だと紹介している。(61)これ以降、特に食糧危機に伴う食糧増産運動をはじめとする勤労動員が強化されていく。第３章で見たように新民会の青少年団や、前章でも触れた宗教団体も含めて各種民衆団体が次々と勤労奉仕に動員されていく中、大学生もその中心的な担い手となっていった。(62)また、大学生は華北交通、華北電業、華北電電（華北電信電話株式会社）など、日本の国策会社での労働にも割り当てられた。(63)更に、師範学校の学生が石炭運搬などの肉体労働に動員されたことも注目すべきことと認識されたらしく、複数の新聞や雑誌で報じられている。(64)こうした動きは日中戦争末期まで続き、一九四五年の新民会の工作計画にも「青少年勤労服務総動員」が挙げられている。(65)

このほか、前述のように新民会の青年読物には、青年たちに対して「都市の繁華と物質的享受に恋々とせず」に「農村へ行け」と呼びかける記事がいくつも見られる。『青少年』では「教育を受けた知識青年」に対して、農村に行って農業生産の向上、農民教育の普及、農村文化の改善、自治自衛組織の指導など、農村工作に従事せよと提言している。(66) 実際には、一九四四年に行われた新国民運動で、その実践要綱に「各地の教育分会と青少年団を発動し、知識階層を指導し、郷村啓蒙運動と郷村建設の支援を進める」(67)とある。都市の生活に慣れ親しんだ知識青年たちに、都市の生活から離れ、農村で新民会の民衆工作に協力する役割も担わせようとしたのである。新民会は都市の知識青年に対しても、「苦悶」し「堕落」した青年だと批判するだけではなく、その状況を打開させるべく相応の役割を担わせ、動員工作に巻き込もうとしていたのである。農村青年だけではなく、様々な階層の青年を、それぞれが置かれている環境を踏まえて動員しようとした新民会の意図が見えてくる。

日本の青年を見ろ、ドイツの青年を見ろ

新民会の青年読物には、日本人青年の勤勉さ、滅私奉公、忠君報国の精神を賛美する記事がしばしば見られる。一九四一年五月発行の『新民青年』の記事を見てみよう。この記事の筆者である滌生《てき》は、冒頭の記述によると、日本に来てから四箇月になり、興亜時習社というところで中国、日本、満洲国の三国の青年と共同生活をしている人物のようである。(68) 興亜時習社とは、『新民会報』によれば新民会中国人職員の日本留学先のひとつに挙げられているところで、(69) 大阪府にある。(70)

なお、『新民会報』には、一九四一年四月二十五日から一九四二年三月末日までの留学に関する要綱を掲載し、その留学先のひとつとして興亜時習社が挙げられている。(71) 『新民青年』掲載記事にある「日本に来て既に四箇月」という記述と、この『新民青年』の発行時期を照らし合わせると、滌生は一九四一年五月より四箇月以上前には日本に来ていたことになるので、この要綱に基づいて集められた留学生だとすれば情報にずれがある。留学生とは別の立場で、何らかの形で来日した人物なのかも知れない。

いずれにせよ、滌生はこの興亜時習社で日本人青年たちと共同生活をする中で知った、その日本人青年たちの精神を紹介して中国青年たちの鏡としたいという意向で、この寄稿をしている。ここで滌生は、戸締りや整理整頓の当番の役目をしっかりこなす「責任に忠実な精神」、与えられた作業を汗水流して黙々と完全にやり切る「実践の精神」、

荒地の開墾、土木の運搬などをして畑や灌漑設備をつくる仕事のような「苦労に耐える精神」、学生としてあるべき謙虚な態度で目上の人を敬い、教えを受け命令に従う精神、仮に指導者に非があったとしても不満そうな態度はとらず、婉曲的に相手が自ら非に気づくように振る舞うことも含めて「服従の精神」、共同生活の中で校舎の環境整備や病気になった仲間を世話する時に、日本人青年は特に進んで行うという「自治の精神」、日本人青年同士は殴り合いの喧嘩をしても二時間後にはすっかり仲直りしているという「英雄の精神」を挙げている。(72) 同じく『新民青年』では、劉愚人という署名の記事が、「日本青年から刻苦勉励、忠君愛国の精神を見習おう」とも呼びかけている。(73)

次の記事はかなり強引な分類をしているが、ドイツやイタリアの青年運動が模範とすべきものとして紹介されている。

青年は人生で最も健康で強い時期だ。活発な気質に燃えるような感情を持つ。しかし、青年の頭脳は純粋だが単純で、青年の思考は敏感だが浮ついている。美点は勇敢に事にあたるところで、困難や危険を恐れない。欠点は衝動に駆られて盲従してしまうところ。その美点を利用すれば限りなく大きな事業を成し遂げることができ、その欠点を利用すれば最大の禍をもたらすことになる。（中略）ドイツのヒトラー・ユーゲント、ナチスのアルバイト・ディーンストやイタリアのファシスト党の青年団はいずれもその美点を利用し、訓練を行うことで、ドイツ、イタリア両国は堂々たる復興と強大化を成し遂げた。反対に中国の共産党と共産青年団の組織はその欠点を利用し、青年を唆《そそのか》し、麻痺させて多くの不幸な狂乱を引き起こした。(74)

ドイツに関しては、その青年運動、即ちヒトラー・ユーゲントも滅私奉公、自己犠牲の精神、公益を私益より重んずる精神に加え、階級対立のない平等は、中国青年が学ぶべきものとして理想化されている。(75)『青年』でドイツのアルバイト・ディーンストを紹介する記事では、

昔の自由意思の売名の押し売り根性を一掃し、「民族協同体と労働を正しく認識し、特に肉体労働を正しく尊重し」、かつての階級意識や労働を侮蔑する態度を正し、かつての労働奉仕に対する経済的な見方を排し、国民教育を目的とし、「公共事業」を実施する目的を明確にする。(76)

と説明している。義務労働などを通して体力と精神を鍛え、犠牲の精神を養い、階級意識をなくすことなど、ドイツの青年運動はその目的や方法論も参考に供されている。(77)

『青年』は近藤春雄の著書『ナチスの青年運動』(一九三八年)の編訳を掲載することにより、(78)ドイツの青年運動を紹介している。同書の著者近藤は元外務省職員で、ドイツにも滞在したことがあり、現地での実践を直接観察し、ドイツ人の知人を通して資料収集を行ったという。(79)近藤は、指導者に対するヒトラー・ユーゲント団員の絶対服従、民族意識を高める教育、自由主義の排撃、国家のための自己犠牲を厭《いと》わないこと、階級差による差別をなくして精神面で団結することなどといった、ドイツの青年運動に見る全体主義の特色を紹介している。また、保健や体育の重要性も説く。(80)新民会の青年読物がこうした青年運動に関わる日本人の著作を紹介しているのは、新民会も日本の総動員体制やナチスの青年運動に関心を示し、参考にしようとしていたことの表れであろう。

そうした姿勢は、ナチスに言及した全体主義論に関するもので、日本を含む海外の著作を『青年』に抄録していることからも窺《うかが》えよう。吉川兼光「全体主義の理論と実際」(81)や、秋沢修二「全体主義の哲学的基礎」(82)がそれである。(83)また、日本人だけではなくオーストリアの社会学者シュパンの著作「全体主義の社会哲学の基礎理論」(84)も翻訳掲載している。

なお、『新民青年』の論稿には次のようなものもある。

> 近来西欧諸国では、青年運動を推進するところが非常に多い。そのうち最も顕著なのが、ドイツのヒトラー・ユーゲントの運動、イタリアのファシズム青年団などの運動であるが、規模はいずれも偉大で、エネルギーに満ち、成果には大変見るべきものがあるが、惜しむらくは戦争は減るどころか、平和は却《かえ》って絶望的だ。これは彼らの提唱する青年運動が、ほとんどが覇道精神に基づいているからである。それは「戦と戦の交換」だ。報復の循環だ。怪しむに足りない。しかし今日我々が推進したいと思う新民運動は、王道精神に基づくもので、「和と和の交換」だ。これ即ち新民運動の特徴である。(85)

ドイツやイタリアの青年運動は見習うべきものであるが、根本的に西洋文化より東洋文化の方が勝っており、中国ではドイツやイタリアを越える青年運動を発展させるべきで、また発展させられるはずだと認識しているようである。

三　新民会が提唱する教育と社会の改革

「封建道徳」を克服せよ

新民会は、指導理念として新民主義を提唱し、欧米から伝来した自由主義、個人主義を中国社会の秩序を害するものとして、日本と、ひいては東洋で共有する文化である儒教道徳を中心とした「東方固有の文化道徳」を復興させ、新しい中国を建設すべきだと主張した団体である。そのため従来は、新民会は復古的な、「封建道徳」への回帰を進める団体であったとする見方が一般的であった。しかし、新民会の青年読物が提起している教育方針や恋愛観、結婚観を見ると、必ずしも「封建道徳」への回帰と一括できない面も併せ持っているのである。

「卒業即失業」と呼ばれた社会問題に対処するため、新民会の青年読物が実用的な知識や技能を習得する必要性を説き、過去の教育を「書呆子《シュータイツ》」を養成するだけの「士大夫《したいふ》教育」であったと批判していることは既述した。これに関して、新民会の青年読物では更に、青年が労働を厭《いと》う観念も改めなければならないと説いている。

孟子は「心を労する者は人を治め、力を労する者は人に治めらる（引用者注：出典は『孟子』滕《とう》文公章句上）」、また「君子がいなければ小人を治める者はいない。小人がいなければ君子を養うものはいない（引用者注：出典は同右。但し「小人」ではなく「野人」）」と述べた。孟子の言う君子や小人とは、善悪で分けるものではなく、知識水準が高いか低いかである。今日の一部の青年知識人には、ちょっと数年教育を受けたくらいで浮かれ、往々にして労働階級や知識のない者を蔑視し、甚《はなは》だしくは自分たちとは別の種族であるかのように見る者もいる。[86]

こうした観念が青年たちの中に労働者を蔑視し、労働を厭う観念を生んだとする批判は多く見られ、学校で労作訓練を実施して労働に対する蔑視をなくすこと、[87]「士大夫教育」を改め、実学教育を重視すべきことなどが提唱されている。[88] また、過去の教育は身体を鍛える教育を疎かにしてきたが、今後は重視すべきだとも主張している。[89] 新民会全体聯合協議会でも、当時の教育を「廃人教育」だと批判して、職業教育を強化すべきだという議論がなされていた。[90] 先に取り上げた大学生の勤労奉仕についても、「我々が抱く労働を厭う伝統観念を打破するものだ[91]」とその意義を述べている。

このほか、中国の青年たちは親からもらった金で遊んでいるが、欧米の学生は自分で働いて稼いだ金で遊んでいることを対照的に紹介した記事もある。この中でも、青年たちが労働に従事することを中国社会が肯定的に捉えていないことを指摘しつつ、[92]労働を通して中国青年たちが父母への依存をやめて自立するように呼びかけているのである。

ここで、前に少し取り上げた孫允中《いん》という青年教育関係者と思われる人物が『青年』に寄稿した論説を見てみよう。孫允中は、青年教育改革として課外活動の積極的導入を主張している。課外活動には四つの重要な学理上の根拠があると言い、「自我活動」、「青年天性」、「学校社会化」、「学行一致」を挙げている。

「自我活動」はドイツの教育学者フリードリッヒ・フレーベルが提唱したものとして紹介しており、「およそ青年学生が自らしたいと思うことは、教育者は青年に自らさせるようにし、束縛を感じさせないようにすべきである」と言い、学生の自主活動を提唱する。「青年天性」も青年の心理に基づいた教育で、「仲間と一緒にいたがる、協力、助け合い、競争、博愛」などの心理は青年期に特に発達するという。そこで「学生に各種の適切な団体活動に参加させることは、青年の社会的本能を満たし、同時に自制力、協力の精神、指導と服従、創作と責任など、青年が様々な徳性を養い、人類の性質を理解し、世界の全てを経験することは、実際の社会生活に生かす準備となる」という。「学校社会化」はアメリカの教育学者ジョン・デューイの教育論に依拠している。「デューイは、学校は社会の中のひとつの組織であり、その成り立ちは社会の成り立ちと同じであるべきだと主張した。つまり、学校教育は社会化すべきであり、学生が学校で行う活動は社会の活動と一致させるべきだ。学生の活動は団体生活を重視すべきで、教室内の教学は、課外活動で補充しなければならない」と述べている。「学行一致」はヘンリー・ノイマンの道徳教育の著作を持ち出し、「実際に実習し、身をもって体験する」ことだという。[93]

西洋の教育者の様々な教育論を援用しているが、この中でもデューイは、近代中国における代表的な教育者である胡適や陶行知などを育成した人物として知られる。新民会は、中国の社会秩序と文化道徳を破壊した元凶として、個人主義や自由主義など、欧米から流入した文化を批判していた。しかし新民会の青年読物がこのデューイの教育学説に基づいた教育改革を肯定的に取り上げているということは、新民会が中華民国成立以来の中国の教育近代化の流れや、欧米から受けた影響を完全に否定したり排除したりしようとしているわけではないことを示していよう。また、中国の伝統的観念とされた教育観や労働観については、回帰すべきものではなく、むしろ克服すべきものと捉えている。

恋愛と結婚に自由を

もうひとつ、青年たちを取り巻く深刻な生活問題には、恋愛と結婚をめぐる問題があった。

既述したように、新民会の青年読物は、「父母之命、媒酌之言」の慣習により、恋愛と結婚の自由がないことが青年たちの苦悶の原因であると批判する記事を多く掲載している。新民会の青年読物を見てみると、基本的に恋愛の自由を肯定している。

『青年呼声』では一九三九年七月二十六日の第十四号で「恋愛問題特輯《しゅう》」を組んでいる。そこに「編者」の署名で執筆されている趣旨文にあたる論説は、次の通りである。

> 恋愛問題について言うと、それは青年の切実な問題や両性の私生活の問題であるだけではなく、社会全体の問題の一環である。更に言えば、中国社会では近年でも旧封建勢力の支配を受けているが、（引用者注：青年の恋愛問題の）主たる原因は一般青年の婚姻問題が適切に解決されていないことである。欧米の「婚姻の自由」思想が中国青年層に及ぶ中で、彼らは自覚的に封建勢力に攻撃を仕掛け、大家族制度は崩壊したが、中国型の恋愛観は未確立で、一般青年はおもがいを外された馬のように狂気じみて突っ走っており、目的もなく分別もなく罪悪を犯している。社会の側が青年を正しい道へと指導していないだけではなく、却《かえ》って疎外しており、これが青年の苦悶を更に重くしている。[94]

青年たちに「正しい恋愛」を説こうとしているのだが、その過程で「封建」的なるものは打倒すべきものと位置づけているのである。編者は続けて次のように言う。

> 特に近頃の一般「偽物思想」家は新中国建設の機会に乗じて中国青年を「復古」の道へ押し込めようとし、旧封建の桎梏《しっこく》をまた改めて我らの身に押しつけようとしている。恋愛問題に関して言うと、彼らは東方精神とは「男女授受するに親しくせず（引用者注：男女は物をやり取りするのに直接手渡しはしない。出典は『孟子』離楼上）」、「（引用者注：男女は）七歳にして席を同じゅうせず（引用者注：出典は『礼《らい》記』内則篇）」だと思っており、

恋愛を極めて淫猥《いんわい》なものだと見なし、婚姻とは「父母の命」だと思っているのである。

（中略）

我々の理想の第一は完璧な国民生活を作り上げることであり、更に一歩進んで反封建、反資本主義の立場で恋愛に対する社会の誤った心理を正し、正確な恋愛観を基礎として完璧な家族と完璧な社会を築くことである。(95)

ここで明確に述べている「反封建」という言葉に着目したい。しかし編者は一方で、次のようにも言う。

ロマン主義者は「飲食と男女は人間の大きな欲望である」というのを旗印に、性の開放でロマンな気風をつくると大合唱しているが、このような原則も規律もない恋愛論は個人の身体の健康だけではなく、民族の健康にも影響を及ぼす。社会の健全のために我々はこうした観念には反対しなければならない。（中略）ロマン主義者よりもっとひどい者は、恋愛を児戯だと捉えており、完全に享楽で自己中心的で、性欲を発散する観点から出発している。彼らは色々な詐欺的で卑劣な方法を使い最後には姦通したり、捨て去ったり、結婚詐欺をしたり、騙し取ったりと、社会秩序を破壊する悪質な事件を起こしている。(96)

封建道徳の束縛から逃れて自由恋愛をするにしても、放任しておいて良いわけではないということである。『青年』の青年自身による投稿コーナー「学生園地」を見ると、ここにも青年が恋愛について論じた投稿がある。『青年』第一巻第二十一号に掲載された磊光《らい》という青年の投稿を見てみよう。

人類生活最大の目的は幸福の追求にあり、最も幸福な生活とは常に精神と物質が調和し融合した生活である。言い換えれば、霊と肉の両方が満たされることであり、結婚とはまさにそうした生活を満たすひとつの形である。しかし男女が共に営む同一方式の生活で円満を望むなら、更に新たな生命を創造するなら、それは完全に相互の恋愛によってはじめて成り立つものだ。恋愛を基礎としない結婚は、自分の幸福を蔑《ないがし》ろにして生活の権利を放棄するもので、同時に民族の発達、人類の進化に大きな影響を及ぼす。（中略）恋愛とは人類福祉の基礎であり、青年たちは生理的にも心理的にも恋愛に対して切実な要求があるが、これは正常な意識の表現であり、良いか悪いか、そうあるべきか否かではなく、我々が重点を置くべきはいかに恋愛をするかについて議論することだ。[97]

これも青年学生の声として書かれた文章であり、自らの幸福を追求する自立した態度を持つ青年学生の姿が表れていると言えよう。しかし磊光は続けて、次のように現状を批判する。

> 我が国の青年は民十七（民国十七年、一九二八年）以来、欧風の甘美に酔いしれ、やたらと自由や解放を語り、固有の礼教の壁を突き崩し、恋愛は無上の美しい営みであると思うようになり、一日の唯一の活動は化粧を塗りたくり、相手を探し求めることばかりに傾注し、穢《けが》れのないはずの恋愛は一変して色情に狂った濫愛になってしまっている！　その結果、金は浪費し、学業は乱れ、人格は堕落し、意志は消沈し、精神は退廃するなど、良くないことが次々と現実になっていく！　間接的には更に社会の秩序を乱す影響もあり、男女関係のもつれによる殺人や自殺などの事件の話も、耳にたこができるほどだ。[98]

そして、日本の英文学者で恋愛至上主義の提唱者として知られる厨川白村《くりやがわはくそん》の恋愛論の著作『近代の恋愛観』から、「恋愛は即ち性を異にせる二つの個人の結合によって、お互に『人』としての自己を充実し完成する両性の交響楽《シンフォニイ》に外ならぬと見られて居る」[99]という一文を引用しながら、恋愛は単なる性欲ではなく、人格や魂が結びつくことで成立するものだと解釈している。

恋人の正しい選び方

その上で、恋愛の相手の選び方についてアドバイスまでしている。磊光によれば、第一に、

> 学識、品格、経済力の面をよく観察し、均等であるかバランスが取れている人を求めれば失敗はない。[100]

第二に、

> 人格を重視すべきで、決してスタイルや顔がきれいだとか、金持ちだとかいう点を見てはいけない。（中略）同時に更に重要なのは自分の健全な人格を育てることで、それは恋愛し始める時の相手選びの条件がそ

うであるだけではなく、恋愛が成熟してから、ひいては結婚してからも双方の人格を高めることに注意を払うべきだ。そうしなければ、一方の人格は日々高まっていくのに、もう一方は停滞、或いは日々堕落していくということになり、それでは不幸な破滅の危険が待っている。(101)

第三に、

純正な恋愛は、至高至上の道徳の表現なのだから、父兄師友の前で公開して良いし、その適切な指導を求めて良いはずだ。特に恋愛の相手を選ぶ際には、勇気を出して虚心に父兄師友の意見を聞くべきだ。なぜなら彼らは知識が豊富で、人を見極める能力は我々よりはるかに上だからだ。しかも我々に良い伴侶を得てほしいという彼らの願いも、我々以上のものだ。父兄の前で恋愛問題を言い出せばすぐ赤面してしどろもどろになってしまう。そんな青年は実のところ恋愛を汚らわしく不正なものだと誤解しているのだ。(102)

最後に第四としてこう締め括る。

相手を選ぶときは鏡のように心を落ち着け、晴れわたった空のように心を純潔に、(中略)そうしてこそ良い相手、良い伴侶を見つけ出すことができる。(103)

こちらは「学生園地」ではないが、『青年』に掲載されている宋《そう》君という人物の論稿も同じようなことを述べている。恋愛は結婚する上で必須であり、「結婚は恋愛を重要な条件とし、恋愛は結婚する上で必須の過程である」という。恋愛は「性欲を離れたところには成立しない」、つまり親子、兄弟、友人同士の愛とは別物だという。しかし「単純な性欲」ではなく「精神化された性欲」だということを、この宋君も磊光と同じく厨川白村の言葉を引用して論じている。そして恋愛は結婚する上で必須だからこそ、恋愛では相手を見極める「選択」が必要になる。「選択のない恋愛は肉感の衝動」に過ぎないというのである。(104)また、宋君も結婚相手を選ぶ際には父母の意見を聞けという議論を展開している。

今の実態から言うと、もめごとの起きる結婚になるのは、元々は父母が勝手に決めたことが原因だ。しかし双方の当事者による恋愛結合が最終的に不幸な結果になることも少なくない。なぜか。それは双方の当事者が婚姻に関する正確な観念についてきちんと分かっていなかったからで、ただ恋愛ばかり追いかけて結婚を軽んじ、父母の指導を守らなかったからだ。

では正確な婚姻観念とは何か。簡単に言えば男女の結婚は恋愛を基礎とするものだが、恋愛の発展と結婚は父母の指導を守るべきで、行き当たりばったりではいけない。恋愛中に、相手の性格、学識、才能、品行、道徳、年齢などにしっかりと注意した上で相手を選ぶべきだ。いい加減にしているとその災いは一生残る。

我が子を愛さない父母はいない。父母は経験が多く、見識が広く、結婚前に父母の同意を求めていれば、結婚後に大きな間違いはない。だから青年男女は結婚する時は父母の指導を守り、父母の同意を求めることは必須だ。[105]

新民会の青年読物には、結婚相手の選び方についてこのように論じた記事がしばしば見られる。

総じて、新民会の青年読物が示す恋愛観と結婚観は、社会秩序の維持のために自由恋愛や自由結婚も行き過ぎてはいけないという、中間の立場をとった慎重なものと言えよう。それでも、宋君は最後には次のように述べている。

理論の面でも事実の面でも、恋愛は結婚するにあたって必要な過程であり、結婚は恋愛を基本の要件とすべきである。父母が子供のために決めてしまう結婚には断固反対だが、青年男女は自ら恋愛する中で、相手選びには十分注意しなければならない。恋愛を経た結婚によって、一生の幸せを得たいものだ。[106]

このように、行き過ぎを制止するにしても、親が子供の結婚相手を勝手に決めてしまう旧来の婚姻制度には断固反対の立場であることは、明確に主張されているのである。新民会の青年読物が旧来の婚姻のあり方を批判し、自由恋愛や自由結婚を肯定していることには、やはり注目すべきであろう。『青年呼声』の「恋愛問題特輯」には次のような論説も掲載されている。

過去から現在に至るまで、婚姻問題が起こる原因は正しい恋愛の過程を経ないできたことだ。封建的な空気が強い中で、我々の婚姻制度は売買式の婚姻ではないが、父母が決めてしまう婚姻だ。我々には反対する権利がない。もし反対すればとんでもない親不孝者だと社会から攻撃されるのは、何をされるよりも苦痛で、深く傷つくことであろう。青年たちの一生の幸せはこうしていたずらに潰されてしまうのだ。

そして理想の婚姻のための個人の意見として三つ挙げ、そのうち二つはこれまで見てきたことと同様の議論で「正しい恋愛観の確立」と「結婚相手選びの基準をいい加減にしないこと」なのだが、第一に挙げているのは「目の前の封建社会の束縛を打ち破ること」であり、「封建の害毒が残っているのを全て叩き潰して初めて、恋愛結婚は普遍的なものとなり、社会全体の理解も得られるようになるのだ」と述べている。(107)

これらの記事が示しているように、青年の自由恋愛、自由結婚を妨げる旧来の婚姻のあり方や家族観念、即ち「封建道徳」は新民会にとっては打倒の対象と認識されていたのであった。(108)

近代化論に隠されたもの

しかし、以上のような青年読物の議論は、教育水準の向上や自由の獲得などを進め、青年を「封建道徳」による圧迫から解放しようとしたものと単純に理解して良いのだろうか。

これらの議論は、青年たちの声を率直に反映したものではなく、青年たちの希望に応えようとしたものでもなく、やはり占領統治体制の制約を受けたものである。新民会が現地の青年たちを日本の占領統治に協力する担い手として育成する狙い、即ち教化動員の要素が含まれていると考えるべきである。

「書呆子」しか養成できない「士大夫教育」を批判し、労働を重んずる観念の育成を強調しているのは、国家のために生産労働に従事できる有用な人材を育成しようとしたからであろう。これは特に、本章で言及した一九四〇年代から強まる食糧増産運動をはじめとする勤労奉仕への民衆動員と、密接な関係があると考えられる。こうした勤労奉仕に動員できる青年を多く育成するために、旧来の教育を批判し、労働を軽視する観念の打破や実学教育の重視を説く必要があったのではないか。

『新民会報』に掲載された一九四〇年の「訓練部関係指示事項」を見ると、「勤労奉仕」が挙げられ、そこでは次のように肉体労働の尊重と結びつけられている。

　　勤労奉仕は将来青少年男女に対し義務化されなければならぬ、之《これ》は団結精神、労働の正しき精神、特に肉体的労働の尊重を目的とし個人主義を否定し、彼等を新民主義の下に東亜人として教育すべきものであって、具体的には公益的諸事業の遂行に当てらる、故《ゆえ》に単なる掃除とか草取りに終始すべきに非《あら》ず、更に建設的なるものへの発展を望む。[109]

既に『青年』に掲載された孫允中の論稿を通して、新民会がデューイの教育理論に基づいた教育改革を提唱していることにも触れたが、これも単に座学では得られない教育効果を求めて体験活動を取り入れるべきだと主張しているだけではない。先に取り上げた孫允中は、デューイの「学校社会化」論を援用して学校生活では団体生活を取り入れるべきだという主張している。

団体の活動の中で、彼ら（引用者注：青年たち）に一切の下らない抗争や陰険を取り除かせることができ、彼らが新民の精神を身に着け、新民の責任を実践できるよう訓練することができるのである。[110]

青年に団体生活を体験させることを重視したのは、第4章で取り上げた暑期青年団の活動にも顕著に表れていよう。「新民」の精神と責任という言葉で言わんとするところは、国家に協力できる国民、とりわけ集団で奉仕できる国民に育て上げることであろう。課外活動はそのための精神や能力を身に着けるための訓練となるものであり、青年の心理に基づけば青年たちにこうした能力を伸ばす団体生活や団体活動への興味を持たせることは可能だというのが、孫允中がデューイの教育理論を持ち出した狙いだと見るべきであろう。

また自由恋愛と自由結婚を肯定するのは、「父母之命、媒酌之言」に従った不本意な婚姻よりも、自由恋愛を経て結婚した方が夫婦の愛情や絆が深まり、夫婦の関係が良好であることが良好な家庭を築き、良好な家庭は良質な国民を育成する場となると考えたからであろう。前述した『青年』の「学生園地」に投稿した青年磊光は、自由恋愛、自由結婚を肯定しながらも、最後にはこう述べている。

恋愛の後ろには責任と事業があることを忘れてはならない。孔子は「其《そ》の国を治めんと欲する者は、先《ま》ず其の家を斉《ととの》う、其の家を斉えんと欲する者は、先ず其の身を修む」と言った。恋愛もそうで、家庭は社会国家の単位であり、家庭の発展は社会と国家の発展の準備である。[111]

ちょうど新民主義をなぞった主張であるが、つまり、単なる個人の自由の獲得ではなく、国家のために貢献するこ

とを見据えた自由恋愛と自由結婚の肯定論だったのである。(112)

更に、新民会の青年読物には、苦悶と堕落に陥っている青年たちに対して叱咤《しった》するように「修養」を説く記事がよく掲載されている。先にも見た趙《ちょう》済武も修養を説く中で、「不正な欲望を抑えること」、「体力、脳力、気力を育て、充実させること」に加えて要求しているのが、「種族を愛する誠心と政治の信念」であり、それは「新民主義を最高の政治哲学」として「東亜の中国」たる「新中国の建設」をすることを正しく認識することなのである。(113) 即ち、新民会の青年読物が青年たちに求めている「修養」も、自己を高めるためだけではなく、国家の利益や国家への奉仕につながっているのである。

このほか、青年たちの堕落ぶりを象徴するものとして新民会の青年読物でもしばしば取り上げられているのが、賭博、アヘン、妓院《ぎ》である。これらを排し、替わって芸術やスポーツなどの「正当娯楽」を提唱する記事もある。(114) この議論も、単に青年自身が人格を磨き、精神を鍛えるためだけに提起しているのではなく、国家に貢献できる青年を育成する上で青年たちの肉体や精神を蝕《むしば》む賭博、アヘン、妓院が妨げとなるので、これらを排除しようという意図を含んでいると考えられよう。

以上のように、新民会の青年読物に掲載された教育や社会問題に関する言説は、新民会が進めた民衆工作が単なる「封建道徳」への回帰ではなかったことを明らかにしている。しかし、もう一方で青年たちを「苦悶」や「堕落」に陥らせる旧習の打破と、教育の近代化や社会改革を主張する言説に含まれる意図を注意深く読み取る必要がある。

近代化は誰の意志?

それでも、新民会が「封建道徳」を打倒すべきものと位置づけ、日本占領期以前からの近代化の流れを継承する言説が見られることが注目に値することは、重ねて強調しておきたい。

本書プロローグで述べたように、傀儡《かいらい》政権史像の再検討が進む中で、新民会が発行した青年読物から見えてくる単なる「封建道徳」への回帰とは言えない一面に着目することは、青年運動を進めた新民会の意図を探ることにつながり、そこから傀儡政権史像、日本の対中国占領統治像自体の再検討にもつながる意義を持つ。

新民会も、日本軍の統制下にあった団体であり、従来その傀儡性が強調されてきた。しかし、「封建道徳」の打倒や近代化を主張する言説を掲載した青年読物の発行時期を見ると、教育の普及や社会の近代化に関する新民会の主張は、日本軍が統制を強化したとされる一九三九年九月以前のものも少なくない。特に一九四〇年代以降は戦時動員の要請に応えるための青年動員に関する言説も目立つが、日本軍の統制強化以前の段階から、新民会が世界の青年運動やファシズム運動、教育や社会の近代化に関心を寄せていたことが窺《うかが》える。一九三九年九月以前も日本軍による統制は皆無ではないが、初期の段階から新民会が「封建道徳」への回帰と一概には言えない性質や活動の方向性を有していたことを示していよう。

では、新民会の青年読物で論じてきた「封建道徳」の打倒、近代化の推進は、「内面指導」をしていた日本軍が望んだことだったのだろうか。それとも日本軍による統制を受けながらも、新民会には自ら教育や社会改革のための工作を議論し、実行に移す余地があったのだろうか。青年をめぐる新民会の一連の議論は、いわゆる傀儡政権の実態をどう捉えるかについても問題を投げかけている。

---

(1) 中国における研究も、新民会の教育や社会の近代化に関わる工作に触れていないわけではない。細かくなるがその叙述の仕方を一瞥《べつ》すると、王士花（二〇〇四）や郭貴儒（二〇〇五）は、臨時政府の教育部訓令に言及し、そこで女子教育の刷新や職業教育の充実が掲げられていることに触れている。鐘春翔（二〇〇三）、呂偉俊、宋振春（一九九八）、呉洪成、張華（二〇〇八）などは、儒教道徳の教育以外に、新民会による勤労増産、体育の提唱、正当娯楽の提唱などにも言及している。謝嘉（二〇〇三）も儒教道徳に基づいた復古的な教育であったことを中心に述べつつ、勤労精神の涵養などにも触れている。だがこれらの研究はいずれも、臨時政府や新民会が儒教道徳に根差した「封建道徳」への回帰、「奴化」教育を進めたと一般的に認識される中で、それがどのような意味を持つのかを論じていない。余子侠（二〇〇七）や呉洪成、張彩雲（二〇一〇）は、新民会は青年たちを生産労働に動員する必要性から職業教育を強化したのであって、近代化の側面としても読み取れるが、その真の目的は日本が華北を食糧生産基地にしようとしたものだと論じている。陳静（二〇〇二）や李恵康（二〇〇四）も、新民会の勤労奉仕を労働不足や食糧不足の解消のためであったという観点で説明する。宋恩栄、熊賢君（二〇〇〇）は、日本占領統治下の教育は、経費は中国人から搾取したもので日本からは一切出していないとし、職業教育も植民統治のためのもので、中国の近代化には寄与していないと批判する。日本の対華北占領統治と近代化との関係については、王士花（二〇〇四）が中国の教科書編纂へ日本が介入して近代国民教育を禁止したと論じている。また、新民会の青年読物については、王強（二〇〇六）、郭貴儒ほか（二〇〇七）、関捷編（二〇〇六）、宋恩栄、余子侠（二〇〇五）、余子道ほか下巻（二〇〇六）、劉敬忠（二〇〇七）など日本の対華北占領統治研究の主要な研究書でも言及されているが、中国人青年たちを日本の占領統治に服従させるためのイデオロギー教育と宣伝の道具として取り上げるのみであり、そこに掲載された記事の内容を詳細には検討していない。王強『漢奸組織新民会』天津社会科学院出版社、二〇〇六年、一七三頁。郭貴儒、張同楽、封漢章『華北偽政権史稿』社会科学文献出版社、二〇〇七年、二一五頁。関捷編『日本対華侵略与殖民統治』上、社会科学文献出版社、二〇〇六年、四八一頁。宋恩栄、余子侠『日本侵華教育全史』第二巻、人民教育出版社、二〇〇五年、二六八頁。余子道、曹振威、石源華、張雲『汪偽政権全史』下巻、上海人民出版社、二〇〇六年、一一〇五頁。劉敬忠『華北日偽政権研究』人民出版社、二〇〇七年、一四六頁。江沛（二〇〇六）や謝忠厚主編（二〇〇五）

は、新民会の青年読物に恋愛小説や武侠小説などを載せて、青年たちの現実逃避を進めたことを論じている。江沛『日偽「治安強化運動」研究』南開大学出版社、二〇〇六年、二五二頁。謝忠厚主編『日本侵略華北罪行史稿』社会科学文献出版社、二〇〇五年、五一三頁。

(2)余晋龢「発刊詞」『青年』第一巻第一期、一九三八年六月十五日、一頁。

(3)同右。

(4)同右。

(5)第4章で暑期青年団の教官を務めた人物として既出。新民会首都指導部職員（「建設東亜新秩序座談会」『青年』第一巻第一九期、一九三九年四月一日、三四頁、「中国青年訓練的過去和将来　新民会首指部部員趙済武講」『新民報』（北京）一九三九年八月十八日、三面）、新民会参事（「新民会第二次治強運動成果　新民会参事趙済武播講」『新民報』（北京）一九四一年九月六日、三面）、新民会婦女運動専門委員（「昨市総会全体会議　推選各部事務分担　最後併挙行無隔閡懇談」『新民報』（北京）一九四一年四月二十五日、三面）、新民会政治局長（「中国参戦華北民衆応負之任務　電台座談会」『新民月刊』第四巻第三期、一九四三年三月、三三頁）などを務めた。

(6)済武「従中日事変説到中国青年的去路」『青年』第一巻第一期、一九三八年六月十五日、五三頁。署名は「済武」となっているが、趙済武のことであろう。

(7)統監部は、第3章で既述の通り、新民青少年団の成立に伴って、青年運動を統括する機関として新民会中央総会に設置された。「青少年団各級指導機構組織要領」『新民会報』第二〇五号、一九四二年十月二十日、三—六頁。

(8)白鳳「対新精神食糧的苛求」『青少年』第一巻第一期、一九四三年十月二十五日、二〇頁。

(9)一九四三年一月、新民会副会長殷《いん》同が死去し、喩熙傑はその後任として副会長に就任した。それまでは新民会事務総長であった。堀井弘一郎「新民会と華北占領政策」中『中国研究月報』第五三九号、一九九三年二月、三三頁。

(10)喩熙傑「敬致青少年諸君」『青少年』第一巻第一期、一九四三年十月二十五日、一頁。

(11)慕「一年来工作之回顧——於新民会首都指導部週年紀年日」『青年』第一巻第一八期、一九三九年三月十五日、一七頁。

(12)「新民会首都指導部一年来工作概況　余晋龢部長昨広播講演」『新民報』（北京）一九三九年三月二十一日、一面。

(13)王鳳翔「談恋愛」『青年呼声』第一四号、一九三九年七月二十六日、二面。

(14)編者「談『談恋愛』」『青年呼声』第一四号、一九三九年七月二十六日、二面。

(15)「編輯談話室」『青年呼声』第一四号、一九三九年七月二十六日、二面。

(16)編者「休刊声明」『青年呼声』第六三号、一九四〇年九月二十三日、一面。

(17)筆者が現存を確認できたのは、一九三九年八月十五日発行の『青年』第二巻第二期まで。

(18)白鳳「対新精神食糧的苛求」『青少年』第一巻第一期、一九四三年十月二十五日、二〇頁。

(19)『新民会報』からは、河北省定県の青年訓練所が発行した『新民青年』という同名の青年訓練所機関紙や、一九四〇年二月十五日に復刊することとなる半月刊の『新民青年』などの存在が確認できるが、これらとは別物である。「定県指導部」『新民会報』第一五号、一九三八年十一月一日、八頁、「半月刊『新民青年』続刊」『新民会報』第五一号、一九四〇年二月十五日、三—五頁。

(20)「編後」『新民青年』第一巻第一期、一九四〇年十一月、七九頁。

(21)繆斌「新民青年与王道」『新民週刊』第一九期、一九三九年三月、一二頁。但し五四運動に対する評価は、新民会の刊行物に寄稿している論者の中でも分かれている。繆斌自身もこの一方で、五四運動は西洋文化、個人主義、共産主義を流入させ、中国の固有道徳、家族制度、社会組織を破壊したものとして批判している。繆斌「新民会首都指導部週年祝典之感想和期望」『首都画刊』第一〇期、一九三九年四月一日、一七頁。他にも例えば止戈「中国青年運動的過去与将来」『青年』第一巻第一三期、一九三九年一月一日、一七—一八頁は、五四運動は言語改革以外に成果がなかったという否定的な評価を下す。方聿「一年来首都組織工作記略」『青年』第一巻第一八期、一九三九年三月十五日、二〇頁は青年たちが欧米文化にかぶれ、共産主義に染まり始めた起点を五四運動だと見なす。高哲民「青年運動与青年訓練」『新民青年』第二巻第三期、一九四一年三月、六七―六九頁は、五四運動を通して青年たちは社会の問題点と社会変革の必要性に気づき、自分のことだけに没頭する態度を変えたと評価する一方、東方固有の文化道徳を破壊し、青年たちが西洋を崇拝するようになり、堕落していった点を指摘する。

(22) 余晋龢「発刊詞」『青年』第一巻第一期、一九三八年六月十五日、一頁。

(23) 喩熙傑「敬致青少年諸君」『青少年』第一巻第一期、一九四三年十月二十五日、一頁。

(24) 趙済武「中国青年的病態与修養的真諦」『青年』第一巻第一〇期、一九三八年十一月一日、三二―三三頁。

(25) 管翼賢「向青少年諸君説幾句話」『青少年』第一巻第一期、一九四三年十月二十五日、四頁。

(26) 金鳴「現代中国青年応有之修養与使命」『新民月刊』第四巻第二期、一九四三年二月、一〇七頁。

(27) 王長清「革新生活運動之再認識」『新民月刊』第六巻第一期、一九四五年一月、九頁。

(28) 柯政和「現代青年」『新民青年』第一巻第一期、一九四〇年十一月、一〇頁、心真「青年的三大病態」『新民月刊』第三巻第五期、一九四二年五月、七〇頁、蕭布「従趣味談起」『青少年』第三巻第六期、一九四四年六月二十五日、八頁。

(29) 雲士「致青少年」『青少年』第二巻第三期、一九四四年二月十日、五頁。

(30) 前者の役職は彭黎民「告中国青少年」『青少年』第一巻第一期、一九四三年十月二十五日、五頁、後者は大可「所望於華北的青年」『新民月刊』第五巻第六期、一九四四年六月、四三頁より確認できる。「負起華北建設責任　積極実践心身鍛錬　新民会中央訓練処実況」『新民報』(北京)一九四三年八月十四日、三面や彭黎民「青少年総蹶起運動展開」『新民報』(北京)一九四三年十二月十一日、二面の時点では、新民会中央訓練所副所長になっている。「全国各地拡大慶祝　京各界名流分別発表談話　講演遊芸大会今日在稷園挙行」『華北新報』一九四四年五月五日、一面、「新民会彭総長栄転　遺缺由喩副会長代」『華北新報』一九四五年六月十九日、二面では新民会事務総長になっている。

(31) 彭黎民「現段階中国青年的進路」『青少年』第三巻第二、三号合刊、一九四四年五月十日、三頁、彭黎民「現段階中国青年之進路」『新民月刊』第五巻第六号、一九四四年六月、六頁。

(32) 趙済武「中国青年的病態与修養的真諦」『青年』第一巻第一〇期、一九三八年十一月一日、三一頁。

(33) 同右、三六頁。

(34) 宋枚「新年旧話」『青少年』第六巻第一期、一九四五年一月一日、二頁、宋景「以実用的専門技能充実自己」『青少年』第六巻第四期、一九四五年二月十五日、三頁。

(35)『青年』第一巻第一五期、一九三九年二月一日、三七頁。

(36) 陳健齢「青年応改革的幾点」『青年』第一巻第二一期、一九三九年五月一日、二七―二八頁。

(37) 羊羽「今後青年生活応有之新転換」『青年』第一巻第二三期、一九三九年六月一日、二七―二八頁。

(38) 孫允中「青年学生的課外工作問題」『青年』第一巻第三期、一九三八年七月十五日、三三―三五頁。

(39)「編後」『新民青年』第一巻第一期、一九四〇年十一月、七九頁。

(40) 金「大家需要澈底覚醒―敬致―青年男女朋友!」『青年呼声』第五号、一九三九年五月二十四日、二面。これは世界各国の青年たちと比べて自分たちは「平凡すぎる、消沈しすぎている」という趣旨で、「体が強く大きく、性格が豪放なのはアメリカ人、落ち着きがあって勉強を好むのはイギリス人、果断で堅い信仰心を持つのはイタリア人、努力家で進取性に富むのはドイツ人、愛国心が強く忍耐力があるのは日本人、力があって屈服しないのが黒人、『怠惰で無気力で優柔不断でいい加減で消費ばかりして目先の快楽しか考えず進取性がないのが中国人』ではないか!」、そのような中国青年に、世界の青年に負けないように努力せよ、と呼びかけている記事である。

(41)周大工「中国青年応当何処去?」『青少年』第一巻第一期、一九四三年十月二十五日、一一頁。
(42)同右。
(43)餘馥「寄給寒假中回到農村去的同学們」『青少年』第五巻第五、六期合刊、一九四四年十二月十五日、三頁。
(44)徐江「地方工作与職業青年」『青少年』第五巻第二期、一九四四年十一月一日、一二頁。
(45)王鳳翔「談恋愛」『青年呼声』第一四号、一九三九年七月二十六日、二面。前出の、民族存亡の危機にあって青年は恋愛などしている場合かと編者に訴えた投書である。
(46)「学期始業間敬致各校同学与校当局」『青年呼声』第二〇号、一九三九年九月六日、三面。
(47)黙言「青年発展個性要走向自学之道　我們要脱却倚頼根性　自己的心理不易磨滅」『青年呼声』第五〇号、一九四〇年六月二十四日、三面。
(48)新雪「由幾年中学教育得到的一点感慨『失学的青年用不着悲哀』」『青年呼声』第二四号、一九三九年十二月二十五日、三面。
(49)烏智「現代青年的修養問題」『青年』第一巻第一九期、一九三九年四月一日、一六頁。
(50)同右。
(51)同右。
(52)以上、同右、一六―一九頁、烏智「現代青年的修養問題(続)」『青年』第一巻第二〇期、一九三九年四月十五日、一七―二二頁。
(53)趙済武「中国青年的病態与修養的真諦」『青年』第一巻第一〇期、一九三八年十一月一日、三四―三六頁。
(54)「中華民族的危機」『青年呼声』第六三号、一九四〇年九月二十三日、三面。
(55)喩熙傑「強化治安運動与青年的責任」『新民青年』第二巻第一二期、一九四一年十二月、八頁。
(56)「第一回青訓主務者連絡会議」『新民会報』第二五号、一九三九年四月一日、一一頁。
(57)彭黎民「青少年運動之検討与総検閲」『新民月刊』第五巻第一一期、一九四四年十一月、二六頁。
(58)中華民国新民青少年団「第一届大東亜青少年総蹶起運動実施要項」『新民月刊』第五巻第一期、一九四四年一月、八一―八二頁。
(59)「新民青少年団統監部呈報新民青少年実践興亜奮起運動実施辦法」、一九四四年十一月二十七日、北京市檔案館編『日偽北京新民会』光明日報出版社、一九八九年、一三九頁。
(60)「民国三十三年度新民会山西省会運動大綱」『新唐風』第一二期、一九四四年三月、五頁。
(61)「大学生勤労運動　七月下旬可組織成立」『新民報』(北京)一九四一年六月十四日、二面。
(62)「大学生勤労奉仕　本年決継挙行」『新民報』(北京)一九四二年六月十六日、四面、「大学生勤労増産　当局積極進行中」『新民報』(北京)一九四三年二月二十日、四面。
(63)「大学生勤労服務隊　昨日挙行結成式」『華北新報』一九四五年一月六日、四面。
(64)武「青年与工作」『青少年』第二巻第二期、一九四四年一月二十五日、二頁、「大学生勤労服務隊　昨日挙行結成式」『華北新報』一九四五年一月六日、四面、何海鳴「青年与社会」『新民声』第一巻第七期、一九四四年四月一日、一二頁など。
(65)「新民会三十四年度工作計劃大綱」『新民会報』第二八五号、一九四五年二月十一日、八頁。
(66)周大工「中国青年応当何処去?」『青少年』第一巻第一期、一九四三年十月二十五日、一一頁。
(67)新民会中央総会「中華民国三十三年度励行新国民運動実践大東亜宣言実施要綱」『新民月刊』第五巻第四期、一九四四年四月、六四頁。
(68)滌生「日本青年之幾種精神」『新民青年』第二巻第五期、一九四一年五月、五〇頁。
(69)繆斌「友邦日本ニ学ブベキ諸点」『新民会報』第三三号、一九三九年七月二十日、二二頁。なお、第2章注58の通り、『新民会報』には日本語と中国語が併記されているが、中国語では「興亜時習社」と表記されているところを、日本語では「興亜時報社」になっている。以下、他の箇所の表記は全て「興亜時習社」なので、「興亜時報社」は誤植だと考えられる。

(70)「回顧本年度工作」『新民会報』第四八号、一九三九年十二月二十日、四頁、「民国三十年度中系職員留日訓練実施要綱」『新民会報』第一二二号、一九四一年三月二十二日、一〇頁。

(71)「民国三十年度中系職員留日訓練実施要綱」『新民会報』第一二二号、一九四一年三月二十二日、一〇頁。

(72)滌生「日本青年之幾種精神」『新民青年』第二巻第五期、一九四一年五月、五〇―五一頁。

(73)劉愚人「非常時代下新民青年們之自覚」『新民青年』第三巻第一期、一九四二年一月、七三頁。

(74)劉子春「青年訓練与青年使命」『新民青年』第一巻第一二期、一九四〇年十二月、二七頁。

(75)近藤春雄著、子傑編訳「徳国青少年団之組織与精神」『青年』第一巻第九期、一九三八年十月十五日、一九―二五頁、張特林「徳国青年運動」上『青年』第一巻第一五期、一九三九年二月一日、二六頁。なお、暑期青年団の講師に張子傑の名が見え（第4章参照）、『青年呼声』では有名な作家だと紹介されている。前者の訳者と同一人物と思われる。「暑期青年団的概況与其使命　青年団団員代表八月十二日在中央広播電台講述」『青年呼声』第二〇号、一九三九年九月六日、二面。

(76)張特林「徳国青年運動」上『青年』第一巻第一五期、一九三九年二月一日、二六頁。

(77)賈雲中「徳意日青年的訓練体制」『青年』第一巻第一期、一九三八年六月十五日、五六―五七頁。

(78)近藤春雄著、子傑編訳「徳国青少年団之組織与精神」『青年』第一巻第九期、一九三八年十月十五日、一九―二五頁。当該部分は近藤春雄『ナチスの青年運動』三省堂、一九三八年、四〇―五〇、三一―三九頁の翻訳。

(79)前掲近藤、一九三八年、序文一〇頁。

(80)近藤春雄著、子傑編訳「徳国青少年団之組織与精神」『青年』第一巻第九期、一九三八年十月十五日、二四―二五頁。前掲近藤、一九三八年、三五―三九頁。

(81)吉川兼光著、傑民訳「全体主義的理論与実際」『青年』第一巻第二期～第一巻第七期、第一巻第九期～第一巻第一〇期、一九三八年七月一日～一九三八年九月十五日、一九三八年十月十五日～一九三八年十一月一日、連載。原本は吉川兼光『全体主義の理論と実際』日本評論社、一九三八年。

(82)秋沢修二著、張特林訳「全体主義的哲学基礎」『青年』第一巻第一三期、一九三九年一月一日。原本は秋沢修二『合理的全体主義』白揚社、一九四〇年所収。

(83)このほかにも、『青年』には以下のように日本人の著作が多数抄録されている。竹尾弌著、侠公訳「蘇聯民族政策之危機」『青年』第一巻第三期～第一巻第四期、一九三八年七月十五日～一九三八年八月一日、山本靖純著、張特林訳「東亜協同体理論的考察」『青年』第一巻第一六期～第一巻第一八期、一九三九年二月十五日～一九三九年三月十五日、杉原正巳著、張特林訳「東亜協同体的政治的社会的理論」『青年』第一巻第二二期、一九三九年五月十五日、中野正剛講、英子訳「東亜立場之世界観」『青年』第一巻第二二期、一九三九年五月十五日、船山信一著、張特林訳「東亜新秩序之哲学的考察」『青年』第一巻第二三期、一九三九年六月一日、船山信一著、張特林訳「新人本主義的創造」『青年』第一巻第二四期、一九三九年六月十五日、森谷克己著、張達訳「亜細亜生産方法論」『青年』第二巻第二期、一九三九年八月十五日。

(84)Spann著、傑民訳「全体主義的社会哲学之基礎理論」『青年』第一巻第一五期、一九三九年二月一日、一一頁。

(85)孟慶霖「新民運動与青年訓練」『新民青年』第二巻第三期、一九四一年三月、七二頁。

(86)張鋲緒「対青年説幾点句話」『新民青年』第二巻第三期、一九四一年三月、三八頁。張鋲緒は、新民会厚生部長（章伯鋒、庄建平主編『抗日戦争』第六巻、四川大学出版社、一九九六年、四〇五頁）、新民会参議（「東亜聯盟応有之人和問題　新民会参議張鋲緒昨晩広播講演」『新民報』（北京）一九四一年十一月二十八日、六面）。

(87)武「青年与工作」『青少年』第二巻第二期、一九四四年一月二十五日、二一三頁。
(88)宋枚「新年旧話」『青少年』第六巻第一期、一九四五年一月一日、二頁。
(89)劉郎「我們所希望的青年」『新民青年』第三巻第二期、一九四二年二月、六六頁。
(90)仲華「社会与失業」『青少年』第四巻第四期、一九四四年九月一日、三頁。
(91)武「青年与工作」『青少年』第二巻第二期、一九四四年一月二十五日、三頁。
(92)同右。
(93)孫允中「青年学生的課外工作問題」『青年』第一巻第三期、一九三八年七月十五日、二三二—二三四頁。ここで取り上げているその著作とは、Neumann Henry, *Education for moral grouth*, D. Appleton,1923
(94)編者「我們的意見」『青年呼声』第一四号、一九三九年七月二十六日、一面。
(95)同右。
(96)同右。
(97)磊光「青年応有的恋愛観」『青年』第一巻第二一期、一九三九年五月一日、二五頁。
(98)同右。
(99)厨川白村『近代の恋愛観』改造社、一九二二年、一六頁。
(100)磊光「青年応有的恋愛観」『青年』第一巻第二一期、一九三九年五月一日、二六頁。
(101)同右。
(102)同右。
(103)同右。
(104)宋君「青年婚姻問題的検討（上）」『青年』第一巻第二三期、一九三九年六月一日、二四—二五頁。
(105)同右、二三—二四頁。
(106)同右、二六頁。
(107)毅非「理想婚姻」『青年呼声』第一四号、一九三九年七月二十六日、一面。
(108)青訓主務者連絡会議で挙げられた主計科の方針には、「青訓及青年団の指導は質実剛健、徳育の実践及鎮、郷村の自衛自治と共に自警力の強化及誘導封建的農村の近代組織化に誘導するにあり」とある。「第一回青訓主務者連絡会議」『新民会報』第二五号、一九三九年四月一日、一五頁。また、一九四四年の「会運動基本方針」でも、「一切の党派意識、階級意識、封建意識を克服する」ことを掲げている。「会運動基本方針」『新民会報』第二四五号、一九四三年十二月一日、一頁。新民会にとって、あくまでも新民会の言うところの「封建意識」ではあるが、封建なるものは打倒の対象だったのである。
(109)「訓練部関係指示事項」『新民会報』第七二号、一九四〇年八月二十日、五〇—五一頁。第2章注58の通り、この時期の『新民会報』は日本語と中国語が併記されているのだが、この部分は中国語表記の方では「勤労奉仕は将来少年男女全てに対して義務精神を提唱しなければならない（後略）」となっており、日本語表記のように勤労奉仕の義務化とまでは言っていない。
(110)孫允中「青年学生的課外工作問題」『青年』第一巻第三期、一九三八年七月十五日、三四頁。
(111)磊光「青年応有的恋愛観」『青年』第一巻第二一期、一九三九年五月一日、二六頁。
(112)前出の『青年呼声』編者が投書に対して回答した主旨も、これと同様である。編者「談『談恋愛』」『青年呼声』第一四号、一九三九年七月二十六日、二面。
(113)趙済武「中国青年的病態与修養的真諦」『青年』第一巻第一〇期、一九三八年十一月一日、三四—三六頁。
(114)連旺「青年娯楽問題」『新民月刊』第三巻第三期、一九四二年三月、六六—六八頁、敬儀「正当的娯楽」『青年』第一巻第二四期、一九三九年六月十五日、三二頁。

第７章　新民会の女性動員

新民会は、動員対象として女性も重視していた。青年団、少年団と同時に、婦女会、少女団など、女性を組織化の対象とする団体も各地に設立している。

従来、日本占領下に生きた中国人女性は、日本軍のために働かされ、日本軍の抑圧の下で悲惨な生活を強いられた存在として描かれてきた。或いは、日本占領地区の抗日運動に焦点を当て、共産党が日本占領下の女性を指導し、秘密組織を結成して抗日運動を展開したことに焦点が当てられてきた。(1)いずれにせよ、言わば抑圧と抵抗の図式の中で中国人女性の姿が描かれており、日本の占領統治側に取り込まれた女性の姿は見えてこない。

女性に対する新民会の扱いと言えば、「女権」を否定して「婦徳」を発揚するもの、理想の女性は「賢妻良母」（日本語では「良妻賢母」だが）で、「三従四徳」（三従は未婚のうちは父に従い、嫁いだら夫に従い、夫亡き後は子に従うこと。四徳は女性としての節操、言葉遣い、身だしなみ、家事をきちんとこなすこと）を説き、「女性は家庭に帰れ」と主張し、女性の社会進出を否定するといった、まさに「封建道徳」への回帰であったというのが一般的な理解である。(2)

しかし実際には、新民会は中国人女性に対する教育、特に職業教育の普及を進め、女性に「家庭に帰れ」と説く一方で「社会に進出せよ」とも説いており、新民会には家庭内で夫を助けて家事や育児をこなす女性を理想の女性像として提示するだけではなく、社会で働く女性を肯定する言説も見られる。戦時体制下の動員といえば、日本植民地時代の朝鮮や台湾、そして満洲国でも、男性の労働力不足に伴って女性も銃後の協力を求められ、女性は家庭内にとどまらせずにむしろ社会に出て生産労働へと動員された。(3)後述するように、新民会の女性動員についても、このような一面が見られるのである。(4)

新民会は、女性を対象とした雑誌を多く発行しており、保定道女子教育研究会が編集し、河北省保定道の新民会保定道指導部が発行していた『徳風』、新民会北京特別市婦女会が編集した『時代婦女』、「婦女固有の道徳を発揚し、婦女界の福利を図り、友情を深め、知識を交換するため」、「女性の社会教育を実施し、女性の職業を紹介し、女性の思想を指導し、新婦女月刊を出版し、更に国際的な女性の連携に関する事柄を処理する」ことを目的とし、[5]新民会の民衆教化工作の一環として設立された新婦女社が編集発行していた『新婦女』などが挙げられる。[6]また、女性雑誌ではなくとも河南省開封市の新民会開封教育分会編集、新民会開封市総会発行の『開封教育』のように、新民会の女性論を多数掲載している雑誌がある。更に、前章でも取り上げた青年向けの新民会の雑誌にも、女性に関する記事は多い。そのほか『新民会報』、『新民運動』、『新民報』、『華北新報』などにも、新民会の女性動員工作に関する活動記録が多数見られる。中国では、これら日本占領地区の雑誌や新聞の記述を取り上げた研究もあるが、それらの研究は「女性は家庭に帰れ」という意味での「賢妻良母」論や親日イデオロギーなど、従来認識されている通りの「封建道徳」への回帰と捉えられる記述だけに着目し、実際にはその枠組から外れる記述も少なくないにもかかわらず、取り上げていない。[7]

本章では、こうした従来の一面的な理解にとらわれず、新民会の各種刊行物の記述を読み解きつつ、新民会の女性論と、新民会の女性動員の実態を復元したい。女性動員も、新民会がどのような立場の人を味方に引き入れることができたのかという問題や、新民会の民衆工作は単なる「封建道徳」への回帰だったのか、ひいては新民会が日本の支配に服従する単なる「傀儡《かいらい》」だったのかという、これまで青年動員を通して検討してきたことと共通する問題を投げかけるテーマである。

一．新民会の女性観と女子教育論

男は仕事、女は家事

まず、繆斌《みょうひん》が新民主義の解説をする中で、女性のことをどのように論じているかを確認しておこう。

第1章で見た新民主義のうち、「斉家」は、東洋では家族による人間同士の結びつきを大切にするという「家族主義」を提唱するものである。ここで繆斌は、陰陽思想を援用しつつ、女性の役割についても論じている。長くなるが、「斉家」の部分だけ抜粋して見てみよう。

斉家の道は我が東洋家族主義の法則である。西洋思想には斉家の道なく、従って家族主義もない。因《よ》って発展するところは僅《わずか》に功利思想の個人主義があるのみである。個人主義によって父子兄弟が分居したり、甚《はなはだ》しきは夫婦が単に同居するのみで経済事業は各々独立であったりする。家族の共存共栄の義務はない。父子、兄弟、夫婦が皆各自に生計を営む。父母が老いても子女は必ずしも奉養せぬ。甚しきは子女が富貴にありながら父母が賤《せん》業を営んでいるものもある。更に食費や宿料まで必ず一々計算する。西洋の老父老母が淋《さび》しくしょんぼりと暮している窮状はまことに人生最大の不幸である。

西洋の個人主義より男女平等の説が発展した。平等の説より男女は権利義務すべて等しいという誤解が生れた。これ実に天理人性に違反するものである。天は男と女を生んで人類を作った。男と女は各々性と徳を異にする。男の性は陽、女の性は陰、男の徳は剛、女の徳は柔である。「陰陽合徳」といい「剛柔相推し而《しこう》して変化を生ず」といい「君子の道は端を夫婦に造す、その至れるに及ぶや天地に察す（君子之道云々《うんぬん》ハ中庸ニ出ヅ）」という。これ天然人性の不易の法則である。故《ゆえ》に男には男の陽剛の徳があり、女には女の陰柔の徳がある。男は外を主とし女は内を主とする。各々天賦を受けてその性を盡《つく》す。これこそ真の平等である。もし女子に男子の事を強制せんとすれば、女子は任に堪えざるのみでなく、そもそも天理に違反する。たとえば政治は男子の事である。女子にして政治に干渉するは従来我が東洋道徳の許さざるところである。故に書経には「牝鶏《ひんけい》晨《あした》なし、牝鶏の晨は惟《こ》れ家の索」とあるのは、紂《ちゅう》（引用者注：殷の紂王）が婦言を聴用したことを喩《たと》えたものである。我国の歴史を通観するに、凡《およ》そ婦人が政治に当れば必ず乱れる。いま我国は不幸にして宋氏の三姉妹（引用者注：国民政府の要人孔祥熙《こうしょうき》の妻宋靄齢《そうあいれい》、孫文の妻宋慶齢、蔣介石の妻宋美齢）が政治に干与し、国家をして一片の焦土と化せしめたのは明かな例である。蓋《けだ》しその性に非《あら》ざるものを用うれば乱れざるを得ないのである。今の西洋思想は女子の参政を要求し、甚しきは女子を兵役に服せしめんとする。之《これ》は男子に育児や家政を、哺乳、裁縫、洗濯、炊事などを強うると同様に不可能である。故に男子には男子の事あり、女子には女子の事あってはじめて平等と称し得る。且《か》つ女子の内助は実は天下の治にも関係するのである。閨門《けいもん》衽席《じんせき》（内助ノ意）の微《かす》かなるところよりして朝廷表著（中央政治）の位に達し、朝廷表著の近きところよりして郷田井牧（天下ノ政治）の間に達するのである。けだし内が理《おさま》らずして外が順なることなく、家斉《ととの》わずして国自ら治ることはない。故に女子は必ずしも政治に参与せずして、しかも政教風化に関係するところ深いのである。(8)

西洋では功利思想に基づく個人主義により、家族であっても別居したり、同居していても独立して生計を立てたりして、家族内で個人が分断され、助け合うことがない。加えて西洋では男女平等が説かれ、男女の権利義務は全て同等でなければならないと認識されている。これら西洋の思想は「家族主義」の伝統を持つ東洋には適合しない。そもそも男女の間には性質の差異があり、求められる役割も異なる。それが「男主外、女主内」、そして「女性は家庭に帰れ」の主張の根拠であり、女性の役割は家庭内の家事や育児にある。「内」の役割があってこそ「外」も機能するのであり、女性が家庭を守る役割を果たすことが、国家の安定の基礎にもなる。男性と女性がそれぞれ異なる役割を十分に果たすことこそが、真の男女平等だ、というのである。

この新民主義に基づき、繆斌は「男主外、女主内」の思想を様々な場で説いている。第1章で取り上げた新民生活実践運動もそのひとつである。更に繆斌の作詞した新民婦女歌もある。歌詞はおよそ次のような内容である。

朝が来ると鳥が鳴き、良き夢から目覚めたらまず掃除部屋を明るく、爽やかな空気で満たし、机はきれいな花でいっぱい

淑女の美しいこと、夫を助け子を育て、家をよく斉えよく働き暇は少ない、婦道を守って夫婦円満(9)

また、『新民会報』には、河北省香河県の新民婦女会が北京へ見学に訪れた際に繆斌が訓話の中で述べたことが、次のようにまとめられている。

一、反共和平建国の責任は婦人にもある。

二、社会で働く者は男であるが家庭内で働く者は女である。

三、中国に於《お》ける婦人運動の歴史は数十年になるが、皆さんは今度新民婦女運動の指導者として活躍して貰《もら》いたい。

四、女子と男子とは互に能《よ》く其《そ》の天賦を発揮してこそ男女は平等と云《い》えるのである。

五、女子は家庭内に於て良く家を守り子たるものは親

に妻たるものは夫に仕えたならば自然に家庭は平和となり、社会は安寧国家は太平となる、これが所謂《いわゆる》婦女救国である。
六、女子が家庭で衛生に注意し清潔を重んぜば社会の秩序は自然に出来国民の体質は強健になる、之は婦女強国の道である。
七、新民婦女会会員は新中国婦女運動の前衛である、皆さんは今後力を合して其の責任を果すべく努力して欲しい。[10]

賢妻良母の家庭の実現を目標に設立された婦女改進会　「首都指導部北郊実験区——農民婦女会」『首都画刊』第12期、1939年6月1日、9頁

男性と女性の役割は異なるのであり、女性は家庭での役割を果たすべきだと説いたものである。以上は、新民会の女性観に対する従来の基本的な捉え方と一致する。

しかし、新民会の各種刊行物に掲載された記事からは、必ずしもこれにとどまらない、多様な女性論が見出せるのである。

女性の変貌ぶりを嘆く

新民会の各種刊行物には、女性の現状を批判する論稿が多数見られる。

特に都市に暮らす女性の姿については、かなり辛辣《らつ》な描かれ方をしたものもある。『時代婦女』に掲載された時秀文という女学生の論稿を見てみよう。

今の中国のいわゆる一般のモダンな女性たちは、大半が知識人だが、彼女らの生活はどこでも近代化を追い求め、住むなら高層マンションでないといけない、服装はちゃらちゃらしていないといけない、食べ物は美食に珍味でないといけない、出かけるのは歩く代わりに車でないといけないと言い、それにダンスホールや大劇場に出入りし、実に気楽な上に暮らしは派手、享楽の限りを尽くし、役に立つはずのお金を無益なことに使う。社会にとって何のためにもならないばかりか、他人に攻撃目的と攻撃材料を与えている。こんなことは本当に大間違いだ。今、中国は経済的に極度に貧乏な国だということを考えてみれば、国民はそもそも物質的享楽を追い求めるべきではない。生産能力を欠いた女性はなおさらだ。(11)

『開封教育』に掲載された楊《よう》復礼の論稿には、行き過ぎた女権について次のように書かれている。欧米文化の流入によって政治、経済、法律、教育、社交の面で男女平等どころか、却《かえ》って女性の権利が男性より強くなったという、中国人が欧米文化の真似をした結果だとして次のように嘆いている。政治の面では女性の役人に対する待遇の方が良く、経済の面では女性が物質的に享受しており、衣装や化粧品が生活費の大半を占めているという。法律の面では、「結婚後に女性側が少し気に入らないとなると、虐待したと騒ぎ立て離婚すると言い出し、男性は養育費を負担しなければならない」。教育の面では「教育を受けた女性は虚栄心を増長させ自分に酔うようになり、栄華や富貴に憧れ、苦労に耐えられなくなり、傲慢に放蕩《とう》に歯止めがなくなる」。社交の面では「男女が追いかけるのはいずれも権勢、財力、容貌が基準で、道義や学識のある交際は少ない」。しまいに殺人や自殺に発展することもあるという。(12)同じく『開封教育』の樹莪《が》の論稿では、古代は「重男軽女」、「男主外女主内」が道理とされており、「女子無才便是徳」(女性は才能がないのが徳)と主張され、夫婦の間では女性は服従するだけ、自立はできず、女性の教育など考えられなかったという。それが欧米文化の流入により変わってくる。都市の女性の変貌ぶりを次のように嘆く。

欧風東侵により、女権が次第に高まり、女学校がつくられ、男女平等が提唱され、数千年の倫理は一気に覆された。至る所で欧米の真似をし、西洋の個人主義を、家族主義の東亜で実施しようとするのだから合うわけがない。十数年来大騒ぎして、社会は混乱し、家には孝行な子も賢い妻もおらず、学校は恋愛の場と見なされ、公園はデートの聖地となり、軽々しく相続の話などをし、自由だの社交公開だの恋愛は神聖だのと声高に主張する。パーマをかけた髪を腰まで伸ばし、足を露出し、ハイヒールに曲線美という身なり、劇場に遊びに行き、映画を見る、こんな享楽主義的な行為

は枚挙に暇《いとま》がない。(13)

だが、そうした状況も日中戦争勃発後に是正されてきたというのである。樹裳は次のように続ける。

事変後、過去の誤りを戒めとし、賢妻良母の教育が提唱され、女性の参政への妄想や、社交は無限に自由だ、などといった思想は取り除かれた。これからの女性には家庭の仕事を担うため、家政の知識、育児の技能を持ち、強い身体を鍛えることが必要だ。現代の常識と能力を身につけ、環境に適応しなければならない。夫を助けて子を育て、家事を切り盛りすることで、東方家庭の固有精神を取り戻し、楽しい家庭を築き、幸せな夫婦になることが期待できるのである。これが今後の女子教育の注意点だ。(14)

旧社会の女性に対する抑圧は批判するが、女性の解放が行き過ぎているという。そこで賢妻良母教育が提唱される。

男の「寄生虫」

『時代婦女』で時秀文は次のように現状を批判し、教育の平等の必要性を主張する。

過去数百年来、社会も家庭も女子に教育を受けることを許さず、怠惰で無知な女性を育ててきた。彼女らは家庭の細々したことの管理や子育て以外、何も分からずに家庭にいるだけで、男の寄生虫となり、消費するだけで生産せず、社会に関する一切のことに関心を持たない。(15)

こうした論調は他にも見られ、前章で取り上げた雑誌『青少年』が掲載する鮑《ほう》芳の論説も、過去の女性解放運動については評価するものの、女性の現状を次のように嘆いている。

彼女らの大半は消費するだけで生産には従事せず、思想など論外、時代を理解していないだけではなく、環境を受け入れようともしない。責任を引き受けるなどあろうはずがない。しかも自分は雲の上の人であるかのようにしょっちゅう妄想し、どんな善意の忠告でも聞き入れたことがない。実際には彼女らの生活能力は非常に脆《ぜい》弱だ。彼女らは男を打倒したいと思っても、打倒する前に逆に男に依存しないといけないのだ。(16)

これらの論説は、「女子無才便是徳」など肯定していない。女性が無能なら男性に依存する「寄生虫」になり、消費はするが生産はしない、社会にとって役に立たない存在になってしまう。それではいけないというのである。

抑圧される女性

だが、女性の現状に対しては批判するばかりではなく、一方で次のように同情する見方もある。

先に見た時秀文の寄稿が、他にもまだ『時代婦女』にもあるので見てみよう。富裕層の家に嫁いだ友人が大学教育を受けたいと言ったら姑に止められた、という話である。嫁ぎ先には大学教育を受けられるだけの資金はあるのだが、姑は孝行しろだの嫁いだら家の掟に従えだのと言って許してくれない。舅に言うと「子供の世話が必要」、「家には嫁が学校に行くなどという決まりはない」、「うちの家計がだんだん貧しくなっているから嫁を学校に行かせて、将来自分で食べていけるようにさせているのだろうと、他人が噂するのではないか」、「家庭への救済金は嫁を学校にやるための金ではない」などという理由で許してもらえなかったという。時秀文は言う。

皆さん、この四つの理由を見てどう思われるか。こんな旧勢力が私たち女性の成長を阻害しているのだ。まるで女性は生来教育を受けてはならないかのようで、嫁いだら使用人、奴隷となり、向上、進取は許されない。こんな家長は個人の前途の発展を阻害しているだけではなく、中華民国の国策にも反している。なぜなら我が国の教育方針は男女の教育の平等を目指しているからだ。

こんな石頭の封建人物に道理を説いても無駄だ。[17]

そこで、国が強制的な教育政策を推進すべきだというのが時秀文の主張である。それにしても、女子教育や女性の成長を阻む旧来の家庭のあり方を痛烈に批判している。

特に地方の女性の現状について論ずる中で、「封建」的な旧社会のあり方に対する批判的な認識を見て取ることができる。『新婦女』が掲載している、地方の女性の現状を取材した記事を見てみよう。守旧的な女性の生活ぶりの典型として取り上げられている河北省の涿《たく》県では、女子教育の現状はひどいもので、一部の家庭では女子を学校に行かせているとはいえ、その目的は女子に自立する能力を育てるためではなく嫁入り準備に過ぎず、その他の旧式の家庭では学校に行く機会などなく、「女子無才便是徳」の観念が残されているという。結婚も「父母之命、媒酌之言」であり、「女の子は父母の犠牲となることに甘んじ、意見を言うことなどできず、とにかく夫に従うだけで、いい加減に一生を過ごし、無能な、役に立たない夫にめぐり合ってしまったら運命を嘆くしかない」という。生活は「牛馬式」で「奴隷式」、一日中働かされている。(18) 既に時代遅れの観念だと批判されるような実情が残っていることを指摘している。

農村の女性の悲惨な実態は、新婦女社の発起人で同社の編集主任、その他新民会などの要職も多数務めた王賓《ひん》(19)孫が次のように描写している。

> 農村では依然として牛馬式の生活をしている。過去には様々な悪しき風俗習慣があって女性を束縛してきたが、今日でも強固に存在している。これは農村女性が自堕落なのではなく、農村の男性が特別に専横なのでもなく、積もり積もったもので一度に容易には変えられないのである。彼女らはただ成り行きに任せて、盲目的に、機械的に生活しているだけで、人生の真の意味など分かっていない。ご覧なさい。彼女らは暗いうちに起きて、男の子の世話をし、女の子の足を巻き〔引用者注：纏足《てんそく》のこと〕、ご飯をつくり、家畜に餌をやり、薪を割り、火を焚き、鍋を磨き、お碗を洗い、穀物をすり潰し、家の掃除をし、田んぼにご飯を持って行き、服や靴や靴下を縫って、一日中働いて暇などなく疲れ果てている。最も哀れなのは、疲れ果てている上に精神的な苦痛と理不尽な虐待に耐えなければならないことだ。例えば纏足に耳飾りなどは何の道理もない刑罰であり、母親になる者が既にそれを受けてきた者だから、逆らうことを知らないだけではなく、自分が生んだ娘にも凌遅刑《りょうち》〔引用者注：身体を少しずつ切り落としていく死刑のやり方〕のような仕打ちをし、惻隠《そくいん》の情など微塵《みじん》もなく、逆にこれが娘への愛情表現だと錯覚してしまう。纏足して足が小さくなかったら、将来嫁に行けないのではないかと恐れる。こんな肉体を傷つけて人に気に入られようとするような誤った観念は、実に長い間続いてきた悪しき習慣で、彼女らは変えることを知らないばかりか、心の中に染み込んでしまっていて次世代へと引き継いでしまう。本当に愚かで、哀れで、嘆かわしい！(20)

「家庭に帰れ」と「社会に進出せよ」

欧米文化の影響に毒された女性の堕落ぶりを嘆く。また一方では、旧態依然たる社会に圧迫されている女性に同情する。これらを解決すべく、女子教育の必要性が論じられた。前者に対しては東方固有の文化道徳を取り戻して慎ましやかな女性になれと、後者に対しては自立する力をつけよ、ということである。

そこで、賢妻良母教育が提唱された。新民主義に従えば、「男主外、女主内」であり、女性は家庭に帰るべきものである。確かに新民会の刊行物に見る女性論の多くは「家庭に帰れ」に軸足が置かれている。しかし、それに関する言説も一様ではない。

『新婦女』発刊の辞で、王賓孫は、

> 女性の責任は男性とは異なり、女性は二つの時代に関わるのである。ひとつは自身の事業に、もうひとつは次世代の国民を育てることである。私たちは自らの本分を認識し、女性の天職を放棄してはいけない。男性とは分業しながら協力して、私たちの偉大な使命を成し遂げよう！(21)

と、新民主義にあるように男女の差異について述べているが、その後また『新婦女』で、

> 長年の奮闘を経て、今の都市には職業を持つ女性が多くなった。私たちの理想とするレベルには達していないけれども、総じて女性自身の覚悟と努力の表れと言えるだろう。(22)

と、女性の社会進出を肯定している。

また他にも『新婦女』で、任肇勲《じんちょうくん》は子育てに対する女性の責任を説きつつも、次のように述べる。

> 私たちは必ずしもみんな家庭に帰れと言っているのではない。家庭の責任は重いが、社会に奉仕する責任はもっと重い。私たちは男子と並んで働かなければならないし、私たちの能力は必ずしも男子に劣るわけではなく、私たちが上げられる成果も男子に劣るわけではない。第一次世界大戦の時、女子は男子に代わって働いたではないか。今の社会では多くの女子が働いているではないか。しかし私たちには相応の学識がない。どうして社会に居場所を見つけられようか。だから私たちは家庭に帰るにせよ社会に身を投ずるにせよ、相

応の教育が必要なのだ。(23)

時代は下るが一九四四年、後述する華北婦女協会が成立した際に、その設立準備に携わった万徳芬《ふん》も、『華北新報』で「女性は家庭の中にいるだけではない。社会の中堅の一員でもあるのだ」(24)と述べている。

これらの論説は、「家庭に帰れ」の重要性は否定していない。しかし、「社会に進出せよ」も肯定しているのである。『時代婦女』に掲載されている無署名の記事では、「職業婦女と家庭婦女には貴賤の区別はない」(25)としつつ、特に女性の社会進出に関しては、

女子の天職とは何か。女子はなぜ教育を受けなければならないのか。教育を受けるのは、知識の上で男子と平等になるため、仕事をする能力を身に着けるためで、男子と社会で同等の義務を果たし、同等の権利を享受するためだ。相応の教育を受けた人がただ家庭の主婦にしかなれず、国家に対する義務を果たせないのなら、国の金の浪費ではないか。(26)

とまで言い、家庭に帰る選択を場合によっては否定さえもするのである。

これからの女性のあるべき姿

これまでの女性像と、これから求められる女性像については、王賓孫がある座談会の初めに述べた以下の言葉に端的にまとめられている。

純欧米化したモダンな女性でもなく、完全に「三従四徳」の守旧的な女性でもなく、真の新時代の女性というのは、我が国固有の女性の道徳精神を持ち、併せて新しい思想と学識を持つこと、言い換えれば賢妻良母の美徳を持ち、その一方で社会に奉仕する能力を持つことが必要なのである。(27)

およそ新民会の刊行物に見られる多くの女性論は、次のようにまとめられる。まず、旧来の男尊女卑、女性が圧迫されていた過去のあり方については批判すべきものとして論じている。女性は家庭で男性に従っていれば良いという「三従四徳」の観念も、これまで見てきたことから分かるように、否定されていると言えよう。また女性に教育など不要だという「女子無才便是徳」という観念も誤りだとされている。欧米文化が流入してきたことで女性の解放が進

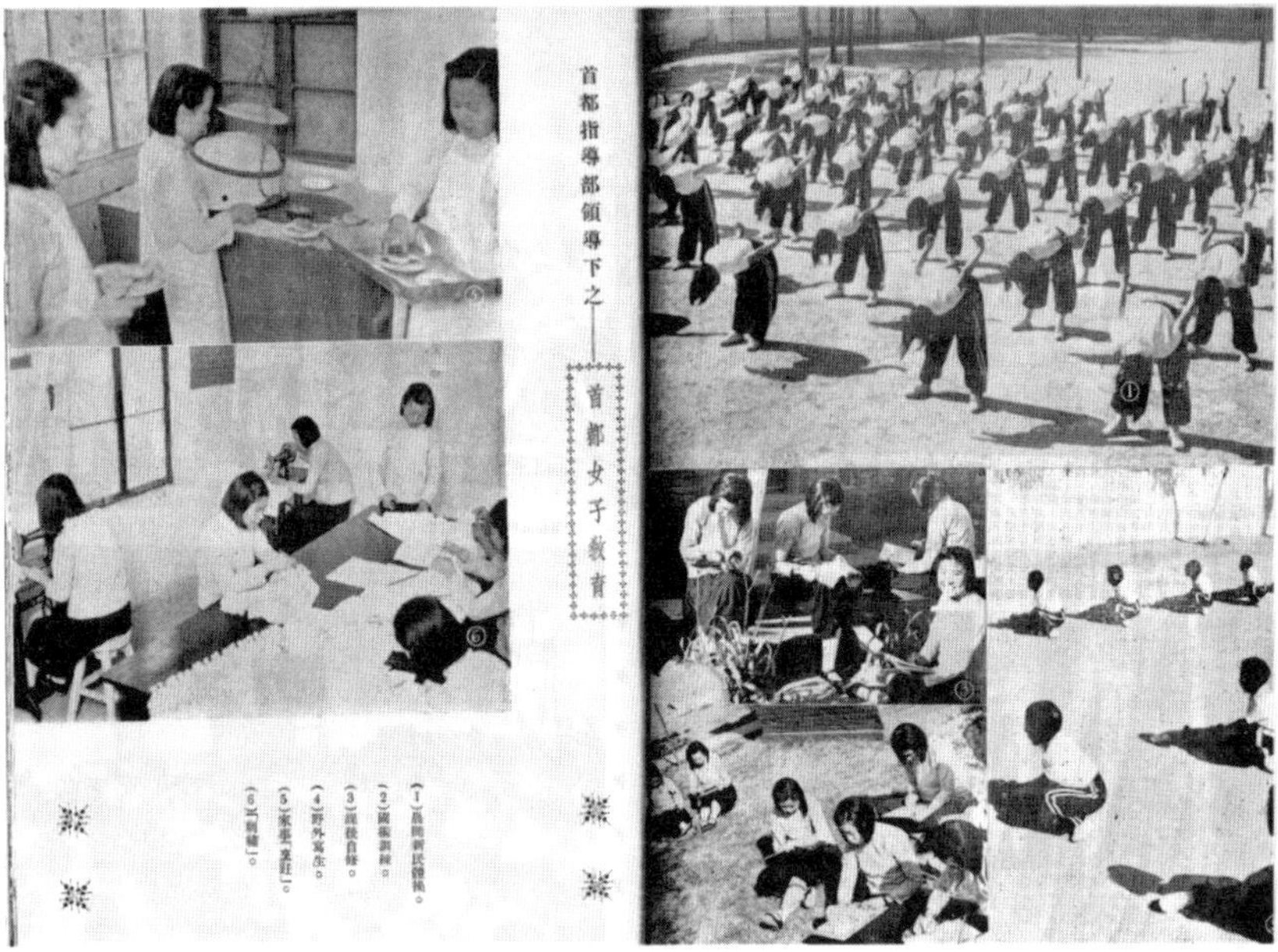

新民会の女子教育を紹介する『首都画刊』より。料理や裁縫を学んでいる様子と、体育や屋外での写生、放課後の自習の様子など。「首都指導部領導下之　首都女子教育」『首都画刊』第13期、1939年7月1日、19-20頁（愛知大学豊橋図書館所蔵）

んだが、自由や平等が行き過ぎて女性の美徳が失われており、これは正さなければならないというのである。

女性も生産せよ

署名はないが日本人が執筆したものと思われる『新民運動』の記事は、「女性は男になって参政するよりも女性らしき女性として生むことの天職を自覚し賢母良妻になるべく努むべきである」(28)などと述べ、これまでに見てきた中国人の言説よりも保守的で、過去の中国の女権運動に対する批判も展開するのだが、一方で女性の生産労働は肯定し、女性本来の役割である家事や育児に支障を来さない範囲で生産労働にも従事せよと説いている。

従来支那《しな》の女性運動家は口を開けると直《す》ぐ女子所有権承認とか女子経済独立とか鸚鵡《おうむ》のように西洋人の真似ばかりするがこんな権利を主張する暇があれば其《それ》よりも寧《むし》ろ原始時代に於ける女性達の偉業を回顧して何か生産業に従事すべきである。之は無論賢母良妻を前提として天職を完《まっと》うするに障碍を来さない限度内に於いてなすべきであるが兎《と》も角《かく》女性として炊事も裁縫も出来ないようでは女性自らが寄生虫たらんと欲するが如《ごと》きものである。農村の婦女であれば其の父兄や夫を手伝って草取りや刈入れに従事するのもいいだろうし養豚養鶏の如き家庭内で出来る副業に従事して収入の増加を期するもよかろう。商家の婦女であれば自巳《ママ》商店の店員として働くべきだと思う。(29)

そして最後には、基本的に「男主外、女主内」なのだが、それでも女性に生産労働に従事せよと要求する。

男性は「養う」方の主任者であるので外治に当り物資の生産者になるが女性は「生む」方の主任者であるから内治に当り物資の消費者になっている。然し男性が生産以外に消費を必要とするが如く女性も亦《また》消費以外に或程度の生産は必要である。天職である「生む」ことに障碍のない程度の生産力は有《も》たねばならぬ。(30)

日本の女性は素晴らしい

もうひとつ注目しておきたいのは、新民会が中国の女性を啓発するために、しばしば日本の女性を理想の女性像として取り上げていることである。日本の女性を賛美することは、結局のところ日本そのものを賛美することにもつながるものであり、「日華提携」という時局を反映したイデオロギー宣伝の一環でもあろう。そしてそれは、「日本では社会でも家庭でも、恐らく西洋の女性のように傲慢だったり贅沢したりしている女性は見かけないだろう。彼女らは逆に従順で穏やかで、勤勉で慎ましい」(31)というように、欧米の女性の対極に位置するものとして持ち出されるものでもある。

『徳風』を見てみよう。

彼女らは（引用者注：日本人女性）仕事で疲れた夫を癒し、靴を脱がせる、帽子を取る、上着を受け取る、お茶を出す、こうしたことを楽しくやっている。これは世界に類を見ないことであろう。日本の家庭の掃除、料理、洗濯、みな主婦がこなしており、日本で使用人はほとんど見かけない。質素倹約を貴ぶ美徳に至っては周知のことで、贅《ぜい》言を要さないだろう。また彼女らは既に十分な知識と純正な道徳があり、子供に良質な家庭教育ができる。(32)

まさに「東方固有の文化道徳」と呼べる女性の美徳を具えた「賢妻良母」として日本の女性を理想化するものであり、従来理解されてきたような新民会が理想とする女性像とも矛盾しない。

しかし、新民会は一方で、店員や事務員として働く日本人女性や、交通機関、工場で働く日本人女性も積極的に評価し、紹介している。『徳風』は、日本ではどこの機関にも女性の公務員がいて、しかも「専ら花瓶として置いてあるのではなく、本当に汗水垂らして働いている」、農業でも女性が稲刈りも田植えもする、工業でも例えば大阪砲兵工廠では十分の一が女工、商業でも十分の七か八は女性店員だと紹介している。そして「これで国力を倍増させている」と、(33)また同じように日本の女性が従事する多様な職業を紹介した『時代婦女』の記事でも、それを「我々の鑑《かがみ》としよう」と肯定している。(34)

先に新民主義では「男主外、女主内」を提唱していた繆斌の女性観を取り上げたが、実はその繆斌自身の言説にも異なる一面が見られる。繆斌は、一九三九年に日本を視察した感想として、

> 特に我々の注目を要することは女子の旺盛なる勤労精神であって自動車の運転は勿論《もちろん》重工業の工場に於いて働く等実に男子に劣らない程の進出振りであります、此《こ》の様な日本女子の精神は我が中国女子の大いに学ぶべき所であります。(35)

と述べ、男性同様に社会で労働に従事する女性を高く評価しているのである。

女性の参政も良いこと?

繆斌が新民主義の解説をする中で、女性が政治に参加すると碌《ろく》なことにならないと述べて反対していることは前に見た通りで、先に取り上げた『開封教育』の樹宬の論説でも、日中戦争勃発以降、「女性の参政への妄想や、社交は無限に自由だ、などといった思想は取り除かれた」(36)というように、女権運動の後退とも言える現象を肯定的に捉えている。だが新民会の雑誌には、必ずしも女性の参政に反対していると言えない論説も出てくる。例えば『新民月刊』では、女性の解放について論ずる中で、次のように述べられている。

> 理論上は、国家は人民の集合体であり、全てのいわゆる公民は、法律上は男性だけを指すという規定はない。今、大多数の女性が議会に参加できず、立法をしようにも官吏になることも国家の舵取りをすることも全くできず、ただ日々全てを小さな家庭のために犠牲

にするだけだ。不公平この上ない。政治事業は決して男性の専業なのではなく、女性が絶対参加できないようになっているものなのだ。（中略）これからの女性は、苦痛を取り除きたいなら政治の渦《か》中に身を投じないわけにはいかない。更にそうして社会における女性の地位を次第に高め、身をもって範を示し、訴えなければならない。(37)

前出の『青少年』の鮑芳の論説も、女性解放運動の成果はまだ不十分だとしつつも次のように評価する。

私たちは固《もと》より、それを理由に例えば男女の法律上の地位の平等、女性の継承権の確立など、過去の女性運動の価値を全否定するわけにはいかない。女性の社会的地位の改善、更に女性参政の事実、また社交公開、婚姻の自由、女性の職業の増加、教育の機会均等など、いずれも大いに賛美するに値する。(38)

先にも見た万徳芬も、『華北新報』で次のように述べる。

我々女性は過去に男性中心社会の圧迫を受け、ずっと生活は家庭の中にとどめられていたが、二、三十年前に漸くいわゆる女性運動が生まれ、解放と自由を求め、徐々に社会と政治の事業に参画するようになり、日に日に光が見えてくるようになった。過去の女性運動には我々が修正すべき点がまだあるが、それでも女性たちが立ち上がったこと、女性運動の先輩の功績は、簡単に全否定してはいけない。(39)

このように、社会の現状をどう捉えるかはともかくとして、新民主義が提唱する女性像からかなりはみ出した形での女性の社会進出さえも、様々な角度から肯定されているのである。

「封建」は打倒すべきもの

時秀文も先の友人の進学の話で「こんな石頭の封建人物に道理を説いても無駄だ(40)」と怒りを露わにしているように、新民会の女性論では「封建」的なるものは打倒すべきものだったことが見て取れる。即ち一連の論説は、女性を圧迫する旧社会を維持、或いは旧社会へ回帰すべきことを説いているわけではなく、女性は新時代に応じて変わらなければならないと主張しているのである。

『新婦女』には次のような論稿もある。

五四運動以降、中国の女性は徐々に台頭し、時代の推移と社会の変化に伴い、彼女らはまさに日々希望に輝く解放の道を歩みつつあるが、依然として一部の反動勢力がこの偉大な運動の発展を妨げている。(41)

その運動を阻む要因として「封建残余勢力の桎梏《しっこく》」を挙げ、次のように述べる。

中国の女性の社会的地位はこれまで非常に低く、この歪んだ現象は封建制度と共に他に類を見ない長期間維持され、周公制礼の後、中国の女性は無条件で圧迫に屈することとなり、四千年来、「三従」「四徳」などの文句の下で、「抗争」ということは語ることもできなかった。（中略）現代でも女性運動の掛け声は封建勢力の崩壊と共に広がっているが、封建思想の残余とそれが人々にもたらす錯覚、伝統観念は依然として古い壁を残しており、女性運動の大きな障害となっている。(42)

『時代婦女』では家庭での「婚姻指導」について言及する論稿もある。これは前章でも触れた問題であるが、女性雑誌でも議論されている。親は子供の結婚に関心を持ち、指導すべきであると言うのだが、「子供たちに相手を紹介するにしても、くれぐれも父母之命、媒酌之言、旧礼教の余弊、封建思想で子供たちを制約してはいけない」ということが明確に主張されている。(43)

総じて見ると、新民会の立場は、中華民国成立以来の教育の近代化や、女性解放運動を全面的に否定するものではなかった。むしろ、近代中国における女子教育の普及や女性の社会参加を肯定的に評価し、今後一層推進すべきものと認識するものであった。

但し、その女性解放運動の行きつく先が、欧米文化、特に功利主義、個人主義の影響を受けて、享楽主義に陥り、傲慢で堕落した女性であってはならないというのが、新民会の女性論である。新民会は、あくまでも「東洋固有の美徳」を具え、更に良質な家庭を築くために家政に対して責任を持てる能力を身につけた女性という意味で、「賢妻良母」を育成する女子教育をすべきだと主張した。加えて、その目指すところは生産力や生活力を具えて男性に依存せず、男性の所有物やいわゆる社会の「寄生虫」とならない、自立した女性であった。

二．女性団体の成立と女性動員

女性団体の成立

ここからは新民会以外の資料もいくらか情報源として使用し、新民会の活動について見ていく。

新民会は各地に青年団や少年団を組織するほか、併せて婦女会、少女団も組織し、これらに現地の中国人女性を加入させ、女性の組織化を進めた。ここからは、これら新民会による女性団体の成立と展開について見てみよう。

一九三八年五月、山西省指導部の下で新民女子青年会が結成された。十五歳から三十五歳までの女性を対象とし、その目的は、「新民主義の実践を期し生活の改善、風俗の矯正、家庭経済の向上、思想の遷善、教育の普及」であった。(44) 同年八月には婦女会と少女団の組織大綱が決定され、(45) 同年九月には新民会教化部により、新民女青少年団結成要綱が起草された。(46) 以後、各地に婦女会や少女団、婦女識字班が順次設立された。また河北省良郷実験県の婦女修養会ように、占領統治前にあった婦女協会や放足促進会（反纏足《てんそく》運動の団体）などを合併して新民会の女性運動団体を組織した事例もあった。(47)

これら女性団体の加入者数については、『新民会報』にある一九四〇年末の新民会会務報告として記載されたデータによると、同年七月末時点での団数は青年団七四四五、少年団三四五、婦女会三〇二、少女団二四五、人数は青年団一四万九一〇八人、少年団一五万〇八二八人、婦女会一万八一六八人、少女団五一七五人だという。ただ、どの地域で数えたものか、範囲も明記されていない。(48) 続けて『新民会報』を見ていくと、一九四一年一月の統計では、各省市ごとの数を合計すると、団数はそれぞれ青年団一九四七、少年団一二八四、婦女会六二八、少女団二五九、人数はそれぞれ青年団一七万三二〇一人、少年団一〇万七四九九人、婦女会五万〇八四一人、少女団二万二八七四人である。(49) 一九四一年末の『新民会報』では、団数はそれぞれ青年団六三六二、少年団一万五三七七、婦女会一一四二、少女団二〇八二、女青年団四八、人数はそれぞれ青年団五七万一八一七人、少年団三〇万四一五八人、婦女会一三万六五四三人、少女団八万八七二五人、女青年団一万一四九二人である。(50) 一九四一年一月と同年十二月の二つのデータはいずれも河南省、山西省、山東省、河北省に加え、青島《チンタオ》市、天津市、北京市といった直轄市ごとに団数と人数が示されており、これはその合計の数字である。

見ての通り増減が不自然である。第2章でも述べたように、青年訓練所にせよ青年団ほか婦女会等にせよ、数字に関しては信頼できるデータが乏しい。ただ、辛うじて言えることは、いずれのデータを見ても婦女会、少女団は、青年団、少年団に比べれば組織数も加入者数も少なく、男性に比べて女性の組織化は遅れていた、或いは限られたものであったということである。

省、市、県レベルで各地にこのような女性団体が設立されていき、一九四二年十月の新民青少年団の成立（第3章で既述）に伴い、女性も満十二歳から十五歳までは新民少女団に、満十六歳から二十歳（または二十二歳か）までの未婚者は新民女子青年団に組織化することとなった。[51] だが、これでも実際に全ての女性を組織化していたとは考えられないことは、第3章で指摘した通りである。

日本占領下における華北全体の女性運動指導組織である華北婦女協会は[52]、一九四四年十月になって漸《ようや》く正式に設立された[53]。成立宣言にあるように、「本会は新民会の指導を受け」る組織であり[54]、『新民報』には「華北婦女協会は新民会中央総会の指導の下、既に積極的に活動を展開しており」[55]とあるように、これも新民会統括下の団体であることが分かる。また、成立宣言で述べられている「本会の工作の原則」を抜粋すると、「六、知識界の女性が一般女性を助ける」、「七、都市の女性と農村の女性はそれぞれの環境で、必要な工作を分担する」、「八、家庭の女性は全力

女学校で行う新民体操。「新民会首都指導部　積極推行新民体操」『新民報』（北京）1938年6月10日、5面（国立国会図書館関西館所蔵）

少女団の少女たち。「首都外人記者団第一次訪問新民会」『首都画刊』第8期、1939年2月1日、4頁（愛知大学豊橋図書館所蔵）

で家庭を革新し、職業女性は全力で社会を革新する」など、[56]実際に会の活動に参加させていたかは明確ではないが、様々な立場の女性を幅広く視野に入れていたことが窺《うかが》える。

同会の設立に向けた動きは、一九四三年から既に始まっていた。発起人には、前節で既出の王賓《ひん》孫らの名前も見える。その組織大綱によると、同会は十五歳以上で、「思想純正」な者、会員二人の推薦を受ける者を入会資格とし、会員は毎年一元の会費納入を条件としている。[57]新民会婦運股《こ》幹事で華北婦女協会の業務も担当する万徳芬《ふん》[58]が参加した座談会での発言には、同会を組織したのは「大東亜戦争勃発以来、女性の責任は日に日に重要性を増しており、かつての享楽生活を正し、女性らに責任を持たせる上で、まとまりのある組織が必要だと考えたから」[59]とある。なお、同会による女性の組織化の実態については、次節で再度取り上げる。

なお、こうした女性団体の活動経費は、例えば天津新民婦女会の組織章程草案を見ると、「本会の経費は会員の負担を原則とするが、当面は現地の指導部などが支給する」[60]となっている。また、河北省静海県の新民婦女会の例では、「募金と会員の共同作業の収入を充てることを原則とし、設立初期は、県公署と新民会が補助する」[61]とあり、婦女会で何らかの生産労働に従事していたことも窺える。

女性団体が目指したもの

では、新民会の女性団体は、どのような活動をしていたのだろうか。

一九三八年十一月に成立した北京新民婦女会は、その成立宣言で、第一の工作は「反共救国」だという。共産党が女性の解放だ自由平等だといったスローガンで女性を騙し、家庭の幸福と社会の秩序を破壊したのだと言い、これを正すことを目的のひとつにするというのである。そして第二の工作として、女性たちに自主的な運動を促すことを挙げる。ここで「女子無才便是徳」などの女性蔑視の伝統を批判するが、一方で女性解放運動も批判しているのである。女性蔑視の伝統は反礼教の女性運動を引き起こし、女性は自由平等、男性と一切平等にせよ、女性にも才能が必要だなどと主張して自由解放運動をまるで流行のように捉えて、女性運動の指導者が出しゃばって社会を壊す原因になったのだという。[62]

だが、河北省保定道の婦女会には少々異なる傾向が見える。一九三九年二月の成立宣言の中で「男治外、女治内」を「東方の真の精神の表現であり、決して守旧的なものでもなく、腐敗したものでもない。このような伝統精神は立国の精神だとも言える」[63]と肯定している。そして五四運動以来、女性は左傾して家庭を捨て、家庭を破壊し、外の仕事に走り、女性の参政だ自由解放だといったスローガンを盾に享楽主義に虚栄、奢侈《しゃし》の風潮を生んでしまったと嘆く。これに対しては誤った道だと批判するのだが、一方で、

> 新たな婦徳を打ち立てよう。過去の「女子無才便是徳」、「男尊女卑」、女性を軽視する思想は根絶しよう！女性は人格、地位を勝ち取ろう。我々は依頼心を一掃しよう。家庭経済の調整に力を入れよう。女性の職業を提唱しよう。我々は国家と社会に、女性の自活する機会を拡大するよう求めよう！　同時に、農村の女性の副業を提唱し、家庭の収入を増やして我々の生活を改善しよう。但しそれは享楽ではない。生活の安定と精神の向上を求めるものだ。興国の責任に対して我々の婦道を尽くし、家庭を改良し、社会の基礎を固めることも、我々の偉大な責任だ！[64]

とも呼びかける。同婦女会が成立して一年後の保定道指導部の報告の中でも、

> 男性が外を治め、女性が家事を切り盛りするのは、我が国固有の伝統思想だが、女性が家のことしか知らず、社会環境のことを知らないのもまた、現代女性のあるべき姿ではない。[65]

と述べた上で、「家庭を良好な組織にすべく導くこと、副業の提唱、家事の研究」などを活動内容に挙げている。[66]また河北省邯鄲《かんたん》県指導部の一九四〇年の工作方針では、婦女会について、

> 中国人の風習として、婦人の外出を忌嫌《いみきら》うも、此《こ》の陋《ろう》習を速やかに、然《しか》も慎重に打破する目的を以《もっ》て、凡《あら》ゆる場合に、又凡ゆる機会に婦人の参会を求め又進んで婦人の集会を催し、団体意識の涵養に努め、新民婦女会結成の機運を助長す。[67]

とある。総じて、前節で見た雑誌の言説に比べればやや保守的な感は否めないものの、伝統的な女性のあり方の負の面を正し、労働できる女性の育成や社会進出も目的として打ち出している。

女性団体の活動

河北省冀《き》東道で設立された婦女会の活動内容が『新民報』に掲載されているので見てみよう。事業には「軍隊の送迎と慰問」、「祝賀及び弔意の式典への参加」、「治安の裏面工作」、「貧苦災難民の救済」、「新国民婦女思想の養成」、「児童教育の研究」、「家庭普通常識の徹底教育」、「その他必要な事項」とあり、更に指導要綱には次のような工作内容が挙げられている。

社会工作　一、軍隊の慰問　二、負傷兵の救済　三、祝賀及び弔意の式典への参加　四、貧苦災難の救済　五、一般宣撫《せんぶ》工作事項　六、家庭生活の向上　七、公共衛生と経済常識の研究

団体訓練　一、団体旅行、体育向上、救護演習　二、識字運動の参加　三、災害防止の訓練　四、記念日の式典への参加　五、郷土娯楽の純化　六、郷土悪習の打破

経済工作　一、社会経済常識の研究　二、家庭経済研究の確立　三、郷土副業増産改善への参加

協同工作　一、共同労作への参加　二、家庭労作の主催　三、同情行為の奨励

自己修養　一、婦徳の涵養　二、子女の徳性を訓育する　三、時間を守る　四、規約に従う　五、誰にでも何事にも穏やかに

また思想方面の指導精神として、一、一般女性に徹底的に国家指導の原理と新民主義及び新民精神の関係を理解させる」、「二、敬神崇祖の精神の涵養」の中には「甲、廟宇仏寺の参拝と清掃」、「乙、先哲偉人の墓碑の清掃と礼拝」、「丙、祖先崇拝奉祀の実施」とあり、「三、国旗と会旗の掲揚とそれへの理解」が続く(68)。

河北省順義県の婦女会では、その活動案の中に「解放運動」と呼ぶ纏足排斥などを含む運動も含めている(69)。女性に対する抑圧の象徴であり、女性の生産労働従事を阻害する纏足をなくそうというのである。ちなみに、同地を視察した新民会職員の井上太郎(70)が、この「解放運動」という言葉について次のような注文をつけていることも補足しておこう。新民会の考え方が反映していると思われるからである。

解放運動は例えば纏足を排斥し新生活運動を提唱するという意味であると説明があった。私は解放運動の内容に就いては賛成する点が多々ある。然し解放という言葉は使用しない方がよいと思う、解放運動の前提

には制約があり結果的には自由主義的性格を含むからである、東亜新秩序は一つの新しい組織の活動である、従って此の組織体には当然制約が伴う、而《しこう》して此の新秩序は個人主義自由主義を絶対に許容してはならない故《ゆえ》に私は之《これ》を「新生運動」と呼びたい。(71)

なお、新民会による纏足解放運動は、この後一九四三年の農村女性に対する工作としても現れる。(72)

このほか、右のいくつかの事例からも窺《うかが》えるが、家庭での副業の奨励も婦女会が重視するところであった。河北省の撫寧県指導部では婦女会を通じて、「一面家庭生活を改善せしめ、家庭副業をも奨励して以て家庭主婦の素質向上に力《つと》む」という計画をし、(73)河南省の開封指導部の婦女会では毎日午前中に講習会を実施し、「逐次優良分子の獲得に努力すべく主婦として必要なる刺繍、ミシン等の講習を実施し将来は婦女会員の手芸品を以てするバザ等をも開催する予定」も立てていた。(74)

なお新民会は、女性の職業教育についても別途進めており、新民会首都指導部は一九三九年四月に、「女子職業を救済する為め」として女子職業教習所を設置した。(75)『新民報』によると、同教習所は「貧困家庭の女性に家庭での副業を習得させ、自活する能力を獲得させることを目的とする」とし、応募資格にも「貧困家庭の子女」という条件が明記されている。入所期間中の初めの三箇月は食事や宿舎を提供し、次の三箇月は見習いとして半額の給料を、あとの半年は全額の給料を支払うとしている。ここまでの内容からはいかにも貧困層の救済のために環境整備をしているように見えるが、応募資格には更に「身体が健康であること、性格が誠実であり、家庭のために労働しようとする熱意を持つこと」という条件も付加され、更に十七歳から二十一歳までの「識字者」であることまで要求している。しかも募集定員は、北京全体を統轄する首都指導部の施設でありながら、わずか「約二十名」である。そして「試験合格者は皆受け入れる」とあり、「約二十名」に絞り込むための試験なのかは明確に記述されていないが、試験まで課している。(76)救済を目的に掲げながらこれだけの条件を設けて対象者を絞り込んでいるようでは、本当の意味で貧困に喘《あえ》ぐ多くの女性を救済しようとしていたのか、疑問視せざるを得ない。

日本の女性に教えを乞え

また、新民会の女性運動への日本人女性の関わりも見られる。河南省開封市の新民会指導部で行われた新民婦女座談会では、「日本国防婦人会と密接に連絡し其《そ》の指導を乞うこと」という方針も打ち出されていた。[77] 新民会が理想の女性像として描く日本人女性との交流も、中国人女性に対する宣伝教化の役割を果たしていたのであろう。

河北省滄《そう》県の新民婦女会員の家事手芸講習会に関して、具体的な関わり方は不明だが、『新民運動』には、「此の講習会に対し日本国国防婦人会の人々の積極的な援助は充分に認められなければならない」との記述も見られる。この講習会の卒業式を訪れた井上太郎は、祝辞で次のように述べている。

> 中国人ばかりでなく世界中の男は日本の婦人を妻にしたいと希望しているそうです。何故《なぜ》でしょう。それは日本婦人家庭内の仕事、即ち家事家政育児に優れた働きを持っているからです。日本婦人は裁縫、炊事、洗濯、掃除を実に手際がよく処理します。又子供の育て方、子供の家庭教育に就いては真面目に研究し立派な成績を挙げています。皆さんは此の講習会に於《おい》て之等の美しい日本家庭に於《お》ける婦人の任務を充分知ることが出来たでしょう。[78]

その後の光景は、

> 校庭で記念撮影をした。国防婦人会の日本婦人の方々の面にも滄県婦人の面にも厳粛な喜びの色が真夏の陽の光に映えていた。[79]

という。どうやら日本人女性もこの場に来ていたようである。

戦時動員の色彩

しかしこれらの女性運動も、単純に女性解放、社会改革を求めたものと理解して良いのだろうか。やはり、そこに含まれていた戦時動員の要素を軽視してはなるまい。

一九四〇年代になると、新民会の女性運動は戦時動員の色彩を強めていった。[80] 第二次治安強化運動実施要綱では、「婦女団」には「敵側政治工作員の監視及分会自衛団等の活動を促進せしむ」、「急救法《ママ》を習得し負傷者の看護に当る」という役割を担わせることにしていた。[81] 一九四三年に新民会中央総会が打ち出した「婦女運動要綱」では、その方針に「女性を動員して、国民戦時動員体制を強化し、会運動の全体の効果を上げ、大東亜戦争の勝利を勝ち取る」ことを掲げ、女性が担うべき工作として「保」、「養」、「教」の三点を挙げている。「保」は「反共工作」のことで、「防諜《ちょう》、情報、調査統計工作」を指す。次に「養」は「慈救工作」のことで、「募金、奉仕、救済工作の発動」、そして「教」は「文化工作」のことで、「識字運動、出版、中心思想樹立工作」である。(82)

一九四三年発行の『新民月刊』では、共産党と戦うために女性も協力せよと呼びかける。

華北は後方の兵站《たん》基地だ。私たちは女性と一緒に力を合わせて後方の工作に従事しなければならない。例えば夫を助け、子育てをし、革新性活、勤倹増産、汚職の摘発、防諜防共、思想粛正、情報宣伝などは私たちがやるべきことだ。（中略）私たちは男女で役割分担して協力し、武器を持って敵を殺しに行く戦士たちに家族や故郷のことで心配をかけないようにするのが女性の責任であろう。(83)

このように、男性に劣らず働ける女性になることが要求され、「夫を助け、子育て」をする賢妻良母としての務めも、戦争協力と一体となって語られるようになってくる。

成立当初の新民会は、女子教育の方針に「賢妻良母」育成を掲げた。また一方で自立した女性を育成するため、職業教育の普及を図った。そして女性運動が戦時動員の色彩を帯びてくると、女性を家庭外の労働や戦争協力にも積極的に動員するに至った。

「生産即戦争」、私たちは華北兵站基地にいる。誰もがしっかりと認識しておかなければならないことだ。(84)

『新民月刊』に掲載された「女会務職員実践勤労増産の一ページ」という記事の書き出しである。女性も生産労働に従事できるように女子教育を進めてきた新民会であったが、これも日中戦争末期の食糧増産運動と結びついていく。同記事は女性たちに向かってこう呼びかける。

中央総会と燕京《えんけい》道総会の女性職員は、人後に落ちないよう共に女子勤労増産作業隊を組織した。自らの行動で範を示し、まず女性の増産工作への協力を提唱し、増産救民運動を各機関の女性職員、女学生、そして主婦へと広げていこうとしている。（中略）大東亜戦争の展開も最終段階となった今日、我が女性の同胞たちよ、やってみなさい。大きく言えば戦争協力に増産、小さく考えれば自分で作物を育てて食べることだ。これも意味のあることではないか。(85)

そして、新民会組織部婦女運動股《こ》長を務めた徐志超[86]は次のように呼びかける。女性の自立や社会的地位向上を目指す主張も、戦時動員の要請がより勢いづけることになったとも考えられよう。なお、ここでも戦時体制下を生きる日本の女性の姿が模範とされる。

大いなる大東亜戦争は日に日に緊張の度を高めている。男性たちは武器を担いで戦場に突進しているが、女性は体力の都合で事実上男性と手を携えて戦争の最前線に赴くことはできない。では、それは後方の守りを固める建設工作ができないということなのか。友邦日本の女性たちをご覧なさい。どれほど勇ましいか！どれほど敬服に値するか！　戦争が始まってから、全国の女性団体が素早くいわゆる「大日本国防婦人会」を組織したのは周知のことだ。また、日本の各部門で、大半は女性が男性の代わりをしている。俗に言う「国家の興亡、匹夫《ひっぷ》（引用者注：ここでは普通の人の意味）に責あり」だ。全国の半数を占める女性は、まだ拱手《きょう》傍観して無関心のままで良いのか。「人」としての地位を勝ち取るためには、いつまでも奴隷の奴隷の地位に甘んじないためには、はっきり言おう！　知識人女性はもっと修養問題に力を入れなければならない。女性自身の能力を発揮して、真の自由平等解放を勝ち取るのだ。（中略）女性は人なのだ。奴隷の奴隷になどなりたくない。もっと言えば寄生虫や飾り物になどなりたくない。――花瓶――こんな言葉を受け入れられる女性がまだいるか。[87]

そして、享楽主義に陥った都市の知識人女性に対する批判も、戦時体制下での自覚を求めるという文脈でなされるようになる。新民会婦女運動股主任の王蒨《せん》は、太平洋戦争が勃発したことを受けて、次のように知識人女性に訴える。

知識界の姉妹たちよ！　今は既に国家民族の存亡の危機に差し掛かっている。皆で心を一つにして協力できれば、大東亜民族解放戦の最後の勝利を獲得できる。自覚を持たず、まだ自分さえ良ければという観念を持っているようでは、我が中国の前途には実に思いもよらない危機が待っていよう！　姉妹たちよ！　目覚めよ！　今だけの安逸を貪《むさぼ》ろうとするな。個人の享楽だけを求めるな！

私たちは、実際にもう私心を持っていることが許されなくなっていることを知らなければならない。今、友邦の女性は既に皆を動員して国防婦人会に参加し、戦争協力のためのあらゆる後方工作に従事している。彼女らは衣食を切り詰め、虚栄を捨て、安逸を避け、私心を排し、毎日朝から晩まで勤勉倹約に涙ぐましい努力をし、完全に自分の楽しみなど忘れて、国家民族のために個人の利益を犠牲にすることを惜しまない。このような精神は、実に我が国の女性の及ぶところではない。比べてみて、私たちは何とも思わずにいられようか。

誰かが以前言っていたが、「我が国の女性にとって勉強は、学識を応用するためでもなく、社会に奉仕するためでもなく、国家に尽くすためでもない。自分の地位を高めるためで、物質的享楽を得るためで、結婚する資格を得るためでしかない。疑うなら、都市の知識人女性を見てみなさい。あれがおめかしが苦手で、享楽に長じていない姿か。絶対に農村に帰ったり釣り合わない相手とは結婚したりしないという姿ではないか。」この言葉の意味から、一般の知識人女性の心理のありようは推して知るべしだ。

私たちがこうした恥辱を雪《そそ》ぎたいと思うなら、自分から一切の無意識にしているおしゃれや享楽を捨て、天賦の母性愛を発揮することで、新国家建設と我が民族を復興させる歴史的偉業に従事しなければならない。

姉妹たちよ！　立ち上がれ！　一般の教育を受けていない女同胞が私たちの援助の手を待っている！(88)

三．新民会の女性運動に参加した女性たち

知識人女性よ、立ち上がれ

新民会の要職を務めた女性や、刊行物に論説を寄稿している女性たちの言葉の中に、教育を受けていない多くの一般女性たちを指導していく責任が自分たちにあるという認識が見られる。

これは河北省懐柔県の新民婦女会成立の式典での会の代表の言葉である。

我々知識人女性が新しい模範になりたいと思う。旧封建の中で苦しむ全ての姉妹たちのために、あらゆることが衰退しひどい状態に近づいているが、まだ間に合う。我々は手を取り合い邁《まい》進すべきだ。前途洋々たる道を行き、旧封建の罠《わな》から脱出し、東亜婦女のあるべき美徳を獲得することが、私の願いであり期待であり、しなければならないことだ。(89)

そして、会の宣言文では次のように言う。

　我々懐柔の女性は、自身の責任の重大性に鑑み、暗闇にうごめく全ての女性に新民の福を享受せしめ、内にあっては家庭生活進歩のための先鋒となり、外にあっては知識のない全ての女性を指導して建国運動を進めるべく、新民婦女会を結成する。[90]

このほか、『時代婦女』の発刊の辞には、

　中国の女性は落後しているので、大多数の女性は、知識や能力の面で私たちに遥かに及ばない。私たちに及ばない大多数の女性に対して、「先覚者が後覚者を目覚めさせ」指導者の責任を果たさざるを得ない。[91]

と書かれている。この発刊の辞を著した毛伍《ご》崇敏は、北京新民婦女会会長、[92]北京女子第二中学校校長[93]などを務めた人物で、日中戦争勃発以前は北京婦女救済院の院長であった。[94]戦前から女性を対象にした教育や社会事業の領域で指導的な地位にあった人物である。[95]

　先に見た時秀文も、「男の寄生虫」と化した女性たちを批判しながら、

　中国の女性にとって最も重要なのは教育の平等を追求することであって、相応の教育を受けたら、自立する力をつけるだけではなく、一般の後覚者を教育し指導する義務がある。[96]

と述べる。この時秀文とは前に見てきた通り、『時代婦女』で女性の現状と女性を取り巻く社会の現状を辛辣《らつ》に批判している女学生で、新民会の刊行物にも積極的に寄稿しており、その名を散見する。彼女について『青年呼声』が紹介しているので見てみると、彼女は中学生の頃から文章を書くことを好み、また、父が各地の県長を務め、幼少の頃に父に連れられて各地を見て回ったという。そして農村の女性に同情し、都市の魂なき女性を嫌悪し、教育によって現状を変えようと志したと紹介されている。[97]国立北京女子師範学院主催の作文コンテスト、[98]また大阪毎日新聞主催の作文コンテストでも入選している。[99]『時代婦女』主催の「稿友懇談会」にも三十人余りの出席者の中に時秀文の名前が見られるが、[100]懇談会での彼女の発言内容は記載されていない。なお、後には北京市政府宣伝処に就職したようである。[101]

　このような、比較的恵まれた家庭、或いは社会的地位の

ある家庭に育った女性も、自分以外の大多数の無知な女性に対して、自分は指導的立場にあると認識していたようである。

新民会の下での女性運動については、まず知識人女性から始めて、他の様々な階層の女性へと拡大していく方針が打ち出された。

先に挙げた新民会で要職を務めた女性たちも、知識人女性に向かって呼びかける。新民会組織部婦女運動股《こ》長を務めた徐志超は、女性の戦時動員について論ずる中で、

我々女性会務職員には二重の使命があり、女性会務職員の一切は一般の知識人女性に影響を及ぼし、更に進んで私たちは一般の知識人女性と力を合わせ、多くの農村婦女、都市の婦人、更には娼妓《ぎ》のような女性も私たちと共に歩ませる。(102)

という展望を示し、そして同じく新民会婦女運動股主任の王蒨《せん》は、知識人女性たちに向かって、「大東亜戦争」が勃発した今、安逸を貪《むさぼ》るなと叱咤《しった》する中で、次のように呼びかける。

私たち女性は、直接戦争に参加できないが、後方のあらゆる仕事に協力する努力を始めないわけにはいかない。しかし、我が国の女子教育はまだ普及しておらず、一般の女性の知識水準はあまりにも低い。世界の情勢が分からないだけではなく、自分のことも分かっていない。彼女らを皆この画期的な歴史的任務に参与させるのは容易なことではない。そこで先に知識人女性が結束し、協力一致して、それから教育を受けていない女同胞を適切に組織化し訓練していく方法を採るしかない。(中略)

姉妹たちよ！　立ち上がれ！　一般の教育を受けていない女同胞が私たちの援助の手を待っている！(103)

女性団体の指導者

では、実際に新民会の女性団体を構成していた女性は、いかなる女性だったのか。まず、団体の指導者層から見てみよう。

新民会の下で設立された新婦女社の主幹には、既に見た王賓《ひん》孫のほか、任肇勲《じんちょうくん》、林慰君、経《けん》娟、康式如《じょ》、靳琪《きんき》らの名前が挙げられているが、『新民報』は彼女らのことを「皆今日の婦女界における新進の優秀分子」として紹介している。(104)新婦女社の社員は約四十人で、多くが中学校や小

学校の教員、大学生、機関職員、そして「女性運動に熱心な青年婦女」たちであった。(105)

前出の華北婦女協会については、当時華北で出版されていた『婦女雑誌』によると、会長馮《ふう》啓亜が「有名な医者」、副会長張仲淑が「有名な記者」、総幹事李文華が「女性界のために新民運動に従事した有力者の一人」であり、五人の常務理事のうち、三人は中学校長や大学講師の経験者、また一人は民衆運動の実践者で、更にあと一人は医者である人物を充てていた。理事は二十人余りいて、皆「女性界の名流と社会の中堅分子」だという。また、顧問は皆「女性界で特に地位のある人」で、顧問には王克敏、喩《ゆ》熙《き》傑、管翼賢ら華北政務委員会や新民会の要人の夫人が名を連ね、顧問理事には前章で既出の新民青少年団統監部動員処処長や新民会中央訓練所長を務めた彭黎《ほうれい》民の夫人や、当時の華北の代表的な女性雑誌である『新光雑誌』を発行していた尹《いん》梅伯らの名が見える。(106)

ここにも見られるように、新民会の女性団体で重要な役割を果たしているのが、臨時政府、華北政務委員会、或いは新民会の要職にある人物の妻たちである。新民会が各地に設立した省、市、県レベルの婦女会などの女性団体では、会長はその省、市、県の新民会指導部長の妻であることが多かった。例えば静海県の新民婦女会会長や、青県の新民婦女会会長には、同地の新民会県指導部長の夫人を充てていることが『新民報』で確認できる。(107) しかし、『婦女雑誌』発行元の婦女雑誌社が主催し、大阪朝日新聞記者の恩田和子を招いて開かれた座談会で、万徳芬《ふん》は次のように発言している。万徳芬は前節で既述の通り、新民会の女性運動関係機関で中心的な地位にあった人物である。

各地の婦女会の組織はほとんど現地の長官夫人を会長としている。北京の婦女会はこうした観念を打ち破り、会長の選出は厳正に考慮し、真に実力のある人でなければならず、夫や子供の名前に頼ることはない。(108)

北京では異なるが、地方では依然として有力者の妻を女性団体の長に据えるという組織体制が一般的だったのであろう。女性の組織化自体が男性の組織化に比べて遅れていたことは、これまでにも見てきた通りだが、女性運動に熱心で、実力ある女性が躍り出ることを可能にするシステムもなく、形式的に女性団体が組織されていたケースが少なくなかったということなのか。いずれにせよ、こうした組織のあり方は、新民会の女性運動で中心的な立場にあった万徳芬のような人物から問題視されるものでもあったようである。

女性の組織化の実態

一九三九年十一月に成立した河北省昌平県の新民婦女会は、県立女子小学校の校長を会長として組織したものだが、その成立宣言の中で、「比較的知識のある、教育を受けた先進婦女百余人を基本会員として県全体の女性を指導していく」[109]と述べている。こうした女性運動の方針を見ていく限りはその後も変わりなく、一九四三年に新民会が発表した「婦女運動実施計劃《かく》」にも、次のように述べられている。

　中国は農業国で、教育を受けていない農民が全人口の八十パーセント以上、教育を受けた十数パーセントのうちでも、きちんと教育を受けた女性は一パーセントにも満たない。そのため、国民組織を完成させるという課題の下で、参戦体制を確立する意義から、まず知識階層の女性を動員して組織し、それから各階層の女性を目覚めさせるべきだと思う。[110]

実際に女性団体の個々の例を見ていくと、組織に入る女性については、特に制約はなく、幅広く加入させていたようである。各地の婦女会には入会条件があるが、例えば保定道の新民婦女会が一九三九年三月に発表した入会の条件は、「身家清白、品行方正、会員二人以上の紹介を経た者」であった。[111]同年十月に成立した青県の新民婦女会は、十五歳以上で「志操堅実」、「品行方正」であることなどを条件とし、[112]同年三月に会則を発表した静海県の婦女会は、条件にしているのは十五歳以上で、あとは「志操堅実」だけである。[113]男性の青年訓練所や青年団と異なり、教育水準や家庭の経済力には言及がない。

また、華北婦女協会に関しては、前にも触れたが入会条件を「十五歳以上、思想純正、本会の主旨に賛同する者、本会会員二人の紹介を経た者」としている。[114]特定の階層に属する女性でなければ満たせない条件ではない。華北婦女協会は「五千万の華北女性（引用者注：日本占領下華北の全人口を一億人と見て、その半分が女性だと単純に計算したもの）を代表する総合的な組織である」ともいうが、成立後間もない段階で、華北婦女協会の「基本会員は既に五百人に達し、大多数は職業婦女と知識婦女であり、当然、家庭婦女もその中に含まれる」という状況であった。[115]元々、設立準備段階で『新民報』の報道では、同会設立の目的は、「各階層の優秀、有力分子を結束させる」ことだと説明されていた。[116]この目的の通りに、特定の階層に限らず様々な立場の女性の組織化を進めていたようである。

華北婦女協会は、右の『新民報』の報道によれば、優秀な女性に絞り込んで組織化しようとしていたものと見える。これまでに見た他の女性組織でも、「志操堅実」や「品行方正」といったことは概ね加入にあたって要求されている。一定の条件を満たした女性を選ぶという仕組みにはしていたはずであるが、それは機能していたのだろうか。男性の青年訓練所や青年団で見られたような、ふさわしからぬ者が加入してしまうといったトラブルはなかったのか。

ひとつ、その実態が垣間見える事例がある。新民会普通訓練科副科長だった井上太郎は、河北省宝坻《てい》県を視察した際、婦女識字班の活動を高く評価した一方、婦女会の座談会に参加してその中に「『ハイヒール』を履いた女性が二名いた」のを見て、それが相当不満だったらしく次のように述べている。

私は此《こ》の婦女会と識字班婦女とは分離して実施する方が効果的と思う、或《あ》る水準に達した時は差支えないが、思想的にかけ離れた人と同時に訓練することは労多くして功少しである。[117]

この女性たちが実のところ何を思っていたのかまでは不明である。あくまでも井上個人の主観であるが、ハイヒールを履く女性のことを、欧米文化に染まって東方固有の文化道徳を失った女性と捉え、嫌悪したのだろうか。「志操堅実」でも「品行方正」でもない女性だと言いたいのだろうか。女性の組織化の過程で何があったのかも、推測するしかない。いずれにせよ、このような女性も含め、新民会の女性団体にも色々なことを思いつつ参加していた、色々な女性の姿が見られたのではないだろうか。

---

(1) 中華全国婦女連合会編著、中国女性史研究会編訳『中国女性運動史一九一九～四九』論創社、一九九四年、三七二―三七八頁、丁衛平『中国婦女抗戦史研究』吉林人民出版社、一九九九年、鄭永福、呂美頤『中国婦女通史』民国巻、杭州出版社、二〇一〇年。

(2) 呂美頤（二〇〇二）、鄭永福、呂美頤（二〇一〇）は新民会の掲げる「賢妻良母」を「女性は家庭に帰れ」という主張として捉え、更には「三従四徳」と同列に論じて、女性を家庭に服従させる思想と位置づけている。王強（二〇〇六）は新民主義や、繆斌が作詞した新民婦女歌を提示し、新民会が伝統的な儒教道徳を女性に宣伝し、女性は家庭で夫に仕え子を養うべきだと説き、女権運動に反対したことを論じている。江上幸子（二〇〇七）は、日本占領下北京における女性論について最後に一言だけ言及している。新民会については触れていないが、同地では東方固有の文化道徳を具えた「賢妻良母」に回帰すべきことが主張されていたことを紹介している。鄭永福、呂美頤『中国婦女通史』民国巻、杭州出版社、二〇一〇年、四二一―四二六頁、王強『漢奸組織新民会』天津社会科学院出版社、二〇〇六年、三七頁、江上幸子「中国の賢妻良母思想と「モダンガール」」、早川紀代ほか編『東アジアの国民国家形成とジェンダー』青木書店、二〇〇七年、二九三頁。

(3) 樋口雄一（二〇〇五）、游鑑明著、大澤肇訳（二〇〇五）、劉晶輝著、鈴木晶子訳（二〇〇五）など。

（4）鄭永福、呂美頤（二〇一〇）は、新民会が女性を集会やデモ、勤労奉仕に動員したことにも触れている。鄭永福、呂美頤『中国婦女通史』民国巻、杭州出版社、二〇一〇年、四二五頁。

（5）「京婦女界組織新婦女社　旨在聯絡感情共謀福利」『新民報』（北京）一九三九年五月十三日、七面。

（6）「中華民国新民会第一回全体連合協議会ノ状況ニ関スル件他一件」六、一九四〇年、四七頁、ＪＡＣＡＲ（アジア歴史資料センター）Ref. B02031836400、第四画像目、支那地方政況関係雑纂／北支政況／自治問題、新民会関係（外務省外交史料館）。この時、新婦女社と並んで青年倶楽部も組織され、雑誌『中国青年』も刊行されているが、前章で取り上げた青年読物に比べると、青年たちを取り巻く生活問題や社会問題、青年心理の問題に着目している点で共通するものの、「封建道徳」打倒を打ち出す主張は全体的に少なく、またそれに該当する主張の記事を取り上げても他誌と重複するため、前章では『中国青年』を割愛した。

（7）呉洪成、張華『血与火的民族抗争』内蒙古大学出版社、二〇〇七年、一六三、一八八一一八九頁、鄭永福、呂美頤『中国婦女通史』民国巻、杭州出版社、二〇一〇年、四二二―四二六頁など。出版史研究では、本稿が取り上げる新民会の女性雑誌『新婦女』、『時代婦女』を含めて日本占領下華北の女性雑誌についても取り上げられており、それらの刊行物が概ね「封建道徳」回帰を女性に促す論調であったことを叙述しているが、中には賢妻良母教育を批判し、職業教育の推進や婚姻の自由を主張する言説、五四運動期の女性運動の思潮を継承する女性論も見られ、単なる「封建道徳」への回帰とは一括できない部分もあることも指摘している。北京市婦女聯合会編『北京婦女報刊考』光明日報出版社、一九九〇年、六六三―六六五、六七四―六七五、六九一―六九二、六九九、七〇三頁など。前山加奈子（一九九五）は北京市婦女聯合会編（一九九〇）のこの指摘について注記している。しかし、新民会の女性動員に関するこれまでの研究には、この視点がまだ反映されていない。

（8）繆斌「新民主義の理論と実践」『外事警察報』第一八八号、一九三八年三月、六―七頁、ＪＡＣＡＲ（アジア歴史資料センター）Ref. A04010434400、第六画像目（国立公文書館）。

（9）「新民婦女歌　繆斌製詞江文也作曲」『新民報』（北京）一九三八年六月二十八日、七面。

（10）「香河県新民婦女会ノ北京見学」『新民会報』第六一、六二号合刊、一九四〇年五月一日、九頁。

（11）時秀文「怎様才是時代的典型女性」『時代婦女』第三期、一九四〇年十月一日、二頁。

（12）楊復礼「何謂新民教育?」『開封教育』第一巻第三期、一九四〇年三月、一〇頁。

（13）樹裁「談談女子教育」『開封教育』第一巻第五期、一九四〇年八月、三頁。

（14）同右。

（15）時秀文「怎様才是時代的典型女性」『時代婦女』第三期、一九四〇年十月一日、一頁。

（16）鮑芳「婦女運動与女青年」『青少年』第五巻第一期、一九四四年十月十五日、一頁。

（17）時秀文「争取教育自由」『時代婦女』第一期、一九四〇年九月一日、四頁。

（18）彦平「涿県婦女生活素描」『新婦女』第一巻第四期、一九三九年九月、六〇―六一頁。

（19）呉秋塵「華北婦協成立的那一天」『婦女雑誌』第五巻第一一期、一九四四年十一月、三頁では華北婦女協会（後述）の成立大会に出席した王賓孫の肩書きを河南省婦協代表、元新民会中央総会婦運股股長、華北婦女協会の準備責任者と記している。

（20）王賓孫「如何救済農村婦女」『新婦女』第一巻第六期、一九三九年十一月、一一二頁。

（21）王賓孫「発刊詞」『新婦女』第一巻第一期、一九三九年六月、二頁。

（22）王賓孫「如何救済農村婦女」『新婦女』第一巻第六期、一九三九年十一月、一頁。

（23）任肇勲「漫談女子教育」『新婦女』第一巻第二期、一九三九年七月、六頁。

（24）万徳芬「慶祝華北婦女協会成立」『華北新報』一九四四年十月一日、二面。

(25)「職業婦女与家庭婦女」『時代婦女』第四期、一九四〇年十月十五日、三頁。
(26)同右、二―三頁。
(27)「新時代的婦女」『新婦女』第二巻第三、四期合刊、一九四〇年四月、八六頁。
(28)「支那婦女指導問題」『新民運動』第二巻第四号、一九四一年四月、九四頁。
(29)同右、九五頁。
(30)同右、一〇二頁。
(31)隠士「日本婦女生活的一般」『徳風』第一巻第一期、一九三八年九月一日、四頁。
(32)相成「日本女性」『徳風』第一巻第一期、一九三八年九月一日、一二頁。
(33)同右。
(34)竹即「献給職業戦線上的婦女」『時代婦女』第五期、一九四〇年十一月一日、二頁。
(35)繆斌「友邦日本ニ学ブベキ諸点」『新民会報』第三三号、一九三九年七月二十日、二〇頁。第2章注58の通り、この時期の『新民会報』は日本語と中国語で併記する形をとっている。意図は不明であるが、両者の記述には若干の差異がある。中国語版の記述には、日本の女性はこのようによく働くが、一方で茶道や花道も学んで美的感覚も身につけており、こうした教育を中国も参考にすべきだという記述が加わっている上、男性に劣らない進出ぶりという記述はない。中国語版では、日本人女性は労働に汗を流す一方、言わば茶道や花道を通してしとやかさを養うことも怠らないというこの両立を賛美しているのに対し、日本語版では女性の労働のみを強調しているようである。
(36)樹莪「談談女子教育」『開封教育』第一巻第五期、一九四〇年八月、三頁。
(37)武承彝「今日救済中国婦女的要例」『新民月刊』第四巻第二期、一九四三年二月、一一頁。
(38)鮑芳「婦女運動与女青年」『青少年』第五巻第一期、一九四四年十月十五日、一頁。
(39)万徳芬「慶祝華北婦女協会成立」『華北新報』一九四四年十月一日、二面。
(40)時秀文「争取教育自由」『時代婦女』第一期、一九四〇年九月一日、四頁。
(41)白理智「献給熱心婦女運動者」『新婦女』第一巻第二期、一九三九年七月、八頁。
(42)同右。
(43)李傑「談談婦女対家庭教育応注意之点」『時代婦女』第一二期、一九四一年二月十五日（現物には発行日が二月一日と記載されているが、前後の発行日から見て誤りと思われる）、三頁。
(44)「新民女子青年会結成」『新民会報』第四号、一九三八年五月十五日、一四頁。
(45)「第十七回科長会議」『新民会報』第一〇号、一九三八年八月十五日、六頁。
(46)「教化部九月上旬工作摘要」『新民会報』第一一号、一九三八年九月十五日、五頁。
(47)「良郷実験県工作要領（続）」『新良郷』第一巻第四期、一九三八年十二月、四〇頁。
(48)「新民会会務詳細報告」『新民会報』第九七、九八号合刊、一九四〇年十二月十六日、十九日合刊、八頁。
(49)「三十年一月各団体人数統計報告」『新民会報』第一〇九号、一九四一年二月七日、三頁。団数については組織、地域によっては空欄となって数が不明のものもあるが、団数が空欄でも人数は河南省の少女会以外は明記されているので、各団体のおよその規模を把握することは可能であろう。
(50)「中華民国三十一年新民青少年団人員統計表」『新民会報』第二二二号、一九四一年十二月三十日、一〇頁。
(51)「中華民国新民青少年団組織規則」『新民会報』第二〇九号、一九四二年十一月三十日、二頁。第2章注58の通り、日本語と中国語の両方で併記されているが、日本語表記は「新民少女年団々員は満十二歳より十五歳迄《まで》の中華民国の未婚少女とす」、「新民女子青年団々員は満十五歳より二十歳迄の中華民国の未婚女子とす」である。一方の中国語表記では「凡年満十二歳至十五歳之中華民国未婚少女均為新民少女団々員」、「凡年満十六歳至二十歳之中華民国未婚少女均為新民女子青年団々員」となっており、やや食い違う。日本語で新民女子青年団の団員を満十五歳以上としている表記は、正しくは満十六歳だと思われる。なお、こちらも第3章で言及したものと同じく、中国語表記には「均」の字があることから全員が加入対象とされているように見えるが、日本語表記ではその点は明確ではない。

(52)『新民報』には、一九三八年にも同名の華北婦女協会という組織が存在したことが記録されているが、これとは別の組織である。「華北婦女協会拡大組織」『新民報』(北京)一九三八年四月十八日、七面、「華北婦女協会将正式実現　中島女士積極進行中」『新民報』(北京)一九三八年九月二十七日、七面。

(53)万徳芬「慶祝華北婦女協会成立」『華北新報』一九四四年十月一日、二面、「強力展開婦女運動之華北婦協結成式　十月一日在尚友会挙行」『新民会報』第二七六号、一九四四年十月十一日、六頁。

(54)「強力展開婦女運動之華北婦協結成式　十月一日在尚友会挙行」『新民会報』第二七六号、一九四四年十月十一日、六頁。

(55)「婦女協会昨開二次籌備会」『新民報』(北京)一九四三年六月三十日、三面。華北婦女協会の成立は一九四四年十月であるが、その設立準備の動きは一九四三年から始まっていた。

(56)「強力展開婦女運動之華北婦協結成式　十月一日在尚友会挙行」『新民会報』第二七六号、一九四四年十月十一日、六頁。

(57)「華北婦女蹶然奮起　組織協会展開新国民運動　籌備工作積極近期可望成立」『新民報』(北京)一九四三年六月二十七日、三面、「華北婦女協会組織大綱」『新民会報』第二三四号、一九四三年八月十一日、四－五頁。

(58)「職業婦女們・起来吧！」『華北新報』一九四四年七月一日、三面では肩書きは新民会中央総会となっている。

(59)「戦時日本的婦女生活与恩田女史懇談記」『婦女雑誌』第六巻第一期、一九四五年一月、二六頁。

(60)「天津新民婦女会組織章程草案」『新民報』(北京)一九四〇年三月十八日、七面。

(61)「静海県組成新民婦女会(続)　業已正式成立並公布会則」『新民報』(北京)一九三九年三月三十日、六面。

(62)「北京婦女会昨開成立大会　重要工作反共救国喚起婦女自覚運動」『新民報』(北京)一九三八年十一月二十四日、七面。

(63)「保定道新民婦女会昨挙行成立式　発表宣言闡述宣旨与使命」『新民報』(北京)一九三九年二月二十七日、一面。

(64)同右。

(65)「保定道指部両年来工作」『新民報』(北京)一九四〇年二月二十七日、五面。

(66)同右。

(67)「邯鄲県指導部二十九年度工作要領」『新民会報』第五一号、一九四〇年一月二十日、一〇頁。

(68)「冀東道指部飭属積極組織婦女会」『新民報』(北京)一九三九年九月十五日、六面。

(69)井上太郎「冀東西部視察記　続」『新民会報』第六七、六八、六九号合刊、一九四〇年七月一日、二一頁。

(70)井上太郎については、第4章注19も参照。

(71)井上太郎「冀東西部視察記　続」『新民会報』第六七、六八、六九号合刊、一九四〇年七月一日、二一頁。

(72)「婦女運動指導要領」『新民会報』第二三四号、一九四三年八月十一日、四頁。

(73)撫寧県指導部「実験村建設の体験」『新民会報』第四五号、一九三九年十一月二十日、一三頁。

(74)河南省指導部「河南省指導部管下各県視察報告」『新民会報』第四八号、一九三九年十二月二十日、二五頁。

(75)「首都指導部四月下半期工作報告」『新民会報』第二八号、一九三九年五月十五日、五五頁。

(76)「新民女職募集学員　授以応用学識」『新民報』(北京)一九三九年五月二十四日、三面。

(77)「開封市指導部五月上旬工作概況」『新民会報』第三〇号、一九三九年六月十五日、二六頁。

(78)井上太郎「滄州の夏」『新民運動』第一巻第二号、一九四〇年九月、四二頁。

(79)同右、四三頁。

(80)北京市婦女聯合会編（一九九〇）、劉寧元（二〇〇一）は、日本占領下北京における女性雑誌『新光雑誌』の例を取り上げ、その女性論について、太平洋戦争開戦前は日本の統制が比較的緩く、婦徳の涵養といった政治に直結しない論説が中心であった一方、五四運動期の女性解放に近い思想も論じられていたが、太平洋戦争開戦後は、治安強化運動への女性の動員など、戦争協力のための言説が目立つようになると指摘する。北京市婦女聯合会編『北京婦女報刊考』光明日報出版社、一九九〇年、六九一―六九二頁、劉寧元「淪陥時期北平婦女報刊述略」『中共党史研究』二〇〇一年六期、八二―八三頁。
(81)「第二次治安強化運動実施要綱」『新民会報』第一五五号、一九四一年七月二十五日、五頁。
(82)「婦女運動要領」『新民会報』第二三四号、一九四三年八月十一日、三頁。
(83)潜「婦女与剿共」『新民月刊』第四巻第七期、一九四三年七月、一〇六頁。
(84)向明「女会務職員実践勤労増産的一頁」『新民月刊』第五巻第五期、一九四四年五月、四〇頁。
(85)同右、四〇―四一頁。
(86)肩書きは「華北婦女協会　昨召開本年度首次籌備会」『新民報』（北京）一九四四年二月十四日、三面より。
(87)徐志超「新民会女会務職員底修養問題」『新民月刊』第四巻第一一期、一九四三年十一月、六九頁。
(88)王蒨「対知識婦女談幾句話」『新民青年』第三巻第一期、一九四二年一月、四六頁。
(89)「懐柔新民婦女会　廿五日挙行成立典礼」『新民報』（北京）一九三九年十月二十九日、六面。
(90)同右。
(91)毛伍崇敏「発刊詞」『時代婦女』第一期、一九四〇年九月一日、一頁。
(92)同右。
(93)「建設東亜新秩序座談会」『青年』第一巻第一九期、一九三九年四月一日、三四頁、「建設新秩序之意義　在確保東亜永久安定　女二中校長毛伍崇敏播講」『新民報』（北京）一九三九年三月十五日、三面では、市立女子第二中学校長の肩書きで出ている。なお、前者の記事には「毛武崇敏」と記載されているが、「武」の字は誤植であろう。
(94)李少兵、王明月「『教育救済』：一九一七―一九三七年北京新型婦幼慈善事業的個案分析」『首都師範大学学報』社会科学版、二〇一〇年、一二八頁。
(95)新民会の女性論は「封建道徳」への回帰にとどまらない多様性を持つものであることをここまで論じてきたが、その中では毛伍崇敏はかなり保守的な人物であるように見える。ラジオ講演で女性の天職は「内」にあり、夫を助け、子を育てることだと述べ、「三従四徳」の「四徳」の実践を説く。一方で、女性の社会進出を肯定したり、過去の女性蔑視の伝統を批判したりする言説は、毛伍崇敏には管見の限り見当たらない。「婦女対於興亜建設之認識　毛伍崇敏氏昨広播講演」『新民報』（北京）一九三九年七月八日、三面、「婦女対於興亜建設之認識（続）毛伍崇敏氏昨広播講演」『新民報』（北京）一九三九年七月九日、三面。
(96)時秀文「怎様才是時代的典型女性」『時代婦女』第三期、一九四〇年十月一日、一頁。
(97)斉彧「大阪毎日青年課題徴文第一名　時秀文女士訪問記」『青年呼声』第四五号、一九四〇年五月二十日、三面。
(98)「女師文芸競賽会掲暁」『青年呼声』第二〇号、一九三九年九月六日、三面。
(99)斉彧「大阪毎日青年課題徴文第一名　時秀文女士訪問記」『青年呼声』第四五号、一九四〇年五月二十日、三面。
(100)冰槑「時代婦女半月刊稿友懇談会素描」『時代婦女』第一四、一五期合刊、一九四一年五月十五日、一五頁。
(101)「現代婦女在社会上的使命与責人　本刊主辦南京婦女座談会」『華文大阪毎日』第九巻第一期、一九四二年七月一日、一二頁。
(102)徐志超「新民会女会務職員底修養問題」『新民月刊』第四巻第一一期、一九四三年十一月、六九頁。
(103)王蒨「対知識婦女談幾句話」『新民青年』第三巻第一期、一九四二年一月、四六頁。
(104)「首都新婦女社昨日招待記者　到新聞界記者十数人」『新民報』（北京）一九三九年七月三日、七面。

(105) 新民会新民青年運動実施委員会編『新民会新民青年運動実施委員会工作報告書』第二輯、一九四〇年、五〇頁。

(106) 呉秋塵「華北婦協成立的那一天」『婦女雑誌』第五巻第一一期、一九四四年十一月、三頁。呉秋塵は新民会中央総会組織部長。尹梅伯は北京育青女子職業学校校長でもある。「北京育青女職校長尹梅伯赴津献金五百元　津大中銀行行員献金三千元」『新民報』（北京）一九四二年一月七日、三面、「育青女職訪問記」『華北新報』一九四四年七月四日、二面。顧問については、「強力展開婦女運動之華北婦協結成式　十月一日在尚友会挙行」『新民会報』第二七六号、一九四四年十月十一日、六頁も参照。

(107) 「静海県組成新民婦女会（続）　業已正式成立並公布会則」『新民報』（北京）一九三九年三月三十日、六面、「青県新民婦女会徴集会員一百廿余人　本月五月已正式成立」『新民報』（北京）一九三九年十月十日、六面。

(108) 「戦時日本的婦女生活与恩田女史懇談記」、『婦女雑誌』第六巻第一期、一九四五年一月、二七頁。

(109) 「昌平新民婦女会挙行隆重結成典礼」『新民報』（北京）一九三九年十一月十八日、六面。

(110) 「婦女運動実施計劃」『新民会報』第二三四号、一九四三年八月十一日、五頁。

(111) 「保定新民婦女会　組織要綱正式発表」『新民報』（北京）一九三九年三月二十五日、六面。

(112) 「青県新民婦女会徴集会員一百廿余人　本月五月已正式成立」『新民報』（北京）一九三九年十月十日、六面。

(113) 「静海県組成新民婦女会（続）　業已正式成立並公布会則」『新民報』（北京）一九三九年三月三十日、六面。

(114) 「華北婦女協会組織大綱」『新民会報』第二三四号、一九四三年八月十一日、四頁。

(115) 呉秋塵「華北婦協成立的那一天」『婦女雑誌』第五巻第一一期、一九四四年十一月、三頁。

(116) 「華北婦女蹶然奮起　組織協会展開新国民運動　籌備工作積極近期可望成立」『新民報』（北京）一九四三年六月二十七日、三面。

(117) 井上太郎「冀東西部視察記」『新民会報』第六六号、一九四〇年六月二十日、二六頁。

エピローグ

最後に、本論では取り上げなかった断片的な資料をいくつか見て、思索を巡らせながら本書を締め括ることにしたい。

一．等身大の青年たちの姿を捉えるために

日本の支配に甘んじた青年は許さない

共産党機関紙『新華日報』では、日本に協力した「漢《かん》奸《かん》」に対していかなる認識を持ち、いかに処遇すべきかという議論が、日中戦争終結前から展開されている。以下に挙げる記事も、そのひとつと言えよう。日本占領地区の「偽」学校を列挙し、「奴化」教育が行われていることを非難しつつ、それでもそこで教育を受けている青年学生たちは愛国心を捨てていないということを論じた記事である。その最後に、次のような一言が加えられている。

日本占領地区の青年たちはまだ大丈夫だ。敵の圧迫の下で成長し、敵の支配の下で勉強してきたのだから、もう鉄のような意志を鍛えられている。もっと集めて、もっと訓練して、もっと組織化しよう！　そうすれば強い部隊ができる！（偽新民学院はこの例には入らない。別の文章で紹介する）(1)

本書では触れなかったが、新民学院とは日本占領下華北の官吏養成学校である。わざわざ「偽」の文字を加えているのは、本書プロローグと第3章でも既述の通り、これを漢奸組織だと見なしているからである。

華北が日本占領下に入った時に、その支配を拒んで国民党統治区や共産党統治区に逃れた青年たちも少なくなかった。だが、それは環境の制約もあって、誰にでも可能なこ

とではなかった。そうした中、右の記述全体を見れば分かるように、共産党とて日本占領地区に生きた青年たちを、直ちに敵だと見なしていたわけではない。日本の占領統治に苦しむ憐れむべき同胞だと認識して、救済し、連帯すべき対象として捉えていた。それは、以下に挙げる共産党の青年工作指導者の発言にも表れている。

　日本の侵略者は占領地区の青年たちを様々な方法で麻痺させ、堕落させ、惨殺した。彼らは青年たちを攻撃し、打ちのめすためには手段を選ばず、その非道ぶりは前代未聞だ。汪《おう》逆偽中央政府、偽国民党（引用者注：蒋介石率いる国民党に対抗し、汪兆銘こそが孫文の正統な継承者だと主張して組織された汪兆銘政権下の国民党）が組織されたが、青年たちに対する彼らの政策は日本の侵略者より悪辣《らつ》で、様々な方法で青年たちを騙し、誘惑し、堕落させた。多くの青年は、敵や漢奸の残虐な統治下で大変悲惨な生活を送っている。しかし、彼らは祖国が傷ついていることを決して忘れてはいない。彼らは極めて困難な環境にありながら、様々な形で日本の侵略者や漢奸に対する闘争を続け、民族解放事業のために苦しみながら奮闘をしているのだ。
（中略）我々は日本の侵略者や漢奸の残虐ぶりが、一層青年たちの恨みと自覚を促すことになり、青年たちがより広範囲に団結し、意志を強め、そして全国の青年たちが団結して、彼ら（引用者注：亡くなった多くの青年たち）の仇を討つよう促すことになると信じている。[2]

だが、日本の支配に甘んずる青年は許さないという姿勢であった。次の言葉にはそのことも窺《うかが》える。

　青年が何を望んでいるかに注意して、青年たちを教育しなければならない。青年期は人生のひとつの通過点であり、ひとつの段階である。しかし人生の重要な通過点であり、人生で重要な成長段階であり、人生で重要な学習段階でもある。人生のこの時期にきちんと勉強しなければ成長しないし、まだ人格が形成しきっていない時期なので、この時期は善にも悪にも左右され得る時期でもある。敵や漢奸はこの点を利用し、奴化教育をして亡国宣伝によって青年たちを騙し、毒することを企んでいる。多くの漢奸学校、敵があちこちにつくった青年訓練班は、青年のこのような特性を利用して、青年たちを毒する陰謀を行っている。
　だが、民族の恨み、敵の残虐ぶりは青年たちが最もよく知るところだ。したがって、絶対的に少数の愚かで幼稚な者が敵の騙しに甘んじている以外、多くの青年は抗戦を望んでいるし、抗戦以外に道はないということを分かっている。敵に抵抗したいという彼らの気持ちは切実で、勉強したいという気持ちも切実だ。したがって、青年たちは勉強する責任があるだけではなく、抗戦のために切実に勉強することを求めているのだ。故《ゆえ》に今日、青救会（引用者注：共産党の青年組織である青年救国聯合会）の基本的な責任は、青年教育にある。青年たちの抗戦建国の知識と能力を育て、青年たちに社会発展の法則と前途を教え、今この時代を生きる青年たちを教育して敵、漢奸、投降派からの騙しや迫害から青年たちを奪い返すのだ。(3)

初めの引用文に戻ると、そうした中で、新民学院の学生はもはや連帯すべき同胞と呼べるものではなく、見放されているということであろうか。(4)

新民会の青年たちの戦後は

先に挙げた新民学院は新民会とは別組織だが、臨時政府、華北政務委員会管轄下のいわゆる「偽」組織という点では新民会と同じである。新民会の青年訓練所や青年団にいた青年たちは、どう見られていたのだろうか。

彼らのその後が分かるひとつの事例を挙げるとすれば、第2章の最後に取り上げた新民会中央訓練所主事の伊藤千春の伝記『人間に成り切った人　伊藤千春伝』である。(5)伊藤は戦後になって自らの戦争責任と向き合い、日本を裁くべきはアメリカなどの連合国軍ではなく中国であるべきだと考えたのだという。そこで、自ら中国による裁きを受け、青年訓練所で自分が教育した中国人には責任がないと訴えるために、一九四五年十月にわざわざ中国へ渡ったというのである。(6)そこで、国民党軍は伊藤の処遇についてどうしたものか迷ったようだが、まだ伊藤を船で待たせている間に次のような展開となった。第2章で既に引用した部分であるが、その前後の記述は次のような内容である。

> （引用者注：中国側から見て）いかに自分の非を認め、自首してきたとはいえ、特定の日本人だけを全く何の処分もせず無罪放免にするとなれば、国民感情に反することになる。話が大きくなれば、もはや千春個人の問題を離れて一般的に処理されねばならなくなる。とにかく、この一カ月余りの間に、中国軍の中にいたかつての中央訓練所の訓練生達は軍の上部とかけ合って、大事に至らないような処理で済むように奔走した。

船が着いてもその結果はまだ出されていなかった。戦争が終って自分だけはその責任を免かれようとする者が多い中で、わざわざ占領軍に自首し、しかも中国人に対して罪を詫び、自らの死をもってかつての教え子の救済を志願してくる人がいること自体驚異であること、しかも中央訓練所長代理の頃の教育は、真に中国人による理想国家を作ることをめざしていたことをかつての訓練生達は訴え続けたのであろう。中国軍の上層部も調査のうえそれを認め、不起訴になった。

誰がどのように動いてくれた結果こうなったのかについて千春は知る由もなかったが、塘沽港《タンクー》に着いて数日抑留している間に、自分のことをめぐって情勢が変化していることは米兵の話からよくわかった。訓練生達はいずれも中国では富農の子弟で、学歴もあり、国を憂うる正義感ももちあわせた、将来新民会の幹部を約束された人材であったから、若年とはいえ、中国軍をはじめ幹部に通じる人脈をもっていたし、また人を動かすだけの信頼をえていた。

こうしてかつての子弟の力で千春は不起訴となり、また日本に戻ってきた。(7)

これによれば、中央訓練所で教育を受けた青年たちも、戦後は既に国民党の軍隊に入っており、しかも軍隊の幹部に掛け合うことまでできる立場になっている。かつて日本占領下の組織に身を置いたことで抗日勢力から排除されたのではなく、味方として引き入れられているのである。勿論《もち》論《ろん》、これはあくまでも一例であり、青年訓練所にいた青年たちのその後が全てこのようであったわけではなかろう。

戦後になって、国民党も共産党もいわゆる漢奸裁判に乗り出す。日本に協力したという嫌疑で何万人もの中国人が検挙された。(8) いわゆる傀儡政権の要人らの中には、この漢奸裁判にかけられて死刑に処せられた人物が少なくない。第1章でも既述の通り、国民政府の漢奸裁判によって繆斌は死刑に処せられている。(9)

一九四五年十一月に国民政府が公布した「処理漢奸案件条例」には、「厳正に検挙しなければならない」という対象を十項目に亘《わた》って挙げている。そのうちのひとつが「かつて偽党部新民会、協和会、偽参議会及び類似の機関にて重要工作に関わった者」である。(10) この「重要工作」という曖昧な表現が何を指すのかは、また別に検討しなければならない問題であるが、新民会の青年訓練所や青年団に関わった青年たちも、結果はともかく何らかの形で処分しなければならない対象と見られたことであろう。なお、共産党も国民政府のこの条例の原則に従って地域別に漢奸処理条例を制定しているが、新民会に関わった青年たちの処遇について分かるものは、今のところ見当たらない。[11]また、このような条例があっても、それが規定する通りに運用されたかどうかも考えなければならない問題であろう。

新民会の青年たちが戦後国民党や共産党にどのように処遇されたか。個々の青年のその後を追跡することは、資料の保存、公開の状況から見ても困難であるし、そもそも求められるのは、タブーとされる過去を個人レベルで掘り起こすことではない。だが、漢奸問題は日中戦争が残した禍根である。日本の占領統治を支えた中心的な組織である新民会が中国青年たちの人生に何をもたらしたのか。彼らの運命をどう変えたのか。その全体像を知り、考えようとすることは、今日の日本の歴史認識にとっても重要なことではないだろうか。

彼らは未来を知らない

当時の中国青年たちは、日中戦争に中国が勝利し、続く内戦で共産党が勝利し、中華人民共和国を建国するという、その後の歴史の展開を知らない。

第4章では、新民会の青年訓練所に入所すれば共産党に「漢奸」だと目をつけられてひどい目に遭う、家族にも迷惑がかかると恐れた青年の姿も見た。第5章では、日本の占領統治がいつか終わることを予想し、公立学校に子供を通わせないという選択をする親の姿も見た。だが、当時からすればあくまでも不確定な予想であるし、そのように考えた人が全てではないはずである。動機が何であれ、青年訓練所への入所を選んだ青年たちが少なからずいたことは、ここまで見てきた通りである。

第2章で元新民会職員岡田春生のインタビューを取り上げたが、再度ここで見てみよう。「青年訓練を受けた青年とは、どういう青年だったのですか。何か青年を選ぶ基準があったのですか」という質問に対する岡田の答えは、こうである。

> いや、誰でもよかったのです。純粋な青年がほとんどでしたが、なかには、日本に取り入って出世しようと思っている者もいました。[12]

そのような青年がいたとしても、それはそれでごく当然にあり得ることではなかろうか。

彼らのうちの誰もが、自分たちが正統なのか異端なのか、後世からどのように評価されるかを考え抜いて行動していたわけではあるまい。ましてや戦時体制下である。

彼らに対する単なる同情や糾弾の次元で日本の占領統治を捉えるのではなく、当時の中国社会を生きた中国青年たちの等身大の姿を捉えよう。そのごく普通の青年たちが戦時体制にいかにして巻き込まれていくのか、彼らに日本の占領統治は何をもたらしたのかについて考えよう。その出発点に立つことが本書の目的のひとつであった。

青年訓練所の「思い出」?

第4章では暑期青年団に参加した青年の体験記のほか、中央訓練所の卒業文集も少し見た。この卒業文集をもう少し見ておきたい。青年自身の手で書かれた貴重な資料のひとつである。思想言論が統制された状況にあって、有形無形の圧力の下で書いたものではあろうが、そのことに注意を払いつつでも、読んでみれば当時の青年たちの息遣いを少し感じ取ることができるはずである。

ほとんどが中国語で書かれた作文だが、ここではその中に含まれている日本語の作文を二篇取り上げてみたい。まずは、道教の道士たちが修行する場所のひとつとして知られる北京の白雲観《はくうんかん》へ遠足に出かけた時の感想文である。以下、その抜粋である。

九時半鈴が高く鳴りひびくと、私達は急いで水筒や弁当を持って中庭に集まりました。皆整列の後、教官方がお出になって、私等の前にお立ちになりました。するると主事様がお出になり、「今日は天気も良く日曜日ですから、私達は郊外へ遠足をしましょう。此《こ》の前の日曜は故宮の方へ行きましたので、今度は白雲観へ見物に行きます。」と仰言《おっしゃ》いました。

それから同窓の阮《げん》さんが所旗を持ち、鄭《てい》さん李さんが吹く勇ましい行進の喇叭《らっぱ》と共に私達は訓練所を出ました。皆がうれしそうな顔をして、心持良く、新民青年の歌や新民会旗の歌を歌って行きました。大通を過ぎて立派な城門を通って田舎道に出ました。

この後、白雲観の珍しい風景や、道士と接した体験が綴られ、最後は、次のように締め括られている。

これで私達は全部参観を終りましたので、白雲観を出て大きな岡へ上りました。遠方の方には山々が絵に書《ママ》いた様に見えました。私達は木蔭で持って来た弁当を食べ、それから唱歌を歌ったり走ったりして、皆思い思いに遊んでいると程なく集まれの合図の笛がなりましたので、一同整列帰途につきました。

今日はいろいろ珍しいものや、綺麗な景色を眺め、本当に愉快でした。往復二十里位も歩いたので大変疲れましたが全く忘れる事の出来ない楽しい遠足の一日でした。(13)

次に、中央訓練所で同期の訓練生たちと一緒に中秋の名月を眺めた思い出を綴った作文も見てみよう。「友達」（訓練生同士）と楽しく語り合ったひと時の様子が綴られているほか、訓練の場以外での指導員と訓練生の様子も窺うことができる。以下はその抜粋である。

訓練所では皆一緒に月見をするので、いろいろ準備を致しました。所長様と主事様が果物や月餅《げっぺい》を買って下さいました。午後八時、鈴が高く鳴って、私達は皆中庭に集まりました。私達は銘銘、お菓子や月餅を戴《いただ》いてから、先農壇《せんのうだん》前の森の下で、お月様の出るのを今か今かと待っていました。

やがて、円い大きなお月様が昇り始めました。月の光りで、我等の喜びの顔がよく見えました。主事様は「今明るいお月様が出て来た。君達は何処《どこ》でも好いから自分のお菓子を持って、お月様を見なさい。」と仰言いました。

それから、私達は一緒に新民会旗の歌を歌ってから皆森の下でお月様を拝みました。

美しいお月様を見ながら、お菓子を食べたり、唱歌を歌ったりしました。明るい月光が森の中にさしこんで何とも言えない、美しさでした。(14)

第4章で見た暑期青年団の紹介文と同様、それなりに楽しそうに書かれている。勿論、それなりに楽しそうに思わせることは、青年たちを惹《ひ》きつけるために、青年訓練を運営する側が採った手法でもあったはずである。とはいえ、特に後者の作文ではこの後、月のように明るく円い東亜新秩序を建設しなければならないなどと唐突に出てくる件《くだり》は本心なのかどうか、違和感があるのは否めない。

だが、ここで考えたいのは、例えばここで挙げた中央訓練所（各地の青年訓練所も同様）の生活などにも、非日常的な体験や、仲間と共に語り合った時間など、青年たちにとって「思い出」となるものも、皆無ではなかったであろうということである。それは苦痛や理不尽に耐え、疑問を抱いていた青年にも、である。本書では青年訓練所の騙しや強制などによる動員の実態や、入所を忌避する青年たちの姿、生きるための手段として入所した青年たちの姿など、生々しい実態を描き出してきた。だが、青年たちの記憶の中にある青年訓練所を単なる暗黒一色のものとして捉えてしまうと、これもまた実態とずれてしまうと思うのである。勿論これは、日本の占領統治や青年動員を擁護する意味で述べているのではない。等身大の青年たちの姿を捉えるために考える必要のあることではないかと思い、敢えてこの資料を挙げてみた。

二 日本の対中国占領統治の全体像をめぐって

満洲国ではどうだったか

日本の対中国占領統治全体にも視野を広げてみたい。実は、満洲国の関係資料にも、新民会と共通する青年たちの動向が見られる。

満洲国にも青年訓練所があった。その運営をしていたのは、後に新民会に携わることになる人物も多く所属していた協和会である。そもそも新民会の青年訓練所は満洲国の青年訓練所を模したものであって、満洲国での青年訓練の目的や内容、教育形態は、本書で描いてきた新民会の青年訓練所と共通する。(15)

この満洲国の青年訓練所でも、第4章で取り上げた新民会の青年訓練所の実態と同様に、青年訓練所が就職の斡旋《あっせん》機関へと変容していく現象が見られた。協和会機関誌『協和運動』に掲載された同会指導者らによる座談会の記事には、次のような発言が記録されている。

于《う》肇《ちょう》成「青訓生の入所目的は、訓練を受ける為でなく寧《むし》ろ職業の為であります。何故《なぜ》なら卒業してからは職業を紹介して呉《く》れるから」

（中略）

馬鎮林「青訓生募集の時、応募者は非常に多いのですが、彼等は職業と郷土環境の圧迫を避ける為であるから『職業紹介』と云《い》う青訓生募集広吉《ママ》（引用者注：正しくは「広告」であろう）には喜んで応募する訳です。そして卒業後は再び離村を企てるのです」(16)

また、満洲国の青年訓練所にも、訓練生の強制的入所があったという。(17)『協和運動』には、一九三八年に五十人の入所生のうち、四十二人は希望入所者、八人は強制入所者、そして一九三九年には四十人の入所生のうち、三十四人は希望入所者、六人は強制入所者であった事例が報告されている。特に後者については、各村より均等に訓練生を送り出させるために、その募集を各村に依頼した結果だという。これも新民会の青年訓練所と共通する行政単位による割り当て方式と言えよう。なお、ここでは「強制入所者」の定義を、「入所当時青訓の何たるやに就《つ》き少しの認識もなく、或は募兵と誤認して来たるものを指す」としている。[18]

　更に、協和会が発行した『協和会問答』には、以下のように書かれている。この会話の設定について同書に説明はないが、李という人が張という人を先生と呼び、協和会について教えてもらうという架空のやりとりである。

李　青年訓練は徴兵制度の準備だなどと云う人がありますが、ほんとうですか。

張　それは全く誤りです。青年訓練は我国の将来を担う国民を養成する所です。軍事教練は精神を鍛え身体を練磨する為に施すので、軍人にする為の教育ではありません。[19]

　青年訓練所が単なる就職斡旋機関に変容していた実態や強制的入所の問題のみならず、直接戦闘員を養成する機関だという「誤解」があったことも、新民会と同様であった。雑誌『満洲評論』に掲載された田村唯雄の論稿に以下の記述がある。

　当時青訓に入所するものは、青訓を卒業すると国軍に徴集されるとの懸念、つまり好人不当兵（引用者注：良い人は兵士にならない）の思想より其《そ》の入所を忌避せるも、保甲《ほこう》長の強制に依り止《や》むなく入所してくるとか、或いは県旗公署乃至《ないし》保甲吏員就職の条件として入所してくるとか、種々雑多な志望を抱いていたのであるが、之《これ》に具体的政治目標と卒業後の問題の解決とを与えたのであった。[20]

　この「卒業後の問題」とは何か、直接説明する記述はないが、就職の斡旋であろうか。

　満洲国の青年軍事動員は、協和青年行動隊の成立より顕著になった。『満洲評論』で田村唯雄は、通化省（現在の吉林省東部）で協和青年行動隊を軍の「粛正工作」に随伴させて討伐軍の補給部隊として動員したと述べている。その構成員は青年訓練所卒業生であった。その活動内容には「武装戦闘」や「情報の蒐《しゅう》集」を含んでいる。[21] 青年訓練所卒業生が戦闘に動員されるようになっていたのである。

　これらは、新民会が当初目指した理念が形骸化していく現象や、時局に左右されて青年たちが強制的に動員されるようになる現象と共通している。

新民会は満洲国の協和会を模範としつつ、またその失敗の教訓を踏まえて民衆工作を実施したものであったことは、第1章で既述した。複数の日本占領地区で共通して生じた問題点を見出していくことは、日本の対中国占領統治自体が持つ本質的な問題に迫ることにもつながってくるだろう。

民度を高めるな

支配する者は、支配される者に対して賢くなってほしいとは思っていない。

以下に挙げるのは、興亜院華北連絡部が日本占領下華北の農村に関する調査結果をまとめた報告書である。統治や教育に潜む本質的な問題を見事に突いた記述なので、見ておきたい。

> 前述の如《ごと》く郷村の教育は甚《はなは》だ沈滞し、為めに村民は日に一文字無き者が其の大多数を占む、此《こ》れは中国が完全なる独立国家を形成し得ざる最も根本的原因を為す。将来若《も》し教育の普及に依り国民の大部分を占むる郷村民の民度が高まり、国民的自覚が高まるに至らば、完全なる独立国家の形成に向い努力するならん。然《しか》る時は日本の東亜に於《お》ける指導的地位は揺がさるる恐れ有るべし、故《ゆえ》に郷村教育に於ては郷村学校教員児童及び一般民の思想的指導及び日語普及政策以外は現在の儘《まま》に放置するを可とすべし、斯《か》くして郷村民の民度を現状の儘に維持し、思想的指導及び日語普及に依り日本に対する信頼を強めしめ且《か》つ日本に協力せしむれば、日本の東亜に於ける指導的地位は永く維持さるるを得べし。[22]

ここには占領統治者の本音が吐露されていると言えよう。支配される側にある民衆が賢くなり、力をつけ、統治のあり方に疑問を抱くようになって反抗されては困るのである。

だが、第6章と第7章で見たように、新民会が進めようとした教育は、日本語教育や新民主義といった思想教育にとどまるものではなかった。「封建道徳」を打破して教育を改革し普及しようとした側面があり、中華民国成立以来の教育近代化の流れを継承するものも少なくない。こうした新民会の民衆工作は、果たして日本軍の意のままに従ったものだったのだろうか。加えて第3章で見たように、新民会が共産党員に内側から操作されていた可能性も、考えなければなるまい。

また、中国青年たちの教化、組織化、動員には、日本軍以外にも多くの日本人が関与していたことも本書で見た通りである。彼らも皆、この興亜院調査資料に書かれている通りのことを考えていたのだろうか。繰り返しになるが、単純な擁護でもなく糾弾でもなく、この歴史に関わったひとりひとりに焦点を当てて冷静にその歩みを振り返っていけば、何か違ったものが見えてくるかも知れない。

本書のテーマは、新民会という特定の組織による青年動員という、極めて限定的なものだが、侵略と抵抗のはざまにあった中国社会、中国青年たちの姿も含めて日中戦争期の中国であり、中国人の体験である。本書はそのひとつを描き出そうとしてきた。

歴史のひとこまが提起する様々な問題を、読者それぞれの関心に基づき「何か」と結びつけて考えるきっかけになれば、本書は一定の役割を果たせたものと思う。

---

(1) 范陽「北平的青年没有忘掉祖国」『新華日報』一九四三年八月十六日、三面。

(2) 馮文彬「中国青年的当前任務」一九四〇年五月十五日、共青団中央青運工作委員会、中央青少年研究中心、中央档案館利用部編『中国青年運動歴史資料』第一四巻、中国青年出版社、二〇〇二年、八七二頁。

(3) 李竹如「山東青年工作中的幾個問題」、一九四一年八月二十五日、共青団中央青運工作委員会、中央青少年研究中心、中央档案館利用部編『中国青年運動歴史資料』第一五巻、中国青年出版社、二〇〇二年、六六九―六七〇頁。

(4) そこに記載されている「別の文章」の所在が不明なので、真意を確認し難いところではある。

(5) 伊藤は戦後、高崎経済大学非常勤講師を務めた。伝記の当該部分の筆者武井昭は同書の著者略歴にも記されている通り、同大学の卒業生であり、その後同大学の教授である。

(6) 武井昭、工藤豊『人間に成り切った人　伊藤千春伝』経済往来社、一九八四年、一八九―一九一頁。

(7) 同右、一九六―一九七頁。

(8) 資料によって数字が異なるが、裁判の結果に関するデータを二つだけ示すと次の通り。一九四七年までの情報を中心に、その後の情報も若干補足して編集した一九四八年発行の年鑑によると、起訴三万〇一八五人、不起訴二万〇〇五五人、その他一万三三二三人。裁判では、死刑三六九人、無期徒刑九七九人、有期徒刑一万三五七〇人、罰金一四人、無罪五八二二人、その他一万〇六五四人。『中華年鑑』民国三七年度上冊、中華年鑑社、一九四八年、四九四頁。一九四七年末までのデータをまとめて一九四八年に出された中華民国司法院による発表には、起訴三万〇八二八人、不起訴二〇七一八人。裁判では、無罪六一五二人、科刑一万五三九一人とある。司法院秘書処『戦時司法紀要』一九四八年（重印：一九七一年）、附録二、二八頁（重印版五一四頁）。

(9) 漢奸裁判については、益井康一（一九七七）、劉傑（二〇〇〇）など参照。

(10)「国民政府公布「処理漢奸案件条例」令」一九四五年十一月二十三日、中国第二歴史档案館編『中華民国史档案資料彙編』第五輯第三編政治一、江蘇古籍出版社、一九九九年、三三七頁。

(11) 王侃（二〇〇九）、韓延龍、常兆儒編（一九八一）などが共産党の漢奸処理に関する条例をいくつか引用、掲載している。

(12) 広中一成、菊地俊介共編「新民会とは何だったのか――元中華民国新民会職員・岡田春生インタビュー」、広中一成『ニセチャイナ』社会評論社、二〇一三年、三二一頁。

(13) 新民会中央訓練所『新民会中央訓練所紀念冊』（第二期）、一九三九年、小品六―七頁。
(14)同右、小品七―八頁。
(15)呂作新『協和会問答』満洲帝国協和会、一九三八年、五六頁。
(16)「青少年離村問題の検討」『協和運動』第三巻第四号、一九四一年四月、八二―八三頁。
(17)大森直樹「植民地支配と青年教育」『日本社会教育学会紀要』第二八号、一九九二年、九七頁。
(18)福田清「青少年運動発展の為に」上、『協和運動』第二巻第九号、一九四〇年九月、二一頁。
(19)前掲『協和会問答』五六頁。
(20)田村唯雄「満洲国青年団運動の経験と現下の任務」『満洲評論』第二七巻第一九号、一九四四年十二月九日、三頁。
(21)同右、六―七頁。
(22)興亜院華北連絡部『華北郷村ニ於ケル教育及社会実態調査』一九四一年、三三〇頁。

あとがき

本書は、筆者が二〇一五年十一月に立命館大学大学院に提出した博士論文「日中戦争期における日本の対華北占領統治と新民会の青年教化動員」の内容を基に執筆したものである。次に挙げる筆者の既発表論文は、博士論文及び本書の内容に関連するものであり、それぞれ、およそ本書のどの章の内容に対応しているかを示すと、（ ）内の通りである。但し、本書はこれら既発表論文の内容も大幅な加筆修正をした上で盛り込んでいる。

「日本占領下華北における新民会の青年政策」、『現代中国研究』、中国現代史研究会、第二六号、二〇一〇年三月（主に本書第2章と第4章の一部）
「抗戦時期華北日偽組織中的青年」、田中仁、江沛、陳鴻図主編『現代中国変動与東亜新格局』第二輯、社会科学文献出版社、二〇一二年四月（本書第3章の一部）
「日本占領下華北における欧米キリスト教会と新民会の相克」、愛知大学国際問題研究所編『対日協力政権とその周辺』、あるむ、二〇一七年三月（本書第5章）
「日本占領下華北における新民会の「青年読物」」、『現代中国研究』、中国現代史研究会、第三四号、二〇一五年三月（本書第6章）
「日本占領下華北における新民会の女性政策」、『現代中国研究』、中国現代史研究会、第三二号、二〇一三年三月（本書第7章）

本書執筆及び研究の過程、更に研究生活全般で、多くの方々のお世話になった。ただ、あまりにも長くなりそうなので、ここでお名前を挙げるのは、本書の出版に直接関係する方に限らせていただこうと思う。

本書は筆者の博士論文を基にしたものである。まず、立命館大学大学院在学中の指導教員、松本英紀先生、北村稔先生、在学中の留学先である南開大学の江沛先生に謝意を表したい。また、北村先生とともに博士論文の審査をご担当いただいた、鷹取祐司先生、宮内肇先生、そして、この審査を受けて出版について前向きに考えるようになった筆者をえにし書房へご紹介いただいた、広中一成さんに謝意を表したい。

実は、本書の出版は元々早くも二〇一六年に計画されていたのだが、筆者自身の諸々の都合で出版が大幅に遅れることになってしまった。その後、二〇一七年九月から二〇一九年十二月まで、かつての留学先である南開大学でポスドク研究員を務めることになり、再び中国に長期滞在した。別の研究課題に追われる傍ら、本書の執筆を少しずつ進めてきたが、現地に身を置き（南開大学のある天津もかつての日本占領地区）、現地社会の空気を肌で感じ、七、八十年前にまさにこの地であったことだと想像しながら執筆できたことは、結果的に良かったと思っている。

本書は博士論文を基にして執筆したものであるが、出版するからには、これまで歴史に関する本に馴染みがなかった方を含めて、より多くの方に手に取っていただきやすいものにしたいと思い、構成や叙述のスタイルを思い切って変えた。だが、本書執筆の過程は資料の収集と分析という作業の積み重ねであり、その点は論文執筆と変わりはなく、資料を何度も読み直した上で大幅な加筆修正を行った。結局執筆には相当な時間がかかってしまったが、筆者の希望を尊重して下さった、えにし書房の塚田敬幸社長に、長い間原稿をお待たせしたことをお詫びすると同時に感謝申し上げたい。

二〇二〇年六月

菊地　俊介

参考文献

※定期刊行物の巻号、発行時期は筆者が所在を確認できた分のみ記載している。

〈日本語　論文・研究書・一般書・回想録・資料紹介など〉

愛知大学国際問題研究所編『対日協力政権とその周辺』あるむ、二〇一七年
青江舜二郎『大日本軍宣撫官』芙蓉書房、一九七〇年
浅田喬二「日本植民史研究の現状と問題点」『歴史評論』第三〇〇号、一九七五年四月
浅田喬二編『「帝国」日本とアジア』吉川弘文館、一九九四年
石井弓「日中戦争における対日協力者の記憶」『思想』第一〇九六号、二〇一五年八月
石島紀之「中国占領地の軍事支配」、大江志乃夫ほか編『岩波講座　近代日本と植民地』第二巻、岩波書店、一九九二年
石島紀之『中国民衆にとっての日中戦争』研文出版、二〇一四年
石島紀之「対日「協力」の諸相」『現代中国研究』第三五、三六合併号、二〇一五年十一月
伊東昭雄、林敏編著『人鬼雑居』社会評論社、二〇〇一年
伊藤晃『転向と天皇制』勁草書房、一九九五年
井上久士「華北抗日根拠地における戦争動員と民衆」『環日本海研究年報』第一九号、二〇一二年三月
入江昭「新文化秩序に向けて」、入江昭編著、岡本幸治監訳『中国人と日本人』ミネルヴァ書房、二〇一二年
江上幸子「中国の賢妻良母思想と「モダンガール」」、早川紀代ほか編『東アジアの国民国家形成とジェンダー』青木書店、二〇〇七年
王強「日中戦争期の華北新民会」『現代社会文化研究』第二〇号、二〇〇一年三月
王強「日中戦争期における新民会の厚生活動をめぐって」『現代社会文化研究』第二五号、二〇〇二年十一月
大森直樹「植民地支配と青年教育」『日本社会教育学会紀要』第二八号、一九九二年
小笠原強『日中戦争期における汪精衛政権の政策展開と実態』専修大学出版局、二〇一四年
岡田春生編『新民会外史』前編、五稜出版社、一九八六年
岡田春生編『新民会外史』後編、五稜出版社、一九八七年
岡本康『革新京都の先駆者たち』つむぎ出版、二〇〇八年
奥平康弘『治安維持法小史』筑摩書房、一九七七年
小澤征爾編『父を語る』中央公論事業出版、一九七二年
小野美里「「事変」下の華北占領地支配」『史学雑誌』第一二四巻第三号、二〇一五年三月
笠原十九司『日本軍の治安戦』岩波書店、二〇一〇年
風間秀人「農村行政支配」、浅田喬二、小林英夫『日本帝国主義の満州支配』時潮社、一九八六年
川島真「華北における『文化』政策と日本の位相」、平野健一郎編『日中戦争期の中国における社会・文化変容』東洋文庫、二〇〇七年
菊池一隆『戦争と華僑』汲古書院、二〇一一年
菊池一隆『戦争と華僑　続編』汲古書院、二〇一八年
北博昭『日中開戦』中公新書、一九九四年
金雄白著、池田篤紀訳『同生共死の実体』時事通信社、一九六〇年
興晋会在華業績記録編集委員会『黄土の群像』興晋会、一九八三年
黄美真著、土田哲夫訳「中国における傀儡政権研究の状況」『日本史研究』第三二八号、一九八九年十二月
小林英夫『日本軍政下のアジア』岩波書店、一九九三年
小林英夫『日中戦争と汪兆銘』吉川弘文館、二〇〇三年
小林英夫『日中戦争』講談社現代新書、二〇〇七年

小林英夫、林道生『日中戦争史論』御茶の水書房、二〇〇五年
笹川裕史、奥村哲『銃後の中国社会』岩波書店、二〇〇七年
重光葵『昭和の動乱』原書房、一九七八年
柴田哲雄『協力・抵抗・沈黙』成文堂、二〇〇九年
島田虔次『大学・中庸』上、朝日新聞社、一九七八年
新保敦子「『解放』前中国における郷村教育運動」『東京大学教育学部紀要』第二四号、一九八四年
鄒双双『「文化漢奸」と呼ばれた男』東方書店、二〇一四年
鈴木隆史『日本帝国主義と満州』下、塙書房、一九九二年
曹汝霖著、曹汝霖回想録刊行会編訳『一生之回憶』鹿島研究所出版会、一九六七年
高橋伸夫『党と農民』研文出版、二〇〇六年
武井昭、工藤豊『人間に成り切った人　伊藤千春伝』経済往来社、一九八四年
田中秀雄『石原莞爾と小沢開作』芙蓉書房、二〇〇八年
多仁照廣『青年の世紀』同成社、二〇〇三年
田村真作『繆斌工作』三栄出版社、一九五三年
中華全国婦女連合会編著、中国女性史研究会編訳『中国女性運動史一九一九～四九』論創社、一九九四年
張同楽著、和田英穂訳「華北傀儡政権の組織機構について」『中国21』第三一号、二〇〇九年五月
張小蘭「王克文著『汪精衛・国民党・南京政権』」『東洋学報』第八五巻第三号、二〇〇三年十二月
土屋光芳『「汪兆銘政権」論』人間の科学社、二〇一一年
寺尾周祐「日中戦争期、華北対日協力政権による統治と社会の組織化」『東アジア地域研究』第一四号、二〇〇八年
「『東亜同文書院、アジア主義、対日協力政権』」『現代中国研究』第四一号、二〇一八年七月
永井和『日中戦争から世界戦争へ』思文閣出版、二〇〇七年
中澤善司『知られざる県政連絡員』文芸社、二〇〇三年
梨本祐平『中国のなかの日本人』同成社、一九六九年
中村重穂「中華民国新民会と新民会中央指導部編『新民青年訓練所用日本語教本』」『日本語教育』第一五八号、二〇一四年八月
日本国際政治学会太平洋戦争原因研究部編著『太平洋戦争への道』第四巻、朝日新聞社、一九六三年
馬場毅『近代中国華北民衆と紅槍会』汲古書院、二〇〇一年
林尚男『評伝　堺利彦』オリジナル出版センター、一九八七年
原剛、野村乙二朗「渕上辰雄の宣撫班「派遣日記」（第六回）」『政治経済史学』第五五六号～第五六七号、二〇一三年四月～二〇一四年三月
范力『中日〝戦争交流〟研究』汲古書院、二〇〇二年
樋口雄一「戦時下朝鮮における女性動員」、早川紀代編『植民地と戦争責任』吉川弘文館、二〇〇五年
広中一成『ニセチャイナ』社会評論社、二〇一三年
深町英夫『身体を躾ける政治』岩波書店、二〇一三年
藤原彰、姫田光義編『日中戦争下中国における日本人の反戦活動』青木書店、一九九九年
船山信一『船山信一著作集』第三巻、こぶし書房、一九九八年
古厩忠夫「汪精衛政権はカイライではなかったか」、藤原彰、今井清一、宇野俊一、粟屋憲太郎編『日本近代史の虚像と実像』第三巻、大月書店、一九八九年
古厩忠夫「「漢奸」の諸相」、大江志乃夫ほか編『岩波講座　近代日本と植民地』第六巻、岩波書店、一九九三年
北京市政協文史資料研究委員会編、大沼正博訳『北京の日の丸』岩波書店、一九九一年
防衛庁防衛研修所戦史室『北支の治安戦』第一巻、朝雲新聞社、一九六八年
防衛庁防衛研修所戦史室『北支の治安戦』第二巻、朝雲新聞社、一九七一年
彭程「「新民主義」の成立過程について」『国際文化学』第二一号、二〇〇九年九月

彭程「「新民主義」に対する批判的考察」『鶴山論叢』第一〇号、二〇一〇年三月
堀井弘一郎「新民会と華北占領政策」上『中国研究月報』第五三九号、一九九三年一月
堀井弘一郎「新民会と華北占領政策」中『中国研究月報』第五四〇号、一九九三年二月
堀井弘一郎「新民会と華北占領政策」下『中国研究月報』第五四一号、一九九三年三月
堀井弘一郎「華中占領地における大民会工作の展開」『日本植民地研究』第九号、一九九七年七月
堀井弘一郎『汪兆銘政権と新国民運動』創土社、二〇一一年
前山加奈子「中国の女性向け定期刊行物について」『駿河台大学論叢』第一〇号、一九九五年六月
益井康一『漢奸裁判史』みすず書房、一九七七年（新版：二〇〇九年）
松谷洋介（曄介）「大東亜共栄圏建設と占領下の中国教会合同」『神学』第六九号、二〇〇七年
松谷曄介「日中戦争期における中国占領地に対する日本の宗教政策」『社会システム研究』第二六号、二〇一三年
丸田孝志『革命と儀礼』汲古書院、二〇一三年
丸山静雄『失われたる記録』後楽書房、一九五〇年
満洲青年聯盟史刊行委員会編『満洲青年聯盟史』原書房、一九六八年
武藤章著、上法快男編『軍務局長武藤章回想録』芙蓉書房、一九八一年
安井三吉「日本帝国主義とカイライ政権」、野沢豊、田中正俊編集代表『講座中国近現代史』第六巻、東京大学出版会、一九七八年
八巻佳子「中華民国新民会の成立と初期工作状況」、藤井昇三編『一九三〇年代中国の研究』アジア経済研究所、一九七五年
山口重次「日本帝国主義の崩壊」『満洲と日本人』第二号、一九七六年一月
山室信一『キメラ』中公新書、一九九三年（増補版：二〇〇四年）
山本真「一九三〇年代前半、河北省定県における県行政制度改革と民衆組織化の試み」『歴史学研究』第七六三号、二〇〇二年六月
山本真「日中戦争開始前後、郷村建設団体の組織化とその挫折」『東アジア地域研究』第十号、二〇〇三年七月
游鑑明著、大澤肇訳「受益者か、それとも被害者か」、早川紀代編『植民地と戦争責任』吉川弘文館、二〇〇五年
横山銕三『「繆斌工作」成ラズ』展転社、一九九二年
余子侠、宋恩栄著、王智新監修監訳、木村淳訳『日本の中国侵略植民地教育史』二、明石書店、二〇一六年
劉傑『日中戦争下の外交』吉川弘文館、一九九五年
劉傑『漢奸裁判』中公新書、二〇〇〇年
劉傑「汪兆銘政権論」、倉沢愛子ほか編『岩波講座　アジア太平洋戦争』岩波書店、二〇〇六年
劉晶輝著、鈴木晶子訳「「満洲国」における婦人団体」、早川紀代編『植民地と戦争責任』吉川弘文館、二〇〇五年

〈日本語　同時代史料（復刻版を含む）〉
秋沢修二『科学的精神と全体主義』白揚社、一九四〇年
秋沢修二『合理的全体主義』白揚社、一九四〇年（前著『科学的精神と全体主義』を改題したもの）
朝比奈策太郎『北支に於ける文教問題』一九四一年
阿部洋監修『興亜の大陸教育　中国教育十年　上海ニ於ケル教育状況　中支ニ於ケル日本語教育ニ関スル調査報告書』日本図書センター、二〇〇五年
一宮房治郎『第七回新支那年鑑』Ⅱ、東亜同文会業務部、一九四二年（復刻版：『中国年鑑』第十三巻、日本図書センター、二〇〇六年）
神の国新聞発行所『神の国新聞』第五七五号〜第一一六六号、一九三〇年〜一九四二年（復刻版：緑蔭書房、一九九〇年）
川田友之編『解説新民主義』大陸社、一九三八年
北支那派遣憲兵隊教習隊『剿共実務教案』上巻（中国共産党）、一九四二年
北支那派遣憲兵隊教習隊『剿共実務教案』下巻（剿共警務実務）、一九四二年
厨川白村『近代の恋愛観』改造社、一九二二年
興亜院華北連絡部『河北省県政状況調査報告』一九四〇年

興亜院華北連絡部『山東省魯西道各県教育事情調査報告』一九四〇年
興亜院華北連絡部『華北郷村ニ於ケル教育及社会実態調査』一九四一年
興亜院政務部『支那社会事業調査報告』一九四〇年
興亜院政務部『中国社会事業の現状』一九四〇年
興亜院政務部『調査月報』第一巻第一号～第三巻第一〇号、一九四〇年一月～一九四二年、十月（復刻版：龍渓書舎、一九八七年～一九八八年）
甲集団参謀部『剿共指針』第二巻、一九四四年
黄城事務所（第七号以降、北支派遣甲第一八〇〇部隊対共調査班）『剿共指針』第一号～第八号、一九四一年六月十五日～一九四二年二月一日
近藤春雄『ナチスの青年運動』三省堂、一九三八年
在北京大日本大使館文化課『北支に於ける文化の現状』一九四三年（復刻版：佐藤尚子ほか編『中国近現代教育文献資料集』第八巻、日本図書センター、二〇〇五年）
少年団日本連盟『少年団研究』第一巻第一号～第一八巻第一号、一九二四年四月～一九四一年一月（復刻版：大空社、一九九六年～一九九七年）
新民会中央訓練処『理論ト実践』一九四一年
新民会中央指導部『新民会工作大綱』一九三九年
杉原正巳『東亜協同体の原理』モダン日本社、一九三九年
橘樸編『満洲評論』第一巻第一号～第二八巻第一二号、一九三一年八月～一九四五年四月（復刻版：龍渓書舎、一九七九年～一九八一年）
中華民国新民会教化部編輯室『新民運動』第一巻第一号～第四巻第四号、一九四〇年八月～一九四三年四月
中華民国新民会中央指導部『新民会会務須知』一九三八年
繆斌著、寺島隆太郎訳『新民主義』青年教育普及会、一九三八年
中華民国新民会出版部『繆斌先生新民主義講演集』一九三九年
中華民国新民会中央指導部『首都指導部新民少年団諸規定及訓練ノ実際』一九三九年
中華民国新民会中央指導部『新民会河北省指導部工作概況』一九三九年
中華民国新民会中央指導部『新民会青年訓練所要綱』一九三九年
中華民国新民会中央指導部『新民会定県指導部工作経過概況』一九三九年
中華民国新民会中央指導部総務部『新民会報』第一号～第二八七号、一九三八年四月一日～一九四五年二月十一日
東亜教育協会編『興亜教育』第一巻第一号～第四巻第四号、一九四二年～一九四四年（復刻版：緑蔭書房、二〇〇〇年）
東亜研究会『最新支那要覧』一九四三年
東亜新報天津支社編『華北建設年史』一九四四年序
東亜同文会業務部『新支那現勢要覧』一九三八年
『東京朝日新聞』一九三三年～一九四七年（復刻版：日本図書センター、一九八七年～二〇〇八年）
『東大陸』第一四号～第二一号、一九三六年～一九四三年
内務省警保局編『外事警察報』第一号～第二五五号、一九二四年～一九四四年（復刻版：不二出版、一九八七年～二〇〇〇年）
内務省警保局外事課『外事月報』一九三八年八月～一九四四年九月（復刻版：不二出版、一九九四年）
日華学会『日華学報』第一号～第九七号、一九一八年～一九四五年
原澤仁麿編『中華民国新民会大観』公論社、一九四〇年
満洲国協和会編『協和運動』第一巻第一号～第七巻第四号、一九三九年六月～一九四五年四月（復刻版：緑蔭書房、一九九四年～一九九五年）
繆斌著、長瀬誠訳『日支の危機に際し両国の猛省を希望す』一九三六年
吉川兼光『全体主義の理論と実際』日本評論社、一九三八年
吉川兼光『全体主義十講』刀江書院、一九四一年（前著『全体主義の理論と実際』を改訂したもの）
呂作新『協和会問答』満洲帝国協和会、一九三八年
Yakhontoff, Viktor A、落合久生訳『支那に於けるソヴィエット』新民会中央総会弘報室、一九四一年

〈日本語　資料集・事典〉

臼井勝美、稲葉正夫解説『現代史資料』第九巻、みすず書房、一九六四年
近代日本社会運動史人物大事典編集委員会編『近代日本社会運動史人物大事典』第一巻～第四巻、日外アソシエーツ、一九九七年

〈中国語　論文・研究書・回想録・資料紹介など〉
于建『天津現代学生運動史』天津古籍出版社、二〇〇七年
王侃『抗戦時期的漢奸問題与中国共産党粛奸政策研究』団結出版社、二〇〇九年
王強『漢奸組織新民会』天津社会科学院出版社、二〇〇六年
王克文「欧美学者対抗戦時期中国淪陥区的研究」『歴史研究』二〇〇〇年五期
王克文『汪精衛・国民党・南京政府』国史館、二〇〇一年
王士花「華北淪陥区教育概述」『抗日戦争研究』二〇〇四年三期
王士花『日偽統治時期的華北農村』社会科学文献出版社、二〇〇八年
王兆祥『華北教育的近代化進程』天津社会科学院出版社、二〇〇八年
郭貴儒「華北淪陥区日偽奴化教育述論」『河北師範大学学報』哲学社会科学版、第二八巻第六期、二〇〇五年十一月
郭貴儒、張同楽、封漢章『華北偽政権史稿』社会科学文献出版社、二〇〇七年
霍培修「淪陥時期的華北基督教団」、文斐編『我所知道的華北政権』中国文史出版社、二〇〇五年
賈迪「一九三七—一九四五年北京西郊新市区的殖民建設」『抗日戦争研究』二〇一七年一期
関捷編『日本対華侵略与殖民統治』上、社会科学文献出版社、二〇〇六年
共青団北京市委青年運動史研究室『北京青年運動史』北京出版社、一九八九年
高時良主編『中国教会学校史』湖南教育出版社、一九九四年
江沛『日偽「治安強化運動」研究』南開大学出版社、二〇〇六年
高飛『中国近代青年形態研究』浙江大学出版社、二〇〇一年
顧衛民『基督教与近代中国社会』上海人民出版社、二〇一〇年
呉洪成、張華『血与火的民族抗争』内蒙古大学出版社、二〇〇七年
呉洪成、張華「抗日戦争期淪陥区的奴化教育行政管理制度」『衡水学院学報』第一〇巻第二期、二〇〇八年四月
呉洪成、張華「日本侵華時期淪陥区奴化教育形態研究」『臨沂師範学院学報』第三〇巻第四期、二〇〇八年八月
呉洪成、張華「日本侵華時期淪陥区奴化教育的企図、性質与控制」『邢台職業技術学院学報』第二五巻第四期、二〇〇八年八月
呉洪成、張華「日本侵華時期日偽在淪陥区実施的社会教育術論」『東北史地』二〇〇九年二期
呉洪成、張華「抗日戦争時期淪陥区的奴化教育」『臨沂師範学院学報』第三二巻第一期、二〇一〇年二月
呉洪成、張彩雲「日本侵華時期淪陥区的専門教育述評」『東北史論』二〇一〇年五期
呉超「日偽北京新民会的奴化教育」『伝承』二〇〇八年二月
顧長声『伝教士与近代中国』上海人民出版社、一九八一年
謝嘉「日本侵略者在華北淪陥区的奴化教育罪行」『檔案天地』二〇〇三年
謝忠厚主編『日本侵略華北罪行史稿』社会科学文献出版社、二〇〇五年
謝冰松「抗戦時期河南淪陥区的奴化教育」『史学月刊』第二四一期、一九九九年五月
周競風「華北淪陥区偽青少年組織研究」『社会科学輯刊』第一七八期、二〇〇八年五月
鐘春翔「抗戦時期的山東日偽教育」『抗日戦争研究』二〇〇三年一期
政協泰安市委員会、政協泰安市郊区委員会編『崔子明』山東省新聞出版社、一九九五年
曽業英「略論日偽新民会」『近代史研究』一九九二年一期
曽業英「簡評『戦争与和平：試論汪政権的歴史的地位』」『抗日戦争研究』一九九九年第一期
宋恩栄、熊賢君「日本侵華教育与中国教会教育比較研究」『河北師範大学学報』教育科学版、第二巻第四期、二〇〇〇年十月
中国人民政治協商会議北京市委員会文史資料研究委員会編『日偽統治下的北平』北京出版社、一九八七年（抄訳：北京市政協文史資料研究委員会編、大沼正博訳『北京の日の丸』岩波書店、一九九一年、伊東昭雄、林敏編著『人鬼雑居』社会評論社、二〇〇一年）

張洪祥、楊琪「抗戦時期華北淪陥区的新民会」『史学月刊』第二四一期、一九九九年五月
張玉鵬、張文傑主編『冀魯豫辺区敵軍工作』河南人民出版社、一九九五年
張書豊「山東教会学校九十年」『華東師範大学学報』教育科学版第一八巻第四期、二〇〇〇年十二月
張生ほか『日偽関係研究』南京出版社、二〇〇三年
張同楽『華北淪陥区日偽政権研究』生活・読書・新知三聯書店、二〇一二年
張力、劉鑑唐『中国教案史』四川省社会科学院出版社、一九八〇年
陳映芳『"青年"与中国的社会変遷』社会科学文献出版社、二〇〇七年
陳静「淪陥時期北平的農村経済」『北京党史』二〇〇二年四期
丁衛平『中国婦女抗戦史研究』吉林人民出版社、一九九九年
鄭永福、呂美頤『中国婦女通史』民国巻、杭州出版社、二〇一〇年
陶飛亜、劉天路『基督教会与近代山東社会』山東大学出版社、一九九五年
潘健『汪偽政権財政研究』中国社会科学出版社、二〇〇九年
潘敏『江蘇日偽基層政権研究』上海人民出版社、二〇〇六年
馬庚存『中国近代青年史』紅旗出版社、二〇〇四年
北京市政協文史資料委員会編『日偽統治下的北京郊区』北京出版社、一九九五年
北京市婦女聯合会編『北京婦女報刊考』光明日報出版社、一九九〇年
約翰・亨特・博伊尔著、陳体芳、楽刻等訳『中日戦争時期的通敵内幕』商務印書館、一九七八年
楊琪「日偽新民会与華北淪陥区的奴化教育」『北華大学学報』社会科学版、第五巻第一期、二〇〇四年二月
余子侠「日偽統治時期華北淪陥区的職業教育」『抗日戦争研究』二〇〇七年二期
余子侠、宋恩栄『日本侵華教育全史』第二巻、人民教育出版社、二〇〇五年（日訳：余子侠、宋恩栄著、王智新監修監訳、木村淳訳『日本の中国侵略植民地教育史』二、明石書店、二〇一六年）
余子道、曹振威、石源華、張雲『汪偽政権全史』上巻、上海人民出版社、二〇〇六年
余子道、曹振威、石源華、張雲『汪偽政権全史』下巻、上海人民出版社、二〇〇六年
姚民権、羅偉虹『中国基督教簡史』宗教文化出版社、二〇〇〇年
李寛淑『中国基督教史略』社会科学文献出版社、一九九八年
李恵康「抗戦時期淪陥区文化的特点」『中南林学院学報』第二四巻第三期、二〇〇四年六月
李少兵、王明月「『教育救済』：一九一七—一九三七年北京新型婦幼慈善事業的個案分析」『首都師範大学学報』社会科学版、二〇一〇年
李蓉「中共在淪陥区的工作」、沙健孫主編『中国共産党与抗日戦争』中央文献出版社、二〇〇五年
劉敬忠『華北日偽政権研究』人民出版社、二〇〇七年
劉寧元「淪陥時期北平婦女報刊述略」『中共党史研究』二〇〇一年六期
呂偉俊、宋振春「山東淪陥区研究」『抗日戦争研究』一九九八年一期
呂美頤「抗日戦争時期華北淪陥区関於賢妻良母主義的論争」、李小江等『歴史、史学与性別』江蘇人民出版社、二〇〇二年

〈中国語　同時代史料〉

大阪毎日新聞社『華文大阪毎日』第一巻第一期～第九巻第一二期、一九三八年～一九四二年十二月十五日
華北新報社『華北新報』一九四四年五月一日～一九四五年九月三十日
華北政務委員会情報局『時事解釈』第二期～第五三期、一九四一年三月十五日～一九四三年六月一日
華北政務委員会総務庁情報局『文化年刊』第一巻～第三巻、一九四五年一月
『共産党人』第一期～第一九期、一九三九年十月～一九四一年八月
山東省公署秘書処第二科公報股『山東省公報』第一期～第一五六期、一九三九年～一九四三年
『新華日報』一九三八年一月十一日～一九四七年二月二十八日（影印版：上海書店、一九八七年）
司法院秘書処『戦時司法紀要』一九四八年（重印：一九七一年）

新唐風社『新唐風』第一期〜第一六期、一九四二年六月〜一九四五年二月
新婦女社『新婦女』第一巻第一期〜第二巻第三、四期合刊、一九三九年六月〜一九四〇年四月
新民会編『打倒共産党』一九三八年
新民会開封市教育分会『開封教育』第三期〜第三一期、一九四〇年三月〜一九四二年十一月
新民会教化部宣伝科『新民週刊』第一期〜第四四期、一九三八年四月十一日〜一九三九年二月十二日
新民会出版部編『二農夫』一九三八年
新民会出版部編『白紅餅』一九三八年
新民会新民青年運動実施委員会編『新民会新民青年運動実施委員会工作報告書』第二輯、一九四〇年
新民会首都指導部『首都画刊』第一期〜第一五期、一九三八年七月一日〜一九三九年九月一日
新民会首都指導部指導科宣伝股『青年』第一巻第一期〜第二巻第二期、一九三八年六月十五日〜一九三九年八月十五日
新民会津海道武清県指導部編『新民会武清県青年訓練所概況』一九三九年
新民会中央訓練所『新民会中央訓練所紀念册』（第二期）、一九三九年
新民会中央指導部『新民会年報』（民国二十七年）、新民会指導部、一九三九年
新民会中央総会組織部編『華北民衆団体概況』一九四三年
新民会天津都市指導部教育分会『新民教育』第一期〜第十期、一九三九年六月〜一九四〇年四月
新民会唐山市指導部編『新民会唐山市指導部工作概況』一九三九年
新民会北京特別市婦女会『時代婦女』第一期〜第一五期、一九四〇年九月一日〜一九四一年五月十五日
新民会良郷実験指導部『新良郷』第一巻第一期〜第二巻第八期、一九三八年九月〜一九四〇年四月
新民声社『新民声』第一巻第一期〜第一巻第一三期、一九四四年一月一日〜一九四四年七月一日
新民報社『新民報』（北京）一九三八年一月一日〜一九四四年四月三十日
新民報社事業局『新民報半月刊』第一巻第一期〜第五巻第二四期、一九三九年六月一日〜一九四三年十二月十五日
青年呼声社『青年呼声』第五号〜第六三号、一九三九年五月二十四日〜一九四〇年九月二十三日
宋介『新民会大綱之説明』新民会中央指導部、一九三八年
『中華年鑑』民国三七年度上冊、中華年鑑社、一九四八年（復刻版：上海書店出版社）
中華民国新民会教化部『新民青年』第一巻第一期〜第三巻第二期、一九四〇年十一月〜一九四二年二月
中華民国教育総会『教育学報』第一期〜第九期、一九三九年一月〜一九四二年六月
中華民国新民会中央総会宣伝局（第三巻第九期以降、新民月刊社）『新民月刊』第三巻第三期〜第六巻第二期、一九四二年三月〜一九四五年二月
中華民国新民青少年団統監部文化処『青少年』第一巻第一期〜第六巻第四期、一九四三年十月二十五日〜一九四五年二月十五日
中国青年社『中国青年』第一巻第一期〜第一巻第六期、一九四〇年一月（推定。現物に記載なし）〜一九四〇年六月
陳佩編『河北省定県事情』新民会中央指導部、一九三九年（復刻版：貴志俊彦ほか監修『中国占領地の社会調査Ⅱ』第一四巻農村社会⑤、近現代資料刊行会、二〇一三年）
婦女雑誌社『婦女雑誌』第一巻第一期〜第六巻第七期、一九四〇年九月〜一九四五年七月
卞乾孫編『河北省良郷県事情』中華民国新民会中央指導部、一九三九年（復刻版：貴志俊彦ほか監修『中国占領地の社会調査Ⅱ』第一一巻農村社会②、近現代資料刊行会、二〇一三年）
保定道女子教育研究会『徳風』第一巻第一期〜第一巻第二期、一九三八年九月一日〜一九三八年十月十五日
繆斌『武徳論』開明書店、一九三五年

〈中国語　資料集〉

韓延龍、常兆儒編『中国新民主主義革命時期根拠地法制文献選編』第三巻、中国社会科学出版社、一九八一年

共青団中央青運工作委員会、中央青少年研究中心、中央档案館利用部編『中国青年運動歴史資料』第一四巻、中国青年出版社、二〇〇二年

共青団中央青運工作委員会、中央青少年研究中心、中央档案館利用部編『中国青年運動歴史資料』第一五巻、中国青年出版社、二〇〇二年

山西省檔案館編『太行党史資料彙編』第二巻、山西人民出版社、一九八九年

章伯鋒、庄建平主編『抗日戦争』第六巻、四川大学出版社、一九九六年

『晋察冀抗日根据地』史料叢書編審委員会、中央檔案館編『晋察冀抗日根据地』第二冊（回憶録選編）、中共党史資料出版社、一九九一年

中央檔案館、中央第二歴史檔案館、吉林省社会科学院合編『汪偽政権』中華書局、二〇〇四年

『中共中央北方局』資料叢書編審委員会編『中共中央北方局』抗日戦争時期巻（上冊）、中共党史出版社、一九九九年

中国第二歴史檔案館編『中華民国史檔案資料彙編』第五輯第二編附録上、江蘇古籍出版社、一九九七年

中国第二歴史檔案館編『中華民国史檔案資料彙編』第五輯第三編政治一、江蘇古籍出版社、一九九九年

南開大学歴史系、唐山市檔案館合編『冀東日偽政権』檔案出版社、一九九二年

北京市檔案館編『日偽北京新民会』光明日報出版社、一九八九年

〈英語　論文・研究書〉

Akira Irie "Toward a New Cultural Order", in Akira Irie ed, *The Chinese and Japanese*, Princeton University, 1980

（日訳：入江昭「新文化秩序に向けて」、入江昭編著、岡本幸治監訳『中国人と日本人』ミネルヴァ書房、二〇一二年）

Boyle John Hunter, *China and Japan at war, 1937-1945*, Stanford University Press,1972

（中訳：約翰・亨特・博伊尔『中日戦争時期的通敵内幕』商務印書館、一九七八年）

Neumann Henry, *Education for moral growth*, D. Appleton,1923

Paul A. Varg, *Missionaries, Chinese, and Diplomats: The American protestant Missionary Movement in China, 1890-1952*, Princeton University Press, 1958

Timothy Brook, "Toward Independence: Christianity in China under the Japanese Occupation, 1937-1945", in Daniel H, Bays ed, *Christianity in China*, Stanford University Press, 1996

〈ウェブサイト〉

アジア歴史資料センター　https://www.jacar.go.jp/

国立国会図書館サーチ　http://iss.ndl.go.jp/

【著者紹介】

菊地 俊介（きくち しゅんすけ）

1984 年　京都府生まれ

2009 年 4 月　立命館大学大学院文学研究科人文学専攻博士課程後期課程入学

2010 年 9 月～ 2012 年 6 月　中国　南開大学歴史学院高級進修生

2016 年 3 月　立命館大学大学院文学研究科人文学専攻博士課程後期課程修了 博士（文学）

2017 年 9 月～ 2019 年 12 月　中国　南開大学歴史学院博士後研究人員

2016 年 4 月～現在　立命館大学 BKC 社系研究機構客員研究員

愛知大学国際問題研究所客員研究員

専攻　中国近現代史・近現代日中関係史

日本占領《にほんせんりょう》地区《ちく》に生《い》きた中国青年《ちゅうごくせいねん》たち

日本占領《にほんせんりょう》期《き》華北《かほく》「新民会《しんみんかい》」の青年動員《せいねんどういん》

2020 年　7 月 10 日 初版第 1 刷発行

■著者　　菊地俊介

■発行者　　塚田敬幸

■発行所　　えにし書房株式会社

〒 102-0074　東京都千代田区九段南 1-5-6 りそな九段ビル 5F

TEL 03-4520-6930　FAX 03-4520-6931

ウェブサイト　http://www.enishishobo.co.jp

E-mail　info@enishishobo.co.jp

■印刷／製本　　三鈴印刷株式会社

■ DTP ／装丁　　板垣由佳

　ISBN978-4-908073-77-9　C0022